向道而生

传统生态文化与休闲思想

国学与现代化研究丛书

朱晓鹏　赵玉强　等　著

上海古籍出版社

图书在版编目（CIP）数据

向道而生：传统生态文化与休闲思想／朱晓鹏，赵
玉强等著.—上海：上海古籍出版社，2017.5
（国学与现代化研究）
ISBN 978-7-5325-8473-4

Ⅰ.①向… Ⅱ.①朱… ②赵… Ⅲ.①文化生态学—
研究—中国②生活方式—研究—中国—古代 Ⅳ.①G12
②D691.93

中国版本图书馆 CIP 数据核字（2017）第 100090 号

国学与现代化研究

向道而生：传统生态文化与休闲思想

朱晓鹏 赵玉强 等 著

上海世纪出版股份有限公司
上海 古 籍 出 版 社　出版
（上海瑞金二路 272 号　邮政编码 200020）
　（1）网址：www.guji.com.cn
　（2）E-mail：guji1@guji.com.cn
　（3）易文网网址：www.ewen.co
上海世纪出版股份有限公司发行中心发行经销
上海商务联西印刷有限公司印刷

开本 635×965　1/16　印张 21.5　插页 2　字数 260,000
2017 年 5 月第 1 版　2017 年 5 月第 1 次印刷
印数：1—1,800
ISBN 978-7-5325-8473-4
B·1012　定价：66.00 元
如有质量问题，请与承印公司联系

目　录

下　篇

引论
生态文化与休闲:现代文明的转向

尽管生态伦理学诞生在 20 世纪,是人们特别是西方社会的有识之士对人与生态环境关系特别是对日益严重的生态危机的思考和认识的科学结晶,但是那并不等于说以往的人们就没有对人与环境关系的类似认识和思考。实际上,生态伦理思想是源远流长的。在中国及东方世界,道家(道教)、儒家、佛教早就致力于对人与自然关系的深刻思考,在各家各派的伦理道德观及其整个哲学思想中就包含了许多与现代社会的环境哲学、生态伦理学相通的基本理念和价值取向,具有非常重要的现代生态伦理学意义,可以成为今人探索和解决日益严重的生态环境危机和社会的可持续发展问题、构建现代生态文明的重要思想资源。随着现代经济技术的不断发展和生活方式的巨变,全球范围生态危机加剧,使得人们不得不重新认识自然生态系统对人类自身的意义和价值,反思人类与大自然的关系这一古老的哲学课题。随着西方现代生态伦理学和生态运动的蓬勃兴起,如今又出现了西方现代生态伦理学的某种"东方转向",即西方现代生态伦理学的学者们开始在中国及东方各家各派的传统伦理道德观及其整个哲学思想中发现了其中所包含的许多与现代社会的环境哲学、生态伦理学相通的基本理念和价值取向,承认它们具有非常重要的现代生态伦理学意义。如

1

道家最主要的精神如"自然无为、简单纯朴"等的思想正是一种典型的自然主义哲学,蕴含有丰富深刻的生态智慧,对于消解人与自然的异化问题,摆脱西方消费主义文化和物质至上主义生存方式的支配,建立一种可持续发展的制度,从根本上解决生态危机问题具有重要的理论和现实意义。所以在世界各国的许多哲学家、科学家中,道家、儒家、佛教等东方思想中人与自然的和谐思想、天人合一的有机整体观等被视为极富有重要意义和现代价值的东方智慧。此外,通过研究道家、儒家、佛教等东方传统思想中所包含的丰富深刻的生态伦理意蕴对于重新认识整个传统文化中丰富深刻的生态伦理内涵及其现代意义,对于弘扬传统思想的精髓,拓展传统文化研究的价值境域,克服当代生态环境危机和各种社会危机,发展和重构现代生态伦理学乃至整个现代生态文明都具有不可忽视的重要作用。

同样,休闲学作为一门从西方引进不足 30 年的新兴学科,它在当代中国的学术环境中如何找到自己的恰当位置,如何确立其基本的研究对象、主要范畴、基本理论、基本范式等,仍是相关学者们至今尚未完成的重要任务。如何使休闲学在中国土地上落地生根,茁壮成长,需要学界的共同努力。作为一门人文社会学科,休闲学包含基础理论与实践运用两个方面,其研究的推进应该表现为两个方面交互相成的共同推进而不可偏废。休闲学虽是一门刚刚从西方引入的学科,但其所涵盖的一些基本内容与包蕴着的基本精神确然又以一种零碎、自发的形式散落在华夏历史的漫漫长河中。在此意义上,休闲学在中国可谓"古已有之"。但这种"有"并非是在具有规范性的学科体系的严肃意义上的,而是以一种自发的、隐蔽的、日用而不知的方式存在着,中国文化及其日常生活中所充满的诗情画意、生活情趣,正是这种休闲文化和休闲生活的生动体现。事实上,中国古代的确形成了独具特色的休闲方式、休闲思想与休闲智慧。从历史上看,中国传统文化中的儒、道、佛及其一般人都有自己的休闲方式和休闲观念,并且形成了各自的特点。儒家以道德为本位,主张"己所不欲,勿施于人",在主张积极入世有为的同时,也认为可以有适当的放松和休闲,儒家休闲思想的特点在于它高度重视人在休闲中的道德自省,认为在日常生活中的休闲必须无害于人的善行善念,为休闲确立起不可移易的价值基准与德性维度。道家以"道法自然"为圭臬,提倡顺应自我本真性情,努力破除束缚性情自由的名利制度枷锁,主张通过回归自然、与自然融合为一而达到过一种自由无羁、适性逍遥的生活,与儒家的名教规范形成了一定张力。不过在历史现实中中国人的思想性格大多是儒道互补的,这使得中国人的休闲一般总是在葆有基本德性规范的前提下尽可能展示自己的个性、才情与风采。佛家倡导"万法皆空"、法我无执,破除各种世间染著,这导向了对名利、物欲的进一步捐弃,并引导人们在日常生活中寻求超越意义,追求空灵远淡的休闲审美情趣与超然物外的休闲人生境界,使中国传统休闲文化在德性规范与自然逍遥的双重基质上更加具备了浓郁的艺术气息与美学韵味。概言之,中国休闲哲学是讲价值的哲学,追求一种人向道生成的自由状态,因而所有休闲之道、休闲自由都是各种不同的价值取向的宣示。人们通过休闲,静思宇宙人生的本质与意义,思考生命的真谛,感受生活的美好,由此实现人的发展,使人更成为人。可以说中国休闲哲学是儒家道德价值、道家自然情性与佛家超然空灵之境的统一,儒释道合一的价值结构集中体现出中国休闲哲学独特的东方文化韵致,而中国人数千年来所从事的实际休闲活动在很大程度上乃是包蕴着中国独有的文化特质与思想智慧的生命哲学的形象展示。因此,整理、总结中国传统休闲思想和文化,推进休闲学在理论研究与实践应用两个维度的进步,使中国传统休闲哲学及其实践智慧焕发出更迷人的魅力,对当下建设具有中国特色与民族风范的中国当代休闲学具有基础性意义,有利于探索当今全球化语境下人类实现多样化、现实化、自然化的休闲形态及人类生命意义的安顿途径。

　　总之,面对当代所存在的以人与自然的紧张矛盾关系为中心的生态环境危机和各种社会危机,发展和重构现代生态文化、生态文明和休闲文化,发展生态休闲活动具有不可忽视的重要作用,在很大程度上表现了现代文明的根本性转向,展现了人类思想和实践行动正在向着一个全新的价值境域推进,值得我们进行深入系统的探索和研究。

上　篇

第一章
道家思想的现代生态伦理学意蕴

在一般人的观念里,与以伦理道德为主要关注对象的儒家不同的是,道家似乎是以不关注伦理道德甚至反伦理道德著称的。但实际上,道家虽然对一般的伦理道德观持批判否定态度,却有自己独特而丰富的、深邃的伦理道德观。而且,在道家的伦理道德观及其整个哲学思想中还包含了许多与现代社会的环境哲学、生态伦理学相通的基本理念和价值取向,具有非常重要的现代生态伦理学意义,可以成为现代人探索和解决日益严重的生态环境危机和社会的可持续发展问题的重要思想资源。因为尽管生态伦理学诞生在 20 世纪,是 20 世纪的人们对人与生态环境关系思考和认识,特别是对日益严重的生态危机的反思的科学结晶,但是那并不等于说以往的人们就没有对人与环境关系的类似认识和思考。实际上,生态伦理思想是源远流长的。

在中国,老庄道家及道教学者早就致力于对人与自然关系的深刻思考,强调人与自然须臾不可分离的联系,赋予自然以至真至善至美的涵义,力倡依循自然的规律来安排人类的生产和生活,肯定自然与人具有同等的价值,主张道法自然、无以人灭天,以及一系列热爱自然、尊重自然和保护自然的思想,倡导与自然为友,欣赏和珍爱大自

7

然,讴歌自然景色、抒发田园情感,体现了把开发与保护自然有机地结合起来,使自然环境真正成为人的"无机的身体"、"人化的自然",使人与自然实现真正的统一的基本思想。这些思想显然与西方现代生态伦理学的基本思想是十分一致的。

由于道家思想与现代生态伦理学特别是其中的深层生态学观点有着这种深刻的内在一致性,所以它深得深层生态学家们的赞赏。如卡莱考特将道家思想称为"传统的东亚深层生态学",希尔万(Richard Syivan)和贝内特(David Bennett)在详细比较道家思想与深层生态学后得出结论说:"道家思想表现了一种生态学的取向,其中蕴涵着深刻的生态意识,它为'顺应自然'的生活方式提供了实践基础。"[①]著名学者卡普拉(F·Capra)则对道家思想与生态伦理之间的关系作了这样高度的评价:"在各种伟大传统中,据我看来,只有道家提供了最深刻而且最完善的生态智慧,它强调在自然的循环过程中,个人和社会的一切现象和潜在本质两者的基本一致。"[②]正因此,现代西方的许多生态学家、生态伦理学家都纷纷把目光投入了东方古老的道家思想,发现在道家思想中蕴含了一系列十分丰富深刻的生态伦理思想,很值得吸取和发展,由此促使产生了现代生态伦理学的所谓"东方转向"现象。可见,老子等道家的生态伦理思想是道家哲学精神展开的一个重要的价值境域,具有重要的现代价值及意义,值得我们进行深入的研究。以下就从几个主要的方面对此略加阐述。

---

① Callicott J. B. Earth's Insights. Berkeley: University of California Press, 1994, 67—86. Sylvan R, Bennett D. Taoism and Deep Ecology. The Ecologist, 1998, 18:148.

② F. Capra, Uncommon Wisdom, Simon Schuster Inc. 1988, P. 36.

向道而生

一、自然主义

在中国传统的生态伦理思想中,道家的生态伦理思想是最丰富、最与现代生态伦理学特别是现代西方的深层生态伦理观相契合的东方古老智慧。相比而言,道家思想不仅提供了许多有价值的生态伦理观念,而且已能够深入到具有生态伦理意义的基本理论层次进行思考,就有关生态伦理的哲学基础、基本原则等一系列元理论提出了许多洞见,充分显示了中国传统生态伦理智慧的独特价值。

(一)道即自然

在老子的生态伦理思想中,其最重要的贡献之一就是道即自然、崇尚自然主义的思想。我们知道,老子提出以"道"为一切存在的最高本体。不过,说"道"是一切存在的最高本体,体现于实际存在层面中,并不是指有一个"道"直接产生出万物,而是指"道"是万物产生和存在的根本依据和终极原因,万物都是由于凭借了这个"道"才得以产生和存在。那么,这个"道"又是什么呢?简单地说,那就是"自然"。老子说:"人法地,地法天,天法道,道法自然。"(《老子》第二十五章)又说:"道之尊,德之贵,夫莫之命而常自然。"(《老子》第五十一章)至高无上的"道"最终还是要师法"自然",以"自然"为自己的准则,"道法自然"成为老子千古不易的密语,为老子思想的精华所在。懂得"道法自然"的道理,也就打开了通往道家伦理思想的大门。由此可见,"自然"在老子思想中的中心地位和根本意义。

"自然"一词,在《老子》中凡五见,主要是指事物的本然状态,即自然而然、自己如此、不知其所以然而然的意思。王弼注老子的"道法自然"曰:"法自然者,在方而法方,在圆而法圆,于自然无所违也。自然者,无称之言,穷极之辞也。"(王弼:《老子注》第二十五章)所谓"自然",就"道"自身来说,就是自己如此之义,而就"道"与万物的关系来说,就是顺应万物之固有本性、使之自然而然地演化之义。可见,"道"的作为就是一种"顺其自然而为"。既然"自然"是道的本性,也是人及万物效法的行为准则,那么,老子根据其"天人合一"的本体观和"天人同构"的方法论,就得出了"人法天,地法人,天法道,道法自然"这样一个著名的逻辑推论。因为,在道家看来,道、天、地、人都是自然存在的,人效法大地,大地则效法天,天则效法道,以道为其运行的归依,而道本身则又以自然为最终的归依。也就是说,"道法自然"并不意谓在"道"之上或之外还另有一个"自然",而是说道本身即是自然的,自然便是道。道是"自然而然",本来如是,原来如此。这样,"道法自然"即是说道本身就是自然,就是万事万物本身,所谓道就是万事万物本身所固有的、内在的原因、根据,除此之外,再也找不到一个东西可以另为之主,它既没有为什么,也不是为什么,本来就是这样,无始无终,无前无后,生生不息。道虽然具有至高无上的本体地位,却非有什么封赐的爵位使然,而是道的本性如此。道生养万物却不占有万物,成就万物并不自恃有功,使万物成长并不主宰它们,一切听其自然。老子的"道法自然"思想正是古代朴素的自然主义思想的典型体现。

(二) 师法自然

老子从道即自然、崇尚自然主义的思想出发,进一步提出了"道法自然",以自然为人类的一切思想和行为所学习和效仿的基本原则。老子的自然主义在本体论上坚持了用自然本身的原因来解释自然,认为整个可知的宇宙是由自然对象构成的,这些对象的产生和消亡都是自然原因作用的结果,并不存在超自然的原因,因而能够引起自然对象变化的自然原因本身也是一种自然对象;自然的存在并不只是所有自然对象的简单集合,而是由一种自然过程所组成的有机系统,并遵循着其自身的逻辑自然运动变化。

道家自然主义强调用自然本身来说明自然,推崇自然方法。因此,在道家看来,道的原则或者说自然主义的原则具有普遍性和绝对性,自然万物和人类社会都要以这种具有普遍性和绝对性的自然之道为其法则,受其支配和作用,表现为一种自然的存在和自然的过程。正是基于这种自然主义的观点,老子的生态伦理思想将人视为自然界的一部分,并认为"人是一个小天地",因此人应当效法天地自然,遵循自然界的规律,依凭自然的天性行动,反对破坏自然的矫饰。

老子认为,普遍绝对与永恒无限的道以自身为本源创造了整个世界,在包括整个宇宙、自然万物、人类在内的整个现实世界中,不仅道是普遍绝对与永恒无限的存在物,而且整个宇宙、自然万物、人类也是普遍绝对与永恒无限的存在物。或者也可以说,道作为普遍绝对与永恒无限的存在物实际上就体现在整个宇宙、自然万物与人类的存在之中。因此,天、地、人的存在与发展都应以贯注其中的道为根本。可见,"道"作为道家形上学的本体,不仅是外在的自然世界的本体,同时也被当作了一切社会和人类活动的意义和价值的最原始最终极的根据,也是人类社会处理人与自然、人与人等一切关系的最高准则。可以说,道家的自然主义既确立了自然本身的独立意义和价值,肯定了其至高无上的本源性地位,又从广阔的宇宙的、自然的视域来观察人类社会,对人及人类社会的存在和本质作追根溯源性的探究,确认了人的存在和活动所依据的价值原则要在自然的本质之中去寻找,就体现为自然主义的原则。

11

显然,明确道家自然主义这一根本思想在道家思想中的中心地位是十分重要的,因为道家的生态伦理思想就是以"道法自然"的自然主义思想为起点和基本精神并贯穿于其整个理论体系的,道家伦理思想的其他各种思想观念及一系列基本概念和命题比如无为、无欲、无私、见素抱朴、少私寡欲、柔弱谦恭、知足不争、致虚守静等,都是围绕"道法自然"的自然主义思想这一关键和枢纽而展开的。可以说"道法自然"的自然主义思想是道家区别于儒、墨、名、法诸家思想的基本内在特质,也使道家的生态伦理思想成为了一种具有鲜明中国特色的自然主义生态伦理观。

　　道家自然主义的生态伦理观不仅在中国传统思想中独树一帜,具有特有的重要价值,而且与西方传统主流思想强调"人为自然立法",把自然当作纯粹的客体加以改造、征服的自然观相比,无疑更具有现代意义。现代西方生态伦理学的一个基本理念是反对现代工业文明传统中强调人与自然、科学与价值相分离和对立的人类中心主义观念,十分重视自然的价值,甚至高举自然中心主义的旗帜。而道家思想中正有许多与现代生态伦理学中的自然价值观、自然中心主义、返朴归真的简单生活方式等颇相契合的思想,显示了东方传统文化中蕴含了许多有助于现代文化实现范式转型、推进当代生态运动由浅层向深层发展的重要思想文化资源。

二、"道通为一"

　　现代生态伦理学的一个基本观念就是肯定包括人在内的自然万物的统一性,把它们看作是一个有机地相互联系的整体性存在。而道家早在两千多年前就已率先将天地人视为一个有机的统一整体,认为不仅自然万物之间,而且人与自然万物之间都存在着共同的本质,遵循着共同的法则,表现为一个共生共荣、同源同体的有机整体。这种天地人为一的整体观念是道家生态伦理思想中的一个重大成果。道家生态伦理思想正是以这种天地人为一、万物一体的整体观为基础构成了其展开的内在逻辑和话语体系。

(一) 世界的整体性存在

在道家那里,世界之所以是一个统一的整体性存在,主要是由于"道"是它们的统一的基础和内在根源。老子说:"道生一,一生二,二生三,三生万物"(《老子》第四十二章),又说:"道生之,德蓄之,物形之,势成之"(《老子》第五十一章),自然万物之所以虽有区别却仍然是一个统一的整体,就在于它们都以道为共同的基础和本质,是道的不同形态、不同方式的体现,与"道"具有内在的同质性和同构性。所以老子又说:"道大、天大、地大、人亦大,域中有四大,而人居其一焉"(《老子》第二十五章)。在老子眼里,天、地、人和道一起成为宇宙间的四样伟大事物,共同组成一个共生共荣的有机整体。

具体来看,老子所说的这种世界的有机整体性存在可以分为两个层次来理解。

一是就道与万物的关系而言,老子形上学虽然认为"道"与万物有精粗本末之别,却并没有像西方传统形上学那样否定万物(现象)的实在性,从而把"道"与万物、本体与现象完全对立起来,反而认为它们在本体论层次上就包含着内在的统一性。在老子看来,万物、现象之所以不是虚幻的,最根本的原因就在于作为本体的"道"是万物产生和存在的"本根",天地万物的一切都是以此为基础的。老子经常以"根"来喻"道"。如他说:

谷神不死,是谓玄牝。玄牝之门,是谓天地根。(《老子》第六章)

本体之"道"就像具有永恒的生殖能力的伟大母性,可以成为天地万物的总根源。不过,虽然"道"是本根,天地万物是枝末,但作为枝末的天地万物与作为本根的"道"毕竟是一体的,因而具有同质性,这种本末一体的同质性正是"道"与万物具有内在统一性的本体论依据。可见,"道"虽是天地万物存在的基础,却并不在天地万物之外独立存在,而是就存在于天地万物之中;而天地万物皆以"道"为其本体,由天地万物的生长、变化显示"道"的本体存在。因此,老子又常以溪谷、风箱、玄牝等喻"道",说明"道"就像虚怀若谷的巨大空间,可以含蕴万有、统摄一切,使天地万物("有")就容纳于"道"这个虚体("无")之中。这样,本体之"无"并不是脱离万物之"有"的纯粹的"无",而是包含着"有"的"无"。本体之"道"的存在形式就表现为这种以无为本、"有""无"统一的整体性存在。所以老子说:

天下万物生于有,有生于无。(《老子》第四十章)

无,名天地之始,有,名万物之母。……此两者,同出而异名,同谓之玄。

玄之又玄,众妙之门。(《老子》第一章)

二是就人与自然万物的关系而言,在道家看来,既然人与天地道同源,那么人类虽然伟大,也只是宇宙中的"四大"之一,与自然万物一起构成为一个统一的有机整体。正因此,人也应与自然万物一样遵循着自然规律。所以老子说的"人法地、地法天、天法道,道法自然",就是要人类与其它一切自然万物一样。人是自然界的一部分,他(她)的存在首先是一种自然的存在,因为人类的生存和发展的需要的满足均离不开天地万物的馈赠,离不开以一定的自然环境作基础。人不可能超越自然并使自己游离于自然界之外,因此人也没有不遵循自然规律的权利。如果人将自己同自然界对立开来,那么最终人将会因此伤害自己,乃至会毁灭自己。所以,老子认为人既然作为整个自然界的一部分,人的活动就应该受自然规律和自然过程的支配和控制。人类只有遵循自然的法则而行动,才能够使自己合乎道的要求,与自然万物和谐相处。老子由此从本体论层面上论证了一种天人合一的思想。

老子这种天人合一思想在庄子那里又有了进一步的阐述和发挥。庄子强调"道通为一"、"天地一指也",明确地把天地人万物看作是一个有机的整体存在。他说:"无受天损易,无受人益难。无始而非卒也,人与天一也。"(《庄子·山木》)又说:"天地与我并生,万物与我为一。"(《庄子·齐物论》)庄子相信,人的产生和存在都是一个自然的过程,人本身也是自然的一部分。人和万物一样都以一定的自然环境为生存的基础,人和万物既在一定的自然环境中自然而然地产生,又最终会自然而然地复归于自然环境。庄子说:"万物皆出于机,皆入于机。"(此"机"指自然的生机)(《庄子·至乐》)认为人的生死不过是自然之"气"的聚散分合,不必过于悦生厌死、忧惧逃避。而他所理想的人与自然的关系正是一种"天人合一"的和谐境界:"夫至德之世,同于禽兽居,族与万物并;""当是时也,……万物群生,连属其乡;禽兽成群,草木遂长。是故禽兽可系羁而游,鸟鹊之巢可攀援而窥。"(《庄子·马蹄》)在这样的世界里,人并不是自然万物的主宰者和支配者,而是与自然万物浑然一体,和谐相处的平等一员。人类在无限广大的宇宙自然之中,应充分认识到自己的渺小和局限,万万不可自高自大、胡作妄为。所以庄子反对用人力去破坏人与自然之间的和谐,用技术和文明改造自然,更反对虐待和掠夺自然,而是要尊重自然,维护自然万物本身的固有价值,使人类重新回到与自然万物为友的时代。

道家这种物我为一的生态整体观是与现代生态伦理学的观点不谋而合的。美国生态学家德沃尔说："人既不在自然界之上，也不在自然界之外，人是不断创造的一部分。人关心自然，尊重自然，热爱并生活于自然之中，是地球家庭中的一员，要听任自然的发展，让非人的自然沿着与人不同的进化过程发展吧！"①可见道家思想中实蕴含了非常深刻的现代生态伦理观念。

（二）自然的权利

　　当然，道家的生态伦理观虽然强调了物我一体、人与自然万物的整体性，但并非如一些人误解的会把人完全等同于自然物，甚至降低到一般的动物层次，并因此取消人的主体性、否定人的价值。实际上，道家是十分重视人的主体性、肯定和高扬人的价值的。

　　道家在天人关系上所主张的天人合一、物我一体的观念，是在肯定人与自然万物的各自价值，允许各自保持其差异性基础上的自然融合，其目的恰恰是为了保护自然万物和人类各自的生存权利和生存方式。所谓有道之人正是以懂得这种道理为最高的智慧，从而能够以因任自然、崇尚无为的态度对待人与自然万物的关系的人。像庄子所强调的西施和麋鹿各美其美，"以鸟养养鸟"等就是强调人与万物各有其特性，我们不能把他物都化为与己同一之物，而是要既能看到自然统一体的整体性，又能充分尊重差异性，让每一个事物都发挥出其独特的作用，正像老子说的："圣人常善救物，故无弃物。"（《老子》第二十七章）所以道家强调人与自然万物的统一性，是为了反省把自然看作是任人宰割和征服改造的对象的所谓文明社会的做法，提醒人们不要过

---

　　①　R. T. 诺兰：《伦理学与现实生活》，北京：华夏出版社，1988 年，第 454 页。

分夸大自身的权利和价值,而是应把自己放在恰当的位置上,认识到自己在世界中的限度和范围,放弃人类的自我中心主义观念。庄子说:"与天为徒者,知天子之与已皆天所子。"人应当"与物为春","独与天地精神往来而不傲倪于万物"(《庄子·人间世》)。因此,在道家看来,"以道观之,物无贵贱;以物观之,自贵而相贱;以俗观之,贵贱不在已。"(《庄子·秋水》)也就是说,万物本来都是平等的,并没有贵贱之分;之所以有贵贱之分,完全是由人的因素造成的。道家一再地通过揭示本末、大小、高下、贵贱、正反、远近等的辩证关系及转化原理,阐明了人们应当认识到在人与自然之间没有不可逾越的界限,人们应当尊重自然万物的内在价值和固有权利,让他们在一种真正平等、自由的生态环境中,各尽其情、各遂其性。

应该说道家的这种世界观、伦理观,极大地突破了传统伦理学的范围。因为在一般的传统伦理观念中,人类是唯一具有道德意识并值得在道德上予以尊重的物种,他以自身的利益和道德判断作为唯一的尺度去对待其他事物,表现了一种人类中心主义的伦理观。即使到了近代以来,以西方为代表的科学、哲学和伦理学,也都没有充分考虑人类主体之外的事物的价值,把道德关怀仅限于人类自身,因而它仍然是以人类中心主义为基本的指导原则。在这里,人与自然之间不仅是对立的,而且有着不可逾越的鸿沟,改造自然、统治自然是人类活动主要的指导思想。在科学与伦理学、事实与价值之间,即在是什么与应当怎样之间有着不可逾越的界限。但是,东方传统思想却没有这样鲜明的界限。道家的"天人合一"观就是这样一种典型的传统思想,它视天人为一体,强调天道与人道、自然界与人类是紧密相连不可分离的,追求天地人整体的和谐。道家的这些生态伦理思想明确主张应增强对生命的尊重,要求把道德关怀的领域扩大到天地万物中去。显然,这种生态伦理观不仅扩大了西方近代以来伦理学的领域,改变了许多我们曾长期珍视的传统伦理观念,而且这些思想有助于形成现代的生态伦理学。因为现代的生态伦理学有两个决定性的观念和原则:(1)应将传统伦理学的正当行为的概念扩大到包括对自然界本身的关心,尊重所有生命和自然界。它的基本原则是:当一种行为趋向于保护生物群落的完整、稳定和美丽时,它是正确的。否则,它就是错误的。(2)道德权利的观念应当扩大到自然界的生命和生态系统,确认它们在自然状态中持续存在的权利。对照来看,这些现代生态伦理学的基本观念和原则,在两千多年前的道家那里已经基本具备了。

当然,在中国历史上,儒家等各家也和道家一样都有推崇"天人合一"的思想倾向。但比较而言,儒家讲天人合一,常常是用自然来比拟人事,借以更好地倡导人事。因而儒家中有(尤以荀子为代表)"制天命而用之"和"人定胜天"的主张,其对"天人合一"思想的强调,带有人是自然的主人和支配者的倾向,强调的是以天合人。而道家讲天人合一,强调的是"道法自然",高度重视自然的作用和力量,反对以人役天,无疑带有人是自然整体中的一部分,应以尊重自然、保护自然为最高原则,从而要求彻底消除人为、舍弃人事来与自然合一的思想取向。如果说儒家讲的是"自然的人化",认为人归根结底是宇宙的中心和支配者,天人合一只能是天跟人合一,表现了一种人类中心主义的倾向(尽管这种人类中心主义倾向与西方传统文化中的人类中心主义是有所区别的),那么道家讲的便是"人的自然化","天人合一"的思想强调了以人合天,认为世界是一个统一的整体,人只是这个整体中的一部分,天人合一只能是人跟天合一,表现了一种非人类中心主义的鲜明倾向。从上述比较可以看出,道家在生态伦理思想方面的建树和贡献远比儒家要大得多,且更符合现代生态伦理学的基本精神和价值取向。同时它"对于那些想扩大西方科学范围的哲学家和科学家来说,始终是个启迪的源泉"。①

三、自然无为

（一）自然即无为

"天道"和"人道"，即"自然"和"人为"的关系问题，既是中国古代哲学特别是道家所关注的一个中心问题，也是现代生态伦理学的一个首要问题。在中国古代哲人看来，自然界是一个生生不息的生命过程，这种自然界的"生"与人的生命及其意义具有相通相似性，因此人应当像对待自己的生命一样对待自然万物。而另一方面，自然界由于其所具有的"生生之德"而不仅仅具有了自然的意义，而且具有了生命和伦理的意义，人们可以从中引出人道、引出社会道德观念，把它作为处理人与人之间关系的行为准则，并返回到自然界，作为处理人与万物关系的道德准则。像《周易》中"天行健，君子以自强不息"和"地势坤，君子以厚德载物"的说法，就认为君子自强不息和厚德载物的道德精神来自天地自然。这一思想在道家那里得到了更明确的表达，如庄子也认为："夫明白于天地之德者，此之谓大本大宗，与天和者也。所以均调天下，与人和者也。"（《庄子·天道》）这正体现了道家追求天人相通、天人合一，以天道引领人道的价值取向。可见，在中国古代哲人那里，自然不仅是宇宙万物的生命本体，而且也是人伦道德的价值之源或终极依托。

就此而言，道家在人与自然关系上所持的天人合一的整体观决定

---

① 普里戈金、斯唐热：《从混沌到有序——人与自然的新对话》，上海：上海译文出版社，1987 年，第 1 页。

了它在处理人与自然的关系上必然要采取自然无为的基本原则。由于道家哲学以"道"为一切存在的最高本体,它既是宇宙万物的本源,又是宇宙的最高法则,大自然就是按照此"道"去运作的,因而人也不能例外,老子所谓"人法地、地法天、天法道","孔德之容,唯道是从"(《老子》第二十一章)就是对这种以天道引领人道,"推天道以明人事",把遵从道的本性当成人的最高道德准则的自然主义方法的肯定。那么,人类需要效法的"道"的本性是什么呢?那就是"自然""无为"。

如前所述,在老子看来,作为最高本体的"道"并不是一种玄虚的存在,而就是自然本身,老子说的"道法自然",并不是指在"道"之上还有一个"自然",而是说"道"的本质就是"自然",人要师法天地,天地师法道,而道最终又师法于自然,所以也可以说天、地、人最终所要师法的是"自然"之道。然而,自然之道又是什么呢?那就是"无为"。道家所大力标举的"自然",主要是指事物的实际本然状态,是事物本来如此、自然而然、自己运化的意思。老子认为"道"的本性就是以一种不用心、不经意、不强求、自然而然的态度去成就一切的。"天之道,不争而善胜,不言而善应,不召而自来。"(《老子》第七十三章)"道"的这种自然性就是"无为"。"无为"也就是"无违",即无违自然、因任自然而无所作为或不强作为之义。王弼以"顺自然也"一语来诠释老子的"无为",是深得其旨的。在老子看来,不仅道"无为",而且天地万物在其本性上也都是"无为"的,人当然也不应例外。老子说:"天地不仁,以万物为刍狗;圣人不仁,以百姓为刍狗。"(《老子》第五章)天地无所偏爱,听任万物自生自灭;圣人无所偏爱,听任百姓自然地生活。这种使天地万物"自化"、顺其自然而为的结果就体现了"道"的"无为而不为"的性质。这样,我们可以看到"无为"的概念必须在"道"的自然性中去把握其内涵。实际上,"无为"就是"自然"的另一种说法,两者是同义词。借用苏辙在《道德真经注》中的说法,"无为"就是"因物之自然,不劳而成之矣"。《淮南子·原道篇》对此也有很好的阐述:"所谓无为者,不先物也;所谓无不为者,因物之所为。"也就是说,道家的"自然无为"就是完全听任万物自然发展变化、不施人为的意思。总之,纯任自然就是道家无为思想的本意。自然是无为的根据,无为是自然的表现,二者具有内在贯通性。

老子认为,"上德无为"(《老子》第三十八章)。自然无为是道的最高德性。"道"正是由于它的这种自然无为的德性而值得尊崇。"道之尊,德之贵,夫莫之命而常自然"(《老子》第五十一章)。正因为如此,体道的圣人也应遵从道的这种品性来对待万事万物。"以辅万物之自然而不敢为"(《老子》第六十四章)。"生而不有,为而不恃,长而不宰,是谓玄德"(《老子》第五十一章)。人应当以自然为师,一切顺其自然,成长万物而不据为己有,化育万物而不自恃其能,成就万物而不自居其功。人不应当把自己看作是自然的主人,对自然妄加作为,做自然的主宰:"辅万物之自然而不敢为"(《老子》第六十四章)。庄子也说:"圣人者原天地之美而达万物之理。是故圣人无为,大圣不作,观于天地之谓也"。(《庄子·知北游》)既然天道自然无为,那么要效法自然、遵从天地的人就应当因任自然,不施妄为,"与天为一"。因此自然无为就成为道家生态伦理思想中的一个基本原则。

但是道家的"无为"不是无所作为,而是不刻意妄为,不恣意强行。老子说:"知常曰明。不知常,妄作,凶。"(《老子》第十六章)。通过认识客观的自然规律并予以遵循而不妄为强行,这是真正的智慧。李约瑟说:"就早期原始科学的道家哲学而言,'无为'的意思就是'不做违反自然的活动'(refraining from activity contrary to nature),亦即不固执地要违反事物的本性,不强使物质材料完成它们所不适合的功能……"[1]福

---

① 李约瑟:《中国科学技术史》第二卷,北京:科学出版社,1990年,第76页。

永光司也说:"老子的无为,乃是不恣意行事,不孜孜营私,以舍弃一己的一切心思计虑,一依天地自然的理法而行的意思。在天地自然的世界里,万物以各种形体而出生,而成长变化为各样的形态,各自有其一份充实的生命之开展;河边的柳树抽发绿色的芽,山中的茶花开放粉红的蕊,鸟儿在高空上飞翔,鱼儿从深水中跃起。在这个世界,无任何作为性的意志,亦无任何价值意识,一切皆是自尔如是,自然而然,绝无任何造作。"①所以,道家强调要"为无为",不仅不可妄加作为,还要用自己的"一依天地自然的理法而行"的作为去维护自然的和谐与生态的平衡。

(二)"以鸟养养鸟"

正是从这种自然无为的基本原则出发,道家明确地把自然和人为对立起来,崇尚自然,反对人为。老子反复申言自然无为,反对"以智治国",主张"我无为而民自化"(《老子》第五十七章),正是以这种自然无为的基本原则来处理人类的社会生活。《庄子·在宥》说:"有天道,有人道。无为而尊者,天道也;有为而累者,人道也。"这里的天道,即自然之道,人道,即人为或有为之道。庄子以人类对待牛马的不同态度,阐明了自然与人为的鲜明区别。"曰:'何为天?何为人?'北海若曰:'牛马四足,是谓天;络马首,穿牛鼻,是谓人。'"(《庄子·秋水》)这即是说,出于万物之天然本性而非关人事的就叫做自然;出于人意之所为的则叫人为。由于天是内在于万物的本性,人为是外在地强加于事物的东西,所以用符合万物天然本性的方式去对待万物,是有利于

---

① 福永光司:《老子》,转引自陈鼓应《老子注译及评介》,北京:中华书局,1984年,第67页。

万物的自然生存和自由发展的，因为万物在天然状态下本来就圆满自足，只要各保其常态和天然本性，就能达到平衡和谐，这就是老子说的"天之道，损有余而补不足"（《老子》第七十七章）或庄子所说的"天和"、"天均"。相反，如果人类强作妄为，以自己的主观意志和好恶——哪怕是出于好意——去改变万物的自然状态，违背自然的本性，就会给万物造成损伤和破坏，甚至毁灭。所以庄子反对鲁君养鸟的方式——"以己养养鸟"，而主张应"以鸟养养鸟"，即用符合鸟的自然本性的方式去养鸟（《庄子·至乐》），呼吁"无以人灭天"（《庄子·秋水》），"不以心捐道，不以人助天"（《庄子·大宗师》）。总之，道家极力倡导的"自然无为"的思想作为一种生态伦理的最基本原则，其主要精神就是要求人类不能出于自己的主观的意愿、有限的认识与贪婪的私欲而去随意地违逆万物的本性、破坏自然的秩序，要求人们要尊重自然万物的固有价值，维护它们的平等权利，"不开人之天，而开天之天"（《庄子·达生》），真正以自然的方式对待自然。显然，道家这种"自然无为"的生态伦理原则是其自然主义的生态伦理观的直接体现，也是道家其他一切生态伦理思想的基础和核心。

道家的"自然无为"思想是有着巨大的生态伦理学意义的。人类数千年来的文明发展很大程度上正是人类利用自然、改造自然、超越自然的结果。但是，人类对自然的这种利用、改造和超越不应该是无限度的，而应把它们限定在一个适当的程度上。人类不能肆意妄为地对待自然，不能自以为是自然万物的统治者、征服者，似乎自然的存在意义仅仅在于它可以任由人去选用、改造、驾驭，从而无限地满足人类日益增长膨胀的需要。的确，人类自从自然界分离出来后，便经常凌驾于整个世界之上，逐渐淡化了对自己行为的责任感，忘记了对自然应采取的谨慎态度，反而是不计后果，过度作为，盲目地投入以征服、改造大自然为中心的活动中去，向大自然进行无限制的索取，结果导

23

致了一系列严重的后果。如古代农业文明往往衰落于严重的生态破坏，近现代工业极大地破坏了自然资源和环境，人们疯狂地逐利和贪图享受造成了严重物质浪费、环境污染、生态失衡。罗马俱乐部主席奥尔多欧·佩奇认为，人类盲目的自大和过分地追求经济速度造成了人与自然的关系紧张和生态失衡，"失去了平衡就意味着大难临头!"罗马俱乐部在《世界的未来——关于未来问题一百页》的报告中指出："人之初，步子小，以后逐渐加快，最后向权力奔跑，建立了自己的统治，但往往是建立在'大自然的灰烬'上的。而且不顾自己是否已经超越极限，是否正在自掘坟墓。"在该俱乐部科学家看来，经济和自然资源的增长都有一定的极限，因此不能够盲目追求经济指数，为发展而发展，应当树立适度增长的观念，不能够对自然资源实行掠夺式的开发。美国著名的生态学家巴巴拉·沃德和雷内·杜博斯在其合著的《只有一个地球》一书中严厉谴责了在开发自然资源中竭泽而渔、杀鸡取卵的掠夺性行为，指出人类必须自觉地控制自己活动的范围，达到既有利于人类的共同生活，又有利于促进自然环境正常发展。现代社会首先应恢复的是人和自然和谐的观念，人们必须时刻记住尊重自然规律、维持生态平衡、防止过度作为。美国学者威廉·福格特在《生存之路》一书中强调，"必须使全人类都认识到目前整个世界所陷入的困境"，必须认识到保护资源、维持生态平衡，否弃对物质利益和经济增长的片面追求的紧迫性和重要性。他说："最大的危险是来不及悬崖勒马"，[①]最大的祸害是肆意妄为，违背自然规律。同时，人们的过度作为，对自然的过多干预和破坏也反过来使人类自身遭到了各种报复，如沙漠化、沙尘暴、海啸、水土流失、特大洪水和干旱等各种看似自然实与人为有关的自然灾害的频繁发生和严重危害、各种癌症、艾滋病、

---

① 福格特:《生存之路》,北京:商务印书馆,1981 年,第 145 页。

Sars 等人类疾病的日益复杂化高危化等等。这一切说明了维护自然界的生态系统的平衡完整的重要性,也促使人们不得不重新认识自然生态系统与人类的关系,反省以往人类对自然的态度。就此而论,道家的自然无为思想无疑显示了其所蕴含的生态伦理的伟大智慧,可以给我们巨大的启迪。

四、知止知足

道家之所以主张用自然无为的原则对待自然,其一个重要原因就是由于自然万物本身有一个客观的承受极限和人类开发的适度原则问题,这也就是道家所提出的另一个重要的生态伦理思想:知止知足,合理利用自然资源,节制人类的需求欲望。

(一) 知止不殆

老子认为,自然本身有一种内在的和谐均衡,它既不会让亏损的状况长期延续,也不会让完满的状况过于持久,而是会在这些极端的情况出现时自动予以调整,实现新旧循环。老子说:

> 天之道,其犹张弓与? 高者抑之,下者举之,有余者损之,不足者补之。天之道,损有余而补不足。(《老子》第七十七章)

又说,万事万物只要遵循此道理,就能历久长新、"保此道者不欲盈,夫唯不盈,故能敝而新成"(《老子》第十五章)。万事万物只要能保持自身存在的限度,控制过极超限,懂得适可而止,就可以避免任意妄为带来的危险:"夫亦将知止,知止可以不殆"(《老子》第三十二章)。不过,人要做到"知止",首先是要知道事物本身的限度,而要了解这种限度就要了解事物本身发展变化、消长盛衰的内在规律,这也就是老子所说的"知常"。老子说:"夫物芸芸,各复归其根。归根曰静,静曰复命。复命曰常,知常曰明。不知常,妄作凶。"(《老子》第十六章)老子这里提出的"知常曰明"的命题,其意旨就是要通过认识和了解决定和制约万事万物消长盛衰的内在规律而达到通明的根本智慧。有了这种根本智慧,就可以避免胡作非为、过度妄为而做到适可而止。其次是要知道人自己行为的限度,因为"甚爱必大费,多藏必厚亡"(《老子》第四十四章),要得到过于丰厚的爱和宝藏必定要有巨大的付出甚至损失。所以老子说要"见素抱朴,少私寡欲"(《老子》第十九章),即要做到适可而止,不要贪得无厌,更不要杀鸡取卵,因为自己无尽的贪婪而招致自然和他人的毁灭或报复。如老子就敏锐地看到君王的争霸战争给百姓和自然生态系统所带来的巨大灾害:"师之所处,荆棘生焉","大军之后,必有凶年。"

"知止不殆"也是道家的一个普遍观点。庄子也确认宇宙间的万事万物都有自己的常规,人类的智慧正是要认识到事物的常规。他说:"天地固有常矣,日月固有明矣,星辰固有列矣,禽兽固有群矣,树木固有立矣。"(《庄子·天道》)所以庄子进一步发挥了老子的"知止"思想,说:"知止其所不知,至矣。"(《庄子·齐物论》)庄子把能够认识到自己的行为应该止步于自己所不知道的地方当作人的最高智慧,这与老子说的"知不知,上矣"是一致的,可惜实际上人们往往不知其所止,却还盲目地去追求他们所不知道的,乱做超出他们所能控制的,从而搞乱了整个自然秩序:

> 天下皆知求其所不知而莫知求其所知者,皆知非其所不善而莫知非其所已善者,是以大乱。上悖日月之明,下烁山川之精,中堕四时之施;惴耎之虫,肖翘之物,莫不失其性。(《庄子·胠箧》)

人类在由于自己不适当行为而破坏了自然秩序、超过了自然的极限之后，自然就会降下灾祸，对人进行惩罚和报复。所以人类在自然面前，应该谨慎地了解自然、遵从自然，顺应自然的法则行事，不应好大喜功、贪得无厌、不知所止。《黄老帛书》中指出："过极失当，天将降央（殃）。人强胜天，慎辟（避）勿当。天反胜人，因与俱行。先屈后信（伸），必尽天极，而勿擅天功。"（《黄老帛书·国次》）这是道家对人类"过极失当"，"不知所止"的危险行径发出的严重警告！正因此，老子要求"圣人去甚，去奢，去泰"（《老子》第二十九章），努力去除一切超出合理限度的消费和发展，让万事万物维持在各自的合理限度内而避免走向极端。因为走向极端往往就会导致"物极必反"，即走向事物的反面、出现不良的后果："持而盈之，不如其已；揣而锐之，不可长保"（《老子》第九章）。

（二）知足不辱

老子认为，造成人与自然关系紧张的根本原因就是人类的"不知足"。老子说："祸莫大于不知足，咎莫大于欲得。故知足之足，常足矣。"（《老子》第四十六章）所以，在自然面前，人们不仅要"知止"，即认识和把握事物的极限或限度，而且还要"知足"，即懂得克制自己的欲望，满足于适度的求利和消费。人们只有真正"知足"，才能"知止"。

人为什么要"知足"呢？按道家的看法，主要是由于：一、人本身的基本需要是有限的。一般的动物的基本需要仅限于自然的生理需要，而且不会去贪求维持基本生存之外的物质需要。"鹪鹩巢于深林，不过一枝；偃鼠饮河，不过满腹。"（《庄子·逍遥游》）人满足自己正常而自然的生存和发展的需要也是有限的，食不过一饱，衣不过一体，睡不过一床。因此，人也应该像一般的动物一样按照自己的生命过程的自然需要来利用万物，"量腹而食，度形而衣"，"食足以接气，衣足以盖形，适情不求余。"（《淮南子·精神训》）道家主张在满足人的正常而自然的生理需要的基础上，不能贪图过多的物质占有和物质享受，必须对物质财富的占有和享受有所节制，有所知足。老子所说的"见素抱朴，少私寡欲"就是从正面对人在物质财富的占有和享受上应该怎样节制和知足提出的具体要求。

二是"知足"可以避免对个人身心以及自然、社会的破坏。道家之所以认为人们只要能够满足自己健康生存的基本物质需要，就不该去贪恋过多的物质财富和欲望的满足，是因为那些过多的物质财富和欲望的满足不仅不是人的生命过程所必需的、有积极意义和价值的，反而会损害人的身心："五色令人目盲，五音令人耳聋，五味令人口爽，驰骋田猎令人心发狂，难得之货令人行妨。"（《老子》第十二章）"出则以车，入则以辇，务以自佚，命之曰'招蹶之机'；肥肉厚酒，务以自强，命之曰'烂肠之食'；靡曼皓齿，郑卫之音，务以自乐，命之曰'伐性之斧'。"（《吕氏春秋·本生》）正因此，老子说："祸莫大于不知足，咎莫大于欲得。"（《老子》第四十六章）又说："名与身孰亲？身与货孰多？得与亡孰病？甚爱必大费，多藏必厚亡。知足不辱，知止不殆，可以长久。"（《老子》第四十四章）"不知足"，不仅会使人得不到真正的快乐和满足，反而会遭受不必要的烦恼、侮辱甚至危险，而且还会破坏大自然的完整性、丰富多样性，损害自然万物与人的和谐关系："乱天之经，逆物之情，玄天弗成，解兽之群而鸟皆夜鸣，灾及草木，祸及止虫。噫！治人之过也。"（《庄子·在宥》）如果人类只为了自身需要的满足而无限制地向自然索取，必然会打破自然本身的和谐秩序，使大量的生物种群濒临灭绝，有限的资源趋于枯竭，生态环境日益恶化，最终也将危及人与自然的和谐关系，甚至人类赖以生存和发展的环境将不复存在。所以庄子告诫世人："圣人处物而不伤物，不伤物者，物亦不能伤",认为"丧己于物,失性于俗",必然丧失人之为人的本性,而成为物的奴隶:"一受其成形,不亡以待尽。与物相刃相靡,其行尽如驰而莫之能止,不亦悲乎!终身役役而不见其成功,茶然疲役而不知其所归,可不哀邪!"(《庄子·齐物论》)所以庄子的理想世界是:"阴阳和静,鬼神不扰,四时得节,万物不伤,群生不夭",即一个环境不遭破坏,物种不被灭绝,万物各得其宜的生机盎然世界。"若然者,藏金于山,藏珠于渊;不利货财,不近贵富;不乐寿,不哀夭;不荣通,不愧穷。不拘一世之利以为己私分,不以王天下为已处显。显则明。万物一府,死生同状。"(《庄子·天地》)

道家的上述"知止知足"思想具有深刻的生态伦理意义。

首先,它是一种自然主义道德观的体现。它要求人类应根据自然界的承受能力进行适度的开发利用、有限度的索取,使人类的需求和欲望与自然界的承受能力之间保持合理的张力。当代社会深重的环境危机的产生,在很大程度上与人们只顾眼前的利益,只顾满足当前物欲的膨胀密切关联,正是在这种眼前利益和私欲的驱使下,人们不懂得在自然面前"知止知足",反而去无节制地乱伐林木,过度地使用地力、开采矿藏,甚至对各种资源采取竭泽而渔、杀鸡取卵的掠夺性行为和肆无忌惮的浪费,等等。这些错误的观念和行为,只承认人是自然的主人、自然的主宰和自然的征服者、索取者,而不承认人也是自然的呵护者。实际上,大自然不可能有什么主人,人也不可能永远和完全主宰自然,如果说人有优胜于自然之处,那就是他所做的有关自然的行为应是在合规律、合自然的过程中,施展其能动的主体性力量,最终实现其自己的目的,使自然为人类服务,只有这样,才能保持人与自然的统一,实现人、社会、自然三位一体的持续发展。因此,即使从人类自身利益的角度来说,我们也必须把眼光放长远一些,明白善待自然,也就是善待人类自己的道理。何况自然本身还有它自身的价值。

其次，它是一种可以让人类可持续发展的生活态度和价值取向。道家讲"知止知足"，要求人们对自己的需求和消费限制在必要的合理范围内，不贪得无厌、不为物欲所累。所以老子提出了"俭"、"啬"、"不争"、"不敢为天下先"等具体的道德规范，也就是提倡节俭、爱物、谦让、不争，反对毫不节制的消费观和铺张浪费，反对以世俗的价值观念、虚荣的攀比方式争强斗富、奢侈纵欲。然而，人类自从进入文明社会以后，人们往往把追求物质财富作为人生的最高目标，由此产生的追遂争斗往往又导致了各种各样的灾难。特别是现代社会已普遍把增加消费作为国家的重要经济政策，希望促进消费来推动经济增长，并且把个人的消费量看作是否成功的主要标志。如美国人甚至有个信条："消费即美德"。而现在的市场及其文化观也正不断地刺激人们去提前消费掉更多的东西，以满足经济增长的需要和生产经营者的利润追求。但是，自然的资源是有限的，而人类的消费欲望是无止境的；而且，随着科技的进步，单个人的物质消耗量正在迅速增加，如果不加节制，则无法用有限的资源满足无限的欲望。据最近来自世界 95 个国家 1360 名科学家联合发布的一份报告宣布，到目前为止，由于人类的过度消费，世界三分之二的自然资源已被破坏殆尽。[①] 所以，人类要继续生存，就必须节制自己的欲望，特别是要限制少数人的穷奢极欲、挥霍浪费和盲目攀比、炫耀性消费和高消费。要改变人们的价值取向，使他们懂得当基本的物质生活满足后，应该去追求更高层次的精神生活，并在这种更高层次的精神生活中实现更有意义的生命存在。

---

① 《都市快报》(杭州)2005 年 3 月 31 日报道。

五、尊重生命

现代生态伦理学所表现出的一个基本精神是十分尊重生命的权利，热爱生命的价值。现代生态伦理学把道德对象的范围从人类共同体扩大到了人—自然共同体，以自然主义的生态道德原则作为对人与自然关系进行价值评判的尺度，以对自然价值的全面阐述和对自然万物的生态权利的认可为基础，确立以应当尊重和促进自然的完整与稳定为准则的人类行为规范。而这一点在道家思想中也有着非常突出的体现。如物无贵贱、慈爱万物的价值观，万物平等、生态多样的生命观，自爱贵生、摄养身心的养生观等。就此而言，古代道家思想家们实可称为超越于时代的思想先驱。

（一）物无贵贱、慈爱万物

道家根据其道论，提出了一种独特的"物无贵贱"的价值观。道家的这种价值观认为，道作为一切存在的本体，也是宇宙中一切事物普遍的最终的价值源泉。由于天地万物都是道自然运作、无为自化的产物，因而它们也就自然地具有了道的本性，并因之被赋予了"玄同于道"的内在价值。从这个意义上说，万事万物在道这个价值本源上的平等决定了其各自的内在价值的平等，而不存在大小贵贱之分。所谓大小贵贱，只不过是人们囿于物的差异和世俗的价值取向得出的孤陋之见。这样，老子实际上把平等观扩展到了人与万物之间。儒家学者总是力图凸现人的高贵，孟子强调人禽之辩，荀子在谈到人的时候，也特别强调："水火有气而无生；草木有生而无知；禽兽有知而无义；人有生有气有知亦且有义，故最为天下贵也。"（《荀子·王制》）但是老子则认为人与物是平等的。老子所说的"道大、天大、地大、人亦大。域中有四大，而人居其一焉"（《老子》第二十五章）是肯定人与万物一样都是"域中四大，"而从他所说的"道生一，一生二，二生三，三生万物"，是不难引申出相应的平等观念的，即既然人和其他万物一样都是由道而生，那么道对万物自然应该是无所偏爱、平等相待的。老子说："天地不仁，以万物为刍狗；圣人不仁，以百姓为刍狗。"（《老子》第五章）道作为万物运行的法则是客观、无私、公平的。道以天地来承载万物，其运行是无私又公正的，视万物为刍狗，顺任其存在、变化、消失，而不给予偏爱。人们尤其是统治者也应该效仿自然，对人和万物无所偏私，而不该"亲亲尚恩"。因此他提出："不可得而亲，不可得而疏；不可得而利，不可得而害；不可得而贵，不可得而贱。"（《老子》第五十六章）老子还进一步提出："圣人常善救人，故无弃人；常善救物，故无弃物。"（《老子》第二十七章）正因为对人与万物都能够无所偏爱、平等相待，所以恰恰不会主动抛弃、放弃任何人和物。

在庄子那里，他已明确提出"物无贵贱"说。在茫茫宇宙中，人与天与地与万物一样，都是物而已，岂有它哉！他说："号物之数谓之万，人处一焉；人萃九州，谷食之所生，舟车之所通，人处一焉；此其比万物也，不似毫末之在于马体乎？"（《庄子·秋水》）在《庄子·人世间》中，大栎树对匠石说："若与予也皆物也。"大栎树提醒木匠，别看你是人，我是树，其实咱俩都是天地间一物。庄子还提出了万物之间"孰短孰长？"的看法。庄子说：

> 万物一齐，孰短孰长？（《庄子·秋水》）
>
> 以道观之，物无贵贱；以物观之，自贵而相贱；以俗观之，贵贱不在己。以差观之，因其所大而大之，则万物莫不大；因其所小而小之，则万物莫不小。知天地之为稊米也，知毫末之为丘山也，则

差数睹矣。以功观之,因其所有而有之,则万物莫不有,因其所无而无之,则万物莫不无。知东西之相反而不可以相无,则功分定矣。(《庄子·秋水》)

正是道家充分肯定人与万物的平等性,才有人与自然的真正统一,所以,道家是在强调人类应当尊重自然、热爱自然的基础上进而要求保护自然的,这样才能进入"静而与阴同德,动而与阳同波"(《庄子·刻意》),"天地与我并生,万物与我为一"(《庄子·齐物论》)的天人合一之境。庄子的"万物齐一"思想告诫人们应走出自我的樊篱,人不高贵于自然,天上飞鸟、水中游鱼、陆上麋鹿、泽中野鸡都有属于自己的快乐。人类不仅应承认并尊重所有物种的平等的、等价的生存权利、反对破坏自然秩序,而且人应该"回归自然",回到"同与禽兽居、族与万物并"(《庄子·马蹄》)的人与自然万物共生共荣的和谐状态。平等对待万物,人与自然生机勃勃地栖息于和谐的自然状态之中,这显然需要人具有一种博大的生态伦理胸襟。这样,老子就特别注重人的内在性情和谐,强调个人的自身修养问题,主张通过个人内在的修炼,实现身心和谐,然后以此为基础逐步实现人与自然以及人与人、人与社会的和谐。"载营魄抱一,能无离乎"(《老子》第十章),"挫其锐,解其纷,和其光,同其尘"(《老子》第五十六章),具有和谐的人格,就能消除个我的固蔽,化除一切的封闭隔阂,超越于世俗价值的局限,以开放豁达的心胸与无所偏见的心境去感受世界的完满。

(二) 生命价值的多样性

道家的一个重要生态伦理思想是强调生态的多样性,肯定丰富多彩的自然万物的存在不仅是合理的,而且是必要的。不同的生命主体的特性不同,其需求好恶及对环境的反应也必定有所不同,但这种差别不仅不能说明事物之间的大小贵贱之别，反而恰恰表明了不存在定于一尊的价值标准，所以人们不能以人类中心主义的观念出于自身的利益和价值判断贵己贱物，厚此薄彼，看不到万物的平等权利和价值，更不能否定自然万物存在的生态多样性的意义。老子认为人与万物同为"域中四大"，并且认为"万物并作"等，就是承认自然万物的多样性存在。同样，庄子也一再地用其相对主义的视角描述自然万物存在的生态多样性的意义。譬如他说："鱼处水而生，人处水而死，彼必相与异，其好恶故异也。"（《庄子·至乐》）又如："民湿寝则腰疾偏死，鰌然乎哉？木处则惴栗恂惧，猿猴然乎哉？三者孰知正处？民食刍豢，麋鹿食荐，蝍蛆甘带，鸱鸦耆鼠，四者孰知正味？猿猵狙以为雌，麋与鹿交，鰌与鱼游。"（《庄子·齐物论》）显然，如果没有一种倡导各美其美、天然平等的价值观，是写不出这样的文字的。

道家的这种观点"可以合理地诠释为符合当代生态伦理学的看法：道的整体价值体现于它所产生的万物自身的内在价值之中，万物按照道的法则和自身性质去实现自己的价值，同时也就实现了道的整体价值……这里，如果我们把道当作生态系统和生态过程的整体，而把万物当成各种生命物种和生命个体，那么我们就可以把上述观点转换成非人类中心主义的生态伦理学的观点：生态系统的整体价值是由众多不同的动物、植物、微生物等生命物种在生态演化的过程中来实现的……各种生命物种的内在价值就成了实现生态系统整体价值的工具价值，它们的价值对于整体价值来说，是没有大小高低之分的。"①

正因为如此，道家强调要一视同仁地慈爱万物，尊重万物的内在价值，肯定生态多样性的意义。老子所说的"天地不仁，以万物为刍

---

① 佘正荣：《中国生态伦理传统的诠释与重建》，北京：人民出版社，2002 年，第 60—61 页。

狗"并不是要我们不要慈爱万物,而是通过强调天地自然并不偏爱于某一物而要求我们要对万物一视同仁,否则就无法理解老子在另外地方又要求"常善救物,故无弃物"。老子把"慈"当作其"三宝"之一,也是说明慈爱万物的重要性。老子希望人们学习水的慈善品德,做到像水一样施利万物、衣养万物而不求宰割、不与争胜,"水利万物而不争"(《老子》第八章),表现了一种博大深沉、包容万物的慈爱胸怀。庄子也认为:"爱人利物之谓仁。"(《庄子·天地》)庄子还通过分析"有用"与"无用"的辩证关系,表达了物无贵贱,"有用"、"无用"只是相对而言,可以相互转化,人们应该树立对万物不偏不弃的价值观。道家的这种价值观深受现代深层生态学者的青睐,他们所提出的"敬畏生命"的思想就与道家的这种价值观一脉相承。利奥波德(A·Leopold)在其《大地伦理学》中说:"权利并非人类的专用品,必须把它延伸到自然的一切实体和过程。花草树木、飞禽走兽都有生存和繁殖的权利,不容任意践踏。"慈爱万物、敬畏生命成了现代生态伦理中最基本的理念。

道家不仅充分肯定自然万物的存在价值,而且高度赞赏大自然的审美价值,认为其不单是真的善的,更是美的,大自然就是美的源泉,是真正的"大美"。庄子说:"天地有大美而不言。"(《庄子·知北游》)自然万物之美是一种至高至大而又不自我炫耀的美,道家以这种自然美为最高的审美追求,认为只有投身于大自然的怀抱,热爱和钟情于自然万物,与自然万物融为一体,才能够真正体会到自然的美妙,获得"天乐"。所谓"天乐",就是指人与天地万物融合一体之后一种快乐自在的状态,是自然万物给人带来的审美满足和自由超越,因而也是人的"至乐"。在自然中发现美的根源和本质,找到人生的意义和乐趣,这是一种由道家所率先追求和倡导的通达精神自由的审美境界,从老庄、魏晋玄学到历代的文人学者,都喜爱自然之美,通过追求审美的超越实现生命的自由和升华。

道家不仅讲爱万物,更讲爱身。而道家讲的"爱身",既指贵己重身,即珍视一己之身,也包括尊重整个人类的生命。老子讲"贵身"、"摄生"、"救人",反对为了满足一己之欲求去侵害别人,反对为追逐名利而危害生命,反对纵情于口腹声色之乐而毁坏万物,尤其是反对会对人与自然都造成严重损害的战争。庄子强调"以养其身,终其天年"(《庄子·人世间》),认为"能尊生者,虽富贵不以养伤身,虽贫贱不以利累形"(《庄子·让王》),"故曰,道之真以治身,其绪余以为国家,其土苴以治天下。由此观之,帝王之功,圣人之余事也,非所以完身养生也。今世俗之君子,多危身弃生以殉物,岂不悲哉!"(《庄子·让王》)为了保持个体的自由和安生,不以物欲名利累其身心,庄子一再地拒绝出仕为相,不愿做庙堂之上的文服牺牲,而宁愿做"弋尾于泥涂之中"但却自由自在的龟、"孤犊"。庄子坚定地开拓了一条属于自由的生命之路,用自己真切坚定的抗争肯定了生命价值的多样性。可以说,庄子是一个虽身处乱世而仍能清醒正确地对待生命和自由的伟大的平民知识分子,其思想行为闪烁着深刻的生命智慧。

总的来说,在老子等道家哲学中所包含的丰富深刻的生态伦理思想对于重新认识道家哲学及整个中国传统哲学的内涵和意义,拓展其价值境域,克服当代的生态环境危机和各种社会危机,发展和重构现代生态伦理学乃至整个现代文明,都具有不可忽视的重要作用。当然,我们也应该看到,就道家等东方生态智慧来说,"天人合一"、对自然的敬畏等生态伦理思想固然十分深刻、富有睿智,的确是一种可贵的思想资源,但它们也确实更像是埋藏已久的珍宝,往往停留在少数思想家的观念层面,甚至审美层面,它并没有更好地外化于实际的生活层面以真正保护中国古代社会和现代社会的自然环境、生态平衡系统免遭类似西方近代工业文明以来的破坏。因此,这种在思想理论与实际生活之间存在的阻隔和落差是我们不能不正视的一个事实。从这里也就不难看出,对于当代西方乃至中国的自身生态伦理建设来说,任何传统思想都只能是一种可供借鉴的思想资源,要实现其由传统向现代性的转换无疑尚须面临一系列难题。也可以说,老子等道家的有关生态伦理思想,毕竟是在科学和技术尚未高度发展前的产物,其对人类社会及其行为作为一个超巨大型的复杂系统时处理其与自然关系的困难性,人类技术、理性及整个文明发展、演进所具有的"双刃剑效应"的复杂性等还缺乏足够充分的认识和有效的对策,但这些局限性和不足并不应成为我们苛求和否定古人的理由,相反,道家生态伦理思想中的成就和局限都将成为我们发展和重构当代生态伦理学和生态文明可资借鉴的重要思想资源、问题意识和进一步前行的动力,从而以求在东西方思想的互补、各种文化的融合中形成具有普适性价值的现代新文明。因此,道家思想作为一座伟大思想的宝库,将以其深邃广大、悠远玄奥的品格和内涵,不断地给人类提供有关生命价值与自然意蕴的丰富睿智。

第一章 道家思想的现代生态伦理学意蕴

第二章
儒家生态哲学思想及其现代价值

儒家思想是中国传统文化的主要流派之一,在意识形态领域长期居于主导地位,本身含蕴着极其丰赡而富有特色的生态哲学与思想,对中国的传统社会产生了多方面的重要影响。在生态问题成为重大社会问题,建设生态文明成为国家战略的当下境遇中,很有必要对儒家生态哲学与思想进行系统回顾并探讨其时代性价值。

一、本体命令:天道生生

儒家的生态哲学与思想十分丰富,要对之进行系统探讨,必须首先探讨其天道观。在儒家思想体系中,"天"是最高的范畴,具有两种最基本的内涵:其一是自然之天,其二是道德义理之天。

就自然之天而言,"天"乃是一种包含人类而又异于人类的伟大自然力量,并集中呈现为具有自发地运化发展能力的自然界。在儒家看来,自然界在整体上是有着无限的生命力与内在秩序的统一整体。孔子曾讲:"天何言哉?四时行焉,百物生焉;天何言哉?"(《论语·阳货》)儒家相信自然界是本然地具有自我运行的先天能力的伟大存在，能够自我实现出四时运行、万物生长的理想景象，因而对自然产生出一种深切的敬畏之心与天然的信心，这也构成了儒家对待自然的一种基本见解。

在儒家看来，山水乃是自然最重要的体现，儒家思想家对之多有赞美。源泉不息的流水尤其是伟大的自然力量的表征，也隐喻着生生不息的宇宙之道。孔子曾讲："逝者如斯夫，不舍昼夜。"面对永无停息的河水感慨宇宙人生的哲理。《孟子》亦载：

> 仲尼亟称于水，曰："水哉，水哉！何取于水也？"孟子曰："原泉混混，不舍昼夜，盈科而后进，放乎四海。有本者如是，是取之尔。"

在儒家看来，自然就其本性来说，它是具有自我生发长育能力、可以自我生长、葱茂并达到美盛之境的具有圆满性的生态整体，人不应该对之进行伤害。

> 孟子曰："牛山之木尝美矣，以其郊于大国也，斧斤伐之，可以为美乎？是其日夜之所息，雨露之所润，非无萌蘖之生焉，牛羊又从而牧之，是以若彼濯濯也，人见其濯濯也，以为未尝有材焉，此岂山之性也哉？"（《孟子·告子上》）

朱熹曾对此解释：

> "日夜之所息，谓气化流行，未尝间断，故日夜之间，凡物皆有所生长也。"（《四书集注》）

孟子在此提出了日夜所息、雨露所润、萌蘖之生乃是"山之性"的观念，表明儒家对自然具有自我生发长育能力的明确认同。朱熹进一步阐释，自然界的丰茂景象是不曾间断的气化流行所致，亦即自然本性中固有的生命元气不断氤氲生长的结果。

正是基于自然所具有的自我生发长育的伟大功能与伟大秩序，儒家认为人应当努力遵循自然之理，人的智慧当以顺自然为高。孟子有论：

> 孟子曰："天下之言性也，则故而已矣。……如智者若禹之行水也，则无恶于智矣。禹之行水也，行其所无事也。如智者亦行其无事，则智亦大矣。天之高也，星辰之远也，苟求其故，千岁之日至，可坐而致也。"(《孟子·离娄下》)

荀子也明确指出，天道有自己的运行规律，人必须做到"循道而不贰"。

> "天行有常，不为尧存，不为桀王。应之以治则吉，应之以乱则凶。强本而节用，则天不能贫；备养而动时，则天不能病；循道而不贰，则天不能祸。"(《荀子·天论》)

到宋代理学时期，理学家们拈出"天理"一词，并赋予其自然规律的意义，认为人只有顺应自然之理才是大智慧，否则即是自私害性的小聪明。朱熹指出："事物之理莫非自然，顺而循之，则为大智；若用小智而凿以自私，则害于性而反为不智。"(《四书集注》)

无论是先秦的孟荀，还是宋代的朱熹，都认为真正的智慧就应该像天道的运行即如大禹治水一样，真正顺应自然的本性，惟其如此，才可能不会横生事端，才可以取得真正的成功，"事物之理莫非自然，顺而循之"才是大智。不难看出，对自然之天，儒家具有敬畏自然、遵从自然与效法自然的明确主张，有时甚至还多从普遍的天命、天道的大智慧的高度进行反复确认。

就义理之天而言，儒家认为天乃是道德、义理的最高代表，具有天然的道义与最高的正当性，人必须禀天命而行。孔子曾讲："死生有命,富贵在天。"(《论语·颜渊》)"君子有三畏:畏天命,畏大人,畏圣人之言。"(《论语·季氏》)认为人对于最高的天命应该保持敬畏之心。又讲"五十而知天命"(《论语·为政》),认为自己在五十岁之时才把握到天命。孔子不仅提出:"唯天为大,唯尧则之。"(《论语·泰伯》)指出儒家的圣人尧是可以效法天道的,而且同样自信地认为:"天生德于予。"(《论语·述而》)认为上天也将人世间的道义责任赋命于自己,"天之将丧斯文也,后死者不得与于斯文也;天之未丧斯文也,匡人其如予何!"(《论语·子罕》)指出天道、天命乃是人间一切生死穷达、富贵贫贱的终极决定者,同时更是人间道德的源泉。对儒家来说,天命的崇高意义在于它是人间德性、价值原则的支配性、范导性的终极力量,人们对之应该抱以最大的敬畏并努力地去体察遵行。

天命的德性究竟为何,《论语》这一权威儒家文献并未多言,但也讲到"天何言哉! 四时行焉,百物生焉。天何言哉!"若仅从单纯的自然之域进行把握,我们也可约略窥见上天生物长物的德性与意志。如果放眼先秦其他儒家文献并参考后世儒家学者对天命观的理解,我们即可清晰发现生命性乃儒家义理之天的核心要义。

《周易》即曾多次明确阐述天道的根本属性乃是推动生命的产生、发展与繁盛。如《易传》曾讲:"生生之谓易","天地之大德曰生。"认为易道最根本的德性即是维持生命的存在并促进其发展。就六十四卦最重要的乾坤两卦而言,使生命变得光明盛大、宽广博大也是其最根本的德性:"夫乾,其静也专,其动也直,是以大生焉。夫坤,其静也翕,其动也辟,是以广生焉。"(《周易·系辞》)生命性成为儒家天命观的基本特征,这在宋明理学中获得了更深入地说明。如朱熹论道:

> 天地以生物为心,而所生之物因各得夫天地生物之心以为心,所以人皆有不忍人之心也。(《四书集注》)

> 仁、义、礼、智,皆天所与之良贵。仁者,天地生物之心得之最

先而兼统四者,所谓"元者善之长也",故曰尊爵。(同上)

朱熹认为天地最根本的目的("天地之心")即是"生物",亦即人应以尊重、护持、涵养生命的态度对待世界上的万物。在天地之心的范导下,世间万物都会保持一种关爱生命的精神,具体到人即是仁德,亦即一种"不忍人之心",一种"天地生物之心"。对此种"仁"德,儒家向来都有崇高的评价,如孟子曾讲:"夫仁,天之尊爵也,人之安宅也。"(《孟子·公孙丑》)又讲:"仁也者,人也。合而言之,道也。"(《孟子·尽心下》)人所具有的以生命情怀为本质特征的仁既体现着上天最尊贵的德性,同时也是人最高的德行,这无疑成为儒家关爱自然万物、维护生态平衡的主要道德基础。

从理论上说,"天"是儒家思想体系中的最高范畴,自然之天在广袤的宇宙时空中昭示着自然界自我生长、自我发展、自我繁荣的能力,这构成了儒家生态哲学思想的宏大宇宙论背景,这也要求人对自然应有敬畏之心与顺应之心;道德义理之天则从本体论的层面上对肯定生命价值、保护和促进生命发展做了崇高的示范,并以天命的形式号召人们应该向道而生,自觉担当维护与化育生命的道义使命,展示出尊崇生命的道德力量与光辉形象。可以说,儒家的天命观为儒家的生态思想奠定了坚实的哲学基础。

二、现实内涵:爱物自得

在儒家天命论的统摄下,儒家对如何在现实中处理与自然世界的关系有多重体认与思考。

首先,就最主要的方面来说,即是关心自然、仁爱万物,亦即以一颗仁爱之心去关怀与爱护自然界的万事万物。仁是儒家思想中的核心概念,也成为儒家在具体自然境遇中处理与自然事物关系时的基本出发点。

在先秦儒家看来,"孝悌也者,其惟仁之本欤?"(《论语·学而》)仁首先奠基于对父母兄弟的孝悌之情。在此基础上,仁主要地呈现为一种关爱他人的情感。

樊迟问仁。子曰:"爱人。"(《论语·颜渊》)

子曰:"夫仁者,己欲立而立人,己欲达而达人。能近取譬,可谓仁之方也已。"(《论语·雍也》)

孟子曰:"人皆有不忍人之心。"(《孟子·公孙丑》)

在孝悌之义的基础上,仁的意义不断扩展,无论是爱人、立人、达人,还是表示怜悯之爱的不忍人之心,仁都是一种关爱他人的情感。这种情感首先是对自己父母、兄弟的关爱,然后再推至对一般的乡党、邻居、朋友的关爱,最后推至对其他普通人的关怀爱护之情。"四海之内皆兄弟也。"(《论语·颜渊》)仁呈现出一种依血缘、情感亲疏远近而不断推广也依次递减的等差之爱的性质。

依据仁的延展性与扩散性,仁最终会扩散到人之外的万事万物上,即孟子所谓:"亲亲而仁民,仁民而爱物。"(《孟子·尽心上》)如齐宣王对"将以衅钟"的牛充满怜悯,并对宰牛者讲:"舍之!吾不忍其觳觫,若无罪而就死地。"(《孟子·梁惠王上》)孟子对之表达出赞赏之情,认为这充分体现出一种仁爱精神。孟子还讲:

君子之于禽兽也,见其生,不忍见其死;闻其声,不忍食其肉。是以君子远庖厨也。(《孟子·梁惠王上》)

所谓"不忍其觳觫"、"君子远庖厨"之心,在本质上都是人的关爱之心扩展到自然界之后所产生出的关爱自然生物的行为。这种仁爱精神在自然界中扩展、弥散,即必会形成亲近、爱护自然的生态思想与行为。事实上，以生态的、道德的方式关爱天地万物，善待土地山川也成为后世儒家思想传统中的一以贯之的内容。

汉代董仲舒提出"恩及于土，则五谷成，而嘉禾生"，"恩及草木，则树木华美，而朱草生"（《春秋繁露·五行顺逆》）；晁错主张"德上及飞鸟，下至水虫草木诸产，皆被其泽"（《汉书·晁错传》），以仁德施及草木群生的生态观念在汉代已经变得颇为普遍和流行。

宋明理学家的表现则更为生动明显，如张载在《正蒙·乾称篇》中更提出了"民胞物与"的著名命题，他论道：

> 乾称父，坤称母，予兹藐焉，乃混然中处。故天地之塞，吾其体；天地之帅，吾其性。民吾同胞，物吾与也。

在张载看来，天地间的所有人都是我的手足同胞，所有的自然万物都是我结交的朋友，人类应该以一种博爱的情怀对待自然万物。

另如程颐在为哲宗皇帝之师时的一些规劝则具体生动地体现出儒家关爱生命的深意。《伊川先生年谱》记载了两则材料：

> 尝闻上在宫中起行漱水，必避蝼蚁，因请之曰："有是乎？"上曰："然，诚恐伤之尔。"先生曰："愿陛下推此心以及四海，则天下幸甚。"

> 一日，讲罢未退，上忽起凭栏，戏折柳枝。先生进曰："方春发生，不可无故摧折。"上不悦。

前一则材料描写的是程颐对哲宗避蝼蚁予以大力褒扬，后一材料则描写了程颐对哲宗戏折柳枝的严辞训斥，这两则材料可谓异曲同工，都很生动地说明了儒家注重生生之意与对动植物的深切爱护之意，也都展现出儒家生态哲学思想最基本的内涵。

总的来说，儒家对自然万物的尊重与关爱是基于亲亲之杀的等差之爱而实现的，这种仁爱主要地是由血缘亲情之爱一步步推广而来，具有最真实、亲切的性质。这为儒家关爱生态的思想提供了坚实可靠的情感基础,也为儒家仁爱万物的实践提供了逻辑可能性。

其次,儒家认为,自然具有内在之美,人在用心体察自然的秩序、条理与内涵的基础上完全可以体察自然之美,感受人与自然的相处之乐。孔子曾明确指出人可以获得山水之乐:"知者乐水,仁者乐山。知者动,仁者静。知者乐,仁者寿。"(《论语·雍也》)孔子也曾对曾点之志表示赞赏,更真切地体现出儒家重视自然之乐的情怀:"暮春者,春服既成。冠者五六人,童子六七人,浴乎沂,风乎舞雩,咏而归。"(《论语·先进》)在暮春时节,五六位老者与六七个儿童穿着崭新的衣服,在沂河中浴洗之后,在舞雩台上迎纳春风,充满着最大的快乐。朱熹即对此赞叹道:"其胸次悠然,直与天地万物上下同流、各得其所之妙,隐然自见于外。"(《四书集注》)曾点舞雩之乐成为儒家生态思想中人与自然和谐相处的经典象征。宋代理学家对欣赏自然、感受自然之乐也是别有会心。如周敦颐不忍除去窗前庭草而希望借此"观天地生物气象",在对宇宙生生之意的把握中感受生命之乐。程颢喜爱在春日踏青寻春,张载喜听驴鸣、朱熹爱赏青山活水等等都体现出理学家们在日常生活中对自然生命内在生机的关爱欣赏之情。在上述实例中,自然都无疑成为儒家获得快乐的重要源泉。

再次,儒家认为,作为天地人三才之一,人是自然的固有组成部分,人也应该关心和养护自己的身体与心灵生态,并在一种身心和谐中体现生命之乐,这也成为儒家生态哲学思想的基本内涵。一方面,儒家十分重视对人的身体生态的养护,孔子曾提出"君子有三戒":"少之时,血气未定,戒之在色;及其壮也,血气方刚,戒之在斗;及其老也,血气既衰,戒之在得。"(《论语·季氏》)认为人应该在少时戒好色之欲,壮时戒好勇斗狠,老时戒贪得无厌,惟有如此才能保持身体的血气平衡,达到健康的身体生态。孟子本着身心一体的观念认为人的眼睛与人的心思善恶与道德高下有内在关联，善于观察一个人的眼睛，则人品质的善恶必无所遁形。他说："存乎人者，莫良于眸子。眸子不能掩其恶。胸中正，则眸子瞭焉；胸中不正，则眸子眊焉。听其言，观其眸子，人焉廋哉？"（《孟子·离娄下》）

另一方面，儒家认为，在人身心一体的身体生态中，肉体本身只是一种基础性的存在，并不能充分体现人生命的价值与意义，而人的心性品质、道德水平与精神状态才是人生命中最有价值、最为尊贵的部分，人的心灵生态在人的整个身体生态中处于支配性、主导性的地位。孔子曾提出："君子有九思：视思明，听思聪，色思温，貌思恭，言思忠，事思敬，疑思问，忿思难，见得思义。"（《论语·季氏》）认为人要想成为理想的君子，必须在心中时时存想言谈举止的合理合德，质言之，即是要具有良好心性品质的修养。荀子在将人与动物进行比较时讲："禽兽有知而无义，人有气、有生、有知，亦且有义，故最为天下贵也。"（《荀子》）认为正是人的道义、德性才使人取得世界中最为尊贵的地位。在此意义上，董仲舒进一步指出人具有高出世界其他所有事物的价值："人之超然万物之上，而最为天下贵也。"（《春秋繁露·天地阴阳》）

由于心灵生态在整个生命生态中居于支配性、主导性的地位，儒家主张要注意涵养自己的道德、心性，确立起健康稳定的心灵生态，从而促进人的整体生命生态的形成，并由此获得自足的快乐。孟子这方面的思想非常典型，他特别注重独特的心灵生态与境界的培养，格外强调人心的自得之乐：

> 孟子："君子素其位而行，不愿乎其外。素富贵，行乎富贵；素贫贱，行乎贫贱；素夷狄，行乎夷狄；素患难，行乎患难：君子无入而不自得。"（《中庸》）

> 孟子曰："君子所性，仁、义、礼、智根于心。其生色也，睟然见于面，盎于背，施于四体，四体不言而喻。"（《孟子·尽心上》）

孟子主张的自得之乐,在本质上是人的心灵在道义之域中进行浸润涵养的自足体验,有了仁、义、礼、智等对精神生命的支撑,人即能使自身肉体生命变得更加健康,气色良好、睟面盎背、四体舒适,从而实现人生命整体的生态和谐。孟子进一步指出,如果人能够对道义涵养得足够深切,还可以实现与周边世界的和谐,左右逢源,无所不适,从而达到一种真正的生态之乐。

> 孟子曰:"君子深造之以道,欲其自得之也。自得之,则居之安。居之安,则资之深。资之深,则取之左右逢其原。故君子欲自得之也。"(《孟子·离娄下》)

应该说,儒家对心灵生态尤其是对以道德心性为基本内涵的自得体验的强调,是儒家生态哲学颇有特色之处,在很大程度上也奠定了后世儒家生态思想的基调与理论路向。

总之,儒家的生态哲学具有丰富的内涵,敬畏与关爱自然,与自然相处而乐是其最基本的主张。儒家同时也关注人身心的生态和谐,主张在心灵、精神生态的基础上实现人的整体生命的生态和谐,并由此实现人与自然的和谐,这成为儒家生态哲学的重要特点。在此意义上,如果说道家建立起了以自然为本位的自然主义的生态观,那么儒家则建立起了以道德心性为本位的自得主义的生态观。

三、理想境界:天人合一

儒家生态哲学的理想境界即是天人合一。儒家的天人合一思想大体可以分为先秦与宋明两大时期。在先秦时期,主要体现在思孟学派一系的思想中,孔子的孙子子思著作《中庸》,其中有云:"大哉圣人之道！洋洋乎发育万物，峻极于天。"指出人间最高明美善的生存理想与行为原则(圣人之道)正是使宇宙万物得以茂盛、充分、自然地发展，这种理想与德行与"天"相符合，展现出天人相合的宏伟理想及其逻辑可能性，初步奠定了后世儒家天人合一思想的基本路向。

《中庸》还直接以孔子为圣人的典范，认为他是上古圣王尧舜文武的杰出继承者，能够顺应自然天时与地理水文，助化天地自然取得万物并育、诸道并行的和谐景象，表明了天人合一的现实可能性：

> 仲尼祖述尧舜，宪章文武；上律天时，下袭水土。……万物并育而不相害，道并行而不相悖，小德川流，大德敦化，此天地之所以为大也。

《中庸》还从哲学高度上提出经由"诚"、"至诚"最终实现参赞天地、化育万物的理想：

> 唯天下至诚，为能尽其性；能尽其性，则能尽人之性；能尽人之性，则能尽物之性；能尽物之性，则可以赞天地之化育；可以赞天地之化育，则可以与天地参矣。

人能保持至诚无欺，即可以使自己进而使他人的本性得以充分表达，并使宇宙万物的本性得到充分表达，人力顺应并助化自然发展演变，使宇宙自然的本性得以充分表达与实现，人能够顺应自然、维护生态的意义不言而喻。《中庸》对此还有更明确的表达：

> 故至诚无息。……如此者，不见而章，不动而成，不动而变，无为而成。天地之道，可一言而尽也，其为物不贰，则其生物不测。天地之道，博也，厚也，高也，明也，悠也，久也。今夫天，斯昭昭之多，及其无穷也，日月星辰系焉。今夫地，一撮土之多，及其广厚，载华岳而不重，振河海而不泄，万物载焉。今夫山，一卷石

之多,及其广大,草木生之,禽兽居之,宝藏兴焉。今夫水,一勺之多,及其不测,鼋鼍、蛟龙、鱼鳖兴焉,货财殖焉。《诗》云:"维天之命,於穆不已!"盖曰天之所以为天也。

在这则材料中,人的"至诚"与天道的"无为而成"、"生物不测"更紧密地联系起来,天地之道最根本的性质即是全力促成万物顺应自然地生发长育,"至诚"在本质上正是人顺应天道的表现,其作用正是以助化自然的方式使天、地、山、川等展现出万物生长、草木华滋、禽兽善居、鱼龙兴旺的生态景象。在此,人的"至诚"、天地之道的"生物"本性以及自然界的生态和谐已经成为统一的整体。

孟子进一步对《中庸》的核心哲学概念"诚"给予了精当的概括。《孟子·离娄上》有云:"诚者,天之道也;诚之者,人之道也。"认为诚实是天道,体现着天地自然的根本法则与规律;而人效法天道的根本原则与主要方式即是追求诚实、诚信,过一种与自然相吻合的生活。《孟子·尽心上》又云:"夫君子所过者化,所存者神,上下与天地同流。"在孟子看来,君子行为中所实践的与心中所存想的能够达到一种与天地若合符契一体流行的境地。

如果说在《中庸》语境中,天人合一更多地表现出顺应天道、助化天地、效法自然的理论外倾趋向,那么在《孟子》中则更多地表现出以自我为主体、强调以自我同化自然的理论内倾的新趋向。孟子明确提出:"万物皆备于我矣。反身而诚,乐莫大焉。强恕而行,求仁莫近焉。"(《孟子·尽心上》)主张世间万物都是为主体所认识、思考与关怀的,人若本着一种诚实无欺之心、一种恕道之心去行为,就会感到最大的快乐,也正是最接近仁的行为。总之,孟子将天地、万物置于主体思考与关心的视野中,开辟出从内在向度上解决天人关系,达到天人合一的理想境界的致思路径,这对后世儒家的天人合一思想产生了巨大影响。

在宋明理学中,儒家天人合一的生态理想又有了更加全面深入的表达,并且在本体论建构、心性论开掘与命题表达形式等方面迎来了新的理论高峰。程颢提出"仁者以天地万物为一体"的论断,认为凡有仁之天性者皆可与天地万物建立密切联系而成为统一的整体:

> 仁者,浑然与物同体,义礼智信皆仁也,识得此理,以诚敬存之而已。(《二程遗书》卷二上)

> 唯上下一于恭敬,则天地自位,万物自育,气无不和,而四灵毕至矣。(《四书集注》)

> 程子曰:"仁者以天地万物为一体,莫非己也。认得为己,何所不至?若不属己,自与己不相干,如手足之不仁,气已不贯,皆不属己。……欲令如是观仁,可以得仁之体。"(《二程遗书》卷二上)

在"仁者以天地万物为一体"的命题中,"仁"实质是一种对天地万物充满敬畏与关爱的道德情感,人由此可对世间万事万物做出适当的安排,使人与物成为和谐而又充满生机的统一整体,这种情感状态具有本体的性质,因而也被程颢称为"仁之体",可以说,程颢为"天人合一"思想建立起了一种仁的本体论,直接标志着宋代理学家的对"天人合一"的思考高度。

与此同时,张载更在"民胞物与"思想的基础上,直接提出"天人合一"的理论命题。

> 天地之塞,吾其体;天地之帅,吾其性。民吾同胞,物吾与也。(《正蒙·乾称篇》)

> 儒者则因明致诚,因诚致明,故天人合一。(《正蒙·诚明》)

> 大其心则能体天下之物,物有未体,则心为有外。世人之心,止于闻见之狭。圣人尽性,不以见闻梏其心,其视天下,无一物非

向道而生

我,孟子谓尽心则知性知天以此。天大无外,故有外之心,不足以合天心。(《正蒙·大心篇》)

张载认为儒家学者应该一方面自觉地尊崇、体悟与效法天道,获得像天道一样的"诚"的德行与智慧(因明致诚),另一方面又要将这种独特的"诚"的德行与智慧在现实中推广运用(因诚致明),这也就是"天人合一"。张载强调"大其心"、"尽性"、"合天心",亦即强调道德心性修养在追求"天人合一"境界的过程中的极端重要性。

朱熹进一步对"天"进行了系统说明,并提出"天地万物本吾一体",更加丰富了"天人合一"的理论内涵,并肯定了万物在生命价值和生命意义上的平等性。《朱子语类》卷一曾对"天"进行解释:"也有说苍苍者,也有说主宰者,也有单训理时。"指出天具有自然之天、主宰之天、本体之天三重基本含义。从理论上说明了儒家"天人合一"的三层内涵:一是现实自然环境中人与自然的和谐统一;二是人与天帝、上帝等具有人格性、神秘性的主宰力量的契合统一;三是人与具有哲学本体意味的太极、天理(兼有自然之理与道德之理)的相融为一。在儒家哲学思想中,具有人格性的神秘主宰力量的"天"并没有获得具有独立性的深入发展(这可能导向宗教之途),而是以一种融合于自然之天与本体之天的形式存在着。又因儒家的天理本体本然地具有自然之理与道德之理两重基本含义,故"天人合一"在儒家的思想中也即具有自然意义上的天人合一与道德意义上的天人合一两重基本含义。朱熹将"仁"的本体论又推到"天地之道"、"天理"的高度。

未有天地之先,毕竟也只是理。有此理,便有此天地;若无此理,便亦无天地,无人无物,都无该载了!有理,便有气流行,发育万物。(《朱子语类》卷一)

窃谓天地无心,仁便是天地之心。若使其有心,必有思虑,有营为。天地曷尝有思虑来！然其所以"四时行，百物生"者，盖以其合当如此便如此，不待思维，此所以为天地之道。（《朱子语类》卷一）

诚故不息，而生物之多，有莫知其所以然者。（《四书集注》）

言天地之道，诚一不贰，故能各极其盛，而有下文生物之功。（《四书集注》）

盖天地万物本吾一体。吾之心正，则天地之心亦正矣；吾之气顺，则天地之气亦顺矣，故其效验至于如此。（《四书集注》）

在上述材料中，理是早于天地生成的本体性存在，也是气的运化、天地的生成与万物的生发长育的根本依据，是一切生命发生与生态平衡运行的保证。朱熹认为，在理的支配下，天地之道是以一种无心无思极尽自然的方式展现出来的，"四时行，百物生"的繁盛景象得以发生；因而人要做到"吾心之正"，即要效法这种无心无为的自然状态，不要强作妄为，胡作非为。天理、天道的自然无为的性质被反复推崇强调。但也应看到，"天地万物本吾一体"的天人合一思想最终还是落实到"吾心之正"、"吾气之顺"上，"生物之功"的实现被安顿到人心上。在很大程度上，朱熹的天人合一思想在天理论的本体论结构中继续沿着思孟学派开启的路向前进。

宋儒将"天人合一"的命题最终与"理（天理）"相联，在完成本体化的形上建构的同时，又深化了由思孟学派开启的心性内在路向，体现出宋代理学的鲜明特点。到了明代，王阳明对心与万物为一体的观点又作深化。其《大学问》的一段表述较为经典：

大人者，以天地万物为一体者也……其心之仁本若是，其与天地万物而为一也。岂惟大人，虽小人之心亦莫不然，彼顾自小之耳。是故见孺子之入井，而必有怵惕恻隐之心焉，是其仁之与孺子而为一体也;孺子犹同类者也,见鸟兽之哀鸣觳觫,而必有不忍之心焉,是其仁之与鸟兽而为一体也;鸟兽犹有知觉者也,见草木之摧折而必有悯恤之心焉,是其仁之与草木而为一体也;草木犹有生意者也,见瓦石之毁坏而必有顾惜之心焉,是其仁之与瓦石而为一体也。

大人能"以天地万物为一体"须赖于"心之仁"而联系起来,这种仁心亦即人见鸟兽、草木、瓦石而具有的不忍人之心、悯恤之心与顾惜之心,天人合一的落脚点异常清晰地呈现为"仁心",这体现出王阳明对思孟学派以及宋代理学思想的继承。王阳明在此把仁的平等性提高到了空前的高度,强调了仁作为生生之德对于宇宙万物的博爱情怀,这种情怀超越了人伦、人类之爱而通达于天下万物。王阳明对此仁心给予深入说明,其《传习录》论道:

> 盖天地万物与人原是一体,其发窍之最精处是人心一点灵明。风雨露雷、日月星辰、禽兽草木、山川土石与人原只一体,故五谷禽兽之类皆可以养人,药石之类皆可以疗疾,只为同此一气,故能相通耳。人的良知就是草木瓦石的良知。若草木瓦石无人的良知,不可以为草木瓦石矣。岂惟草木瓦石为然,天地无人的良知亦不可为天地矣。

"天地万物与人原是一体"的根本原因在于其发窍之最精处乃"人心一点灵明",亦即"人的良知"。这种"良知"是草木瓦石之为草木瓦石的原因,为草木瓦石之在世界存在的意义提供了价值源泉与意义根据;甚至"人的良知"也是天地存在的意义根基,"天地无人的良知亦不可为天地矣"。人的良知是人先天即有的纯善的道德本能及对之的清明感知。"吾良知之所知者,无有亏缺障蔽,而得以极其至矣。"离开了人心、良知,天地万物虽然存在,但无处发窍,也就失去了意义,人的良知体现着人对天地万物的意义关照。而以五谷养人、以药石疗疾等则又体现了人心的灵明对自然之物的开发与利用,在人的灵明良知的基础上,人与天地万物一体流通,融合为一,和谐共生。人的灵明与良知为天人合一确立起鲜明的主体性。至此,自思孟学派开启的内倾性的天人合一思想经过宋代以天理为中心的本体论,最终获得了心学的本体论结构,天人合一最终落实到人的道德良知与本心之上,彻底地树立起以道德良知为内涵的人在天人合一结构中的中心地位。

总之,从先秦至宋明,儒家一直注重天人合一、万物一体的生态理想境界,并内在地具有自然与道德两重基本意义,一方面追求自然界的人与自然的和谐,亦即在自然秩序中的整体和谐;另一方面,又尤其强调以道德心灵为内涵的人对天人合一的生态理想的奠基性作用,天人合一又具备了某种基于人的理想道德人格(圣人、大人)的道德境界、心灵境界的意义。在儒家思想史的演进过程中,人尤其是人的道德良知逐渐成为天人合一的中心与主宰,这种天人合一最终成为基于道德心性基础上的自然境界与道德境界的和谐。

四、实现机制:由生态观念到生态礼法

儒家为了真正在现实生活中实现关爱生态环境、保护自然万物,实现天人合一的理想境界,特别注重生态观念的传播扩散与相关礼法制度的运用。

就生态观念来说,儒家提出了一系列的思想主张,为自然生态理想的实现提供了原则性的思想观念。

首先,儒家提出"俭"的原则,要求节俭不奢。儒家认为,过于奢侈与过于节俭都是不值得提倡的,但相对于奢侈,节俭更是一种良好的品性。

> 子曰:"奢则不逊,俭则固。与其不逊,宁固。"(《论语·述
> 而》)

> 林放问礼之本。子曰:"大哉问! 礼,与其奢也,宁俭;丧,与
> 其易也,宁戚。"(《论语·八佾》)

孔子认为,有志于崇高道德的士人,不应该以粗陋的衣食为耻。

> 子曰:"士志于道,而耻恶衣恶食者,未足于议也。"(《论语·
> 里仁》)

孔子对一心向道、节俭不奢的颜回多有赞美,孔颜乐处在很大程
度上体现着一种在俭约的生活状态下自得其乐的精神,反映着儒家质
朴俭约的价值追求:

> 子曰:"贤哉,回也! 一箪食,一瓢饮,在陋巷,人不堪其忧,回
> 也不改其乐。贤哉,回也!"(《论语·雍也》)

> 子曰:"饭疏食饮水,曲肱而枕之,乐亦在其中矣。不义而富
> 且贵,于我如浮云。"(《论语·述而》)

其次,在节俭思想的基础上,儒家又有"过犹不及"的度的思想,这
主要地体现在对待自然时"以时"、"有节"等思想观念上。《论语》曾
讲:"子钓而不纲,弋不射宿。"《周易》有云:"天地节而四时成。节以制
度,不伤材,不害民。"孟子提出"不违农时"、"数罟不入洿池"、"斧斤以
时入山林"等主张。荀子提出:"修火宪,养山泽林薮草木鱼鳖百索,以
时禁发,使国家足用而财物不屈,虞师之事也。"又讲"山林泽梁以时禁
发而不税。"(《荀子·王制》)《礼记·王制》记载:"树木以时伐焉,禽兽
以时杀焉","五谷不时,果实未熟,不鬻于市","木不中伐,不育于市。
禽兽鱼鳖不中,不鬻于市。"《新书》也讲"取之有时,用之有节,则物蓄

多。"朱熹也提出:"物,谓禽兽草木。爱,谓取之有时,用之有节。"(《四书集注》)等等。都讲究在利用与开发自然时的时机与节制,这对于顺应动植物的生长周期与规律,维持自然生态系统的健康与平衡具有明显的积极作用。

再次,儒家也主张寡欲。在很大程度上,人的欲望意味着对自然的开发与索取,而欲望的节制与减损正是对关爱保护自然,维护生态健康平衡的基本要求。孔子对"士志于道,而耻恶衣恶食者,未足与议也"的评论,以及对颜回箪食瓢饮的赞赏,都体现出儒家将道义与物质财富相区分的倾向,寡欲的思想也自然地蕴含其中。孟子更是直接提出了"养心莫善于寡欲"(《孟子·尽心下》)的理论命题。二程与朱熹等思想家对"存天理,灭人欲"也反复阐明,将超过人的正当生理需求之外的欲求视为"人欲",并对其痛加批判,都具有减少对自然的索取而保护自然生态的意义。到了王阳明,更是直接对物欲膨胀而可能损害天地万物相和谐的"一体之仁"进行了系统说明,他在《大学问》中论道:

> 小人之心既已分隔隘陋矣,而其一体之仁犹能不昧若此者,是其未动于欲,而未蔽于私之时也。及其动于欲,蔽于私,而利害相攻,忿怒相激,则将戕物圮类,无所不为,其甚至有骨肉相残者,而一体之仁亡矣。

王阳明提出人如果任凭物欲膨胀,最终会变得极端自私,戕害生灵,败坏生物,无所不为,甚至会骨肉相残,彻底败坏儒家人与自然和谐相处的理想。而只有存天理,致良知,去物欲,才能重新恢复天地万物一体之本然:"故夫为大人之学者,亦惟去其私欲之蔽,以明其明德,复其天地万物一体之本然而已耳。非能于本体之外,而有所增益之也。"强调寡欲成为儒家生态思想中的重要组成部分。

最后,儒家对战争也持明确的反对态度。战争会对生态造成巨大的破坏,儒家的反战思想十分显明:

> 子贡问政。子曰:"足食,足兵,民信之矣。"子贡曰:"必不得已而去,于斯三者何先?"曰:"去兵。"子贡曰:"必不得已而去,于期二者何先?"曰:"去食。自古皆有死,民无信不立。"(《论语·颜渊》)

> 子曰:"善人为邦百年,亦可以胜残去杀矣。诚哉是言也。"(《论语·子路》)

> 孟子曰:"春秋无义战。"(《孟子·尽心上》)

在上述生态化的思想观念的基础上,儒家进而强调要建立保护生态的具体礼法设施与相关的操作机制。单就先秦文献而言,《周礼》、《礼记》、《荀子》等重要典籍都对儒家保护生态的礼法制度进行了详细记载。如据《周礼》记载,为了保护土壤的肥力而使其能够更好地生养农作物,就建立起规范化的肥田与休耕制度。另如《荀子·王制》记载:

> 故人生不能无群,……群道当,则万物皆得其宜,六畜皆得其长,群生皆得其命。故养长时,则六畜育;杀生时,则草木殖。政令时,则百姓一,贤良服……圣王之用也:上察于天,下错于地,塞备天地之间,加施万物之上。

该则材料不仅提出了"万物皆得其宜,六畜皆得其长,群生皆得其命"的生态建设目标,还提出了"养长时,则六畜育;杀生时,则草木殖"等生态治理的一般原则,并在总体上将之融入到"政令"的礼法治理架构中。

《荀子·王制》还详细描述了"圣王之制",展现出对草木虫鱼等进行捕获的原则与制度,以及对春夏秋冬不失其时,谨其时禁等的详细规定：

> 圣王之制也：草木荣华滋硕之时，则斧斤不入山林，不夭其生，不绝其长也；鼋鼍鱼鳖鳅鳝孕别之时，罔罟毒药不入泽，不夭其生，不绝其长也；春耕、夏耘、秋收、冬藏，四者不失时，故五谷不绝，而百姓有余食也；污池渊沼川泽，谨其时禁，故鱼鳖优多，而百姓有余用也；斩伐养长不失其时，故山林不童，而百姓有余材也。

《礼记·月令》中对每个季节的"谨其时禁"做了详细的说明：

> 孟春之月：禁止伐木，毋履巢，毋杀孩虫胎夭飞鸟，毋麛，毋卵，毋聚大众，毋置城郭，掩骼埋胔。

> 仲春之月：毋竭川泽，毋漉陂池，毋焚山林。

> 季春之月：是月也，生气方盛，阳气发泄，句者毕出，萌者尽达，不可以内……田猎罝罘罗网毕翳餧兽之药，毋出九门……是月也，命野虞毋伐桑柘。

> 孟夏之月：是月也，继长增高，毋有坏堕，毋起土功，毋发大众，毋伐大树……是月也，驱兽毋害五谷，毋大田猎。季夏之月：是月也，树木方盛，命虞人入山行木，毋有斩伐。

《礼记·王制》、《礼记·曲礼》对天子、诸侯、大夫、百姓等不同人群的生态禁忌做了详细规定：

> 天子诸侯无事则岁三田，一为乾豆，二为宾客，三为充君之庖。无事而不田，曰：不敬。田不以礼，曰：暴天物。天子不合围，诸侯不掩群。天子杀则下大绥，诸侯杀则下小绥，大夫杀则止佐车，佐车止则百姓田猎。鸠化为鹰然后设罗，草木零落，然后入山林，昆虫未蛰，不以火田。不麛不卵，不杀胎，不夭夭，不覆巢。
>
> （《礼记·王制》）

国君春田不围泽,大夫不掩群,士不取麑卵。岁凶,年谷不登,君膳不祭肺,马不食谷,驰道不除,祭事不县大夫不食粱,士饮酒不乐。(《礼记·曲礼》)

概括来说,上述材料在礼法制度("王制")的框架中对各种时节、各种人群的生态禁忌事宜做了颇为详细的说明。在总体上即是要顺应自然界动植物的生长发展规律,如在春夏草木禽兽生长季节要严格禁止伤害虫胎、雏鸟、幼兽、破坏鸟兽巢穴等各种有害于生物生长的行为。这些礼法制度保护的对象并不限于一般的动物、植物,甚至也将山川土石包含在内,体现出极其宽广的生态保护视野与极其严格的生态保护制度。

总之,儒家生态思想着眼于社会治理的高度与策略,在生态化的思想观念与制度设置的双重作用下,主张对自然万物充满仁爱的心念与道德情怀,积极保护生态系统的健康稳定发展,努力维持人与自然的长期和谐的关系,最终实现可持续发展,这对指导现实的生态文明建设具有直接的价值与意义。

五、现代价值:建构道德生态共同体

当下社会,生态环境问题已经成为一个世界范围内的重大课题。对中国而言,在进入经济社会全面转型发展的今天,所面临的生态环境问题尤其严重,如森林大面积减少、荒漠化程度不断加重,空气雾霾严重,淡水减少且污染加剧,食品安全问题重重,大量动植物物种迅速减少甚至灭绝,生态平衡与物种的多样性受到严重破坏等等,都表明生态问题已经成为一个关乎社会与人的健康发展的重大问题,加快生态文明建设,保护生态环境已经上升为国家战略。在此前景下,积极

回顾儒家的生态哲学思想智慧,当有以下多重启示:

首先,要以尊崇天命、参赞天地、辅相自然的心态尊重自然本身固有的运行规律与内在秩序。儒家"天命"的基础性涵义即是自然本身,自然不需要人为的强制与操作即可以实现四时的和谐运行与万物的畅茂发展,这体现着自然先天即有的伟大能力。人在自然面前绝不能以斗争、战胜、征服的心态对待,而应以一种"赞天地之化育"的态度处理人与自然的关系。时刻牢记人只是三才之一,天地自然为人提供了最基本的生存境遇与生存的资源,甚至也蕴含着丰厚的宇宙人生哲理。因而对自然中的山川草木乃至一石一土,我们都应认同其存在的合理性,维护其存在的权力与能力。这既是儒家天命观的基本含义,也是儒家生态伦理智慧的首要之义,也对我们在当今社会发展中尊重自然、爱护环境、珍爱万物提供了基础性的智慧。

其次,以"民胞物与"、"天地万物为一体"的理念建构充满道德情怀的生态共同体。不容否认,相比于中国传统道家思想,儒家在人与自然的关系中更加注重人的主体性与能动性,在一定程度上更具有人类中心主义的意味。但应该看到,儒家对人的主体性以及人的尊严与地位的强调,在很大程度上是以人与自然的和谐相处为前提的。在这种关系中,仁民爱物、万物一体的道德观念发挥着基础性的作用并体现着独特的智慧。与道家"以道观之"的突出人与自然万物具有平等价值的观念不同,儒家"爱有差等"的道德观念主张仁爱的对象依父母长辈、兄弟、朋友、邻居、其他人、各类动物、花草树木、山川岩石的关系依次扩展,关爱的情谊层层蔓延,符合于自然生态系统本身的层次性和多样性,与西方现代生态伦理的扩展情况也极其类似。充分利用儒家民胞物与、关爱万物的仁爱理念,建立基于伦理道德且具有现代生态伦理意义的生态共同体,这既是儒家生态思想智慧对当代建设生态文明的主要价值,也是将我国的生态文明融入世界生态伦理建设与人类生态文明建设的重要途径。

再次，在仁爱万物的道德理念基础上，以依时、有度、节制、寡欲等观念建构出一系列保护自然环境、维护生态平衡的法令制度。在儒家思想中，不违农时、取之有度、节制寡欲等基本观念构建出了较为丰富乃至具有系统化的保护生态的制度措施。如《周礼》、《礼记》、《荀子》等典籍中都记载了十分丰富的相关制度，如《礼记·月令》中对孟春之月、季春之月、孟夏之月、季夏之月等的"谨其时禁"即有着十分具体的制度规定。这些制度大多都是建立在对自然生长规律、生物特性充分把握的基础上并着眼于对自然动植物资源的长效利用、可持续发展而制定的。这些制度普遍具有关爱自然的德性理念以及尊重自然规律的基本内涵。这对于当代在保护自然环境、维护生态平衡时制定各种具体的相关制度法令具有很好的借鉴价值。

最后，以欣赏自然、享受自然的方式创造出在自然中实现生态居住、生态娱乐、生态休闲、生态审美的人类生活方式与生命境界。儒家对天命与自然不仅充满尊重、敬畏与关爱之情，也十分注意发现自然生态中的居住、娱乐、休闲、审美价值，从先秦儒家的"仁者乐山、智者乐水"，舞雩风流，到宋明时期的观万物生意、欣赏鸢飞鱼跃、光风霁月等，都体现出儒家在发掘自然生态对人的诗意生存过程中的独特思致。将儒家的这种思想在当代社会发扬光大，让人类的衣、食、住、行、游、玩等生活状态更加充满自然生态的气息与诗意的境界，实现各种形态的自然生活、简单生活、休闲生活，也具有重要的启示价值。

第二章　儒家生态哲学思想及其现代价值

第三章
道教的生态伦理学意蕴

一、道教生态伦理研究的兴起

中国传统道教中包含着非常丰富的生态伦理思想。受到西方现代生态伦理学思潮的影响,在 20 世纪 90 年代初,关于道教生态伦理的研究在国内得到展开,国内学者相继出版发表了一些相关的重要学术论著,如乐爱国的《道教生态学》、蒋朝君的《道教生态伦理思想研究》,以及著名道教研究专家卿希泰、李刚等人的一批相关研究论文。他们不但从不同角度对道教生态伦理的丰富内涵进行了阐释,而且充分肯定了道教的生态伦理观对面临着严重生态危机的现代人所具有的非常重要的现实意义。乐爱国指出:"道教把人与自然之间的关系看成是一种和人与人之间、人与社会之间关系相同的伦理关系,这样也就构成了道教的生态伦理。"[①]李刚先生在《道教文化的现代意义》中提到:"道教中的生态伦理观、对生态环境的高度重视精神、自然保护

---

① 乐爱国:《道教生态学》,北京:社会科学文献出版社,2005 年,第 190 页。

主义意识,都值得现代人吸收。"①

　　道教学者胡孚琛先生说:"道教将整个宇宙都看作生命体,地球也就是如同母亲的躯体。地球上的山林、树木、犹如毛发;星罗棋布的河流湖泊,犹如血管;水如血液,风如气息,日月如眼睛;地球上千万生灵,都是同一母亲的子女。"②道教认为一切生命都是平等的,人们应该和天地万物和平相处,并善待天地万物,就像子女对待父母一样,应该爱护自然,尊重自然。

　　关于现代生态伦理,保罗·泰勒说:"环境伦理学关心的是存在于人与自然之间的道德关系。支配着这些关系的伦理原则决定着我们对自然环境和栖息于其中的所有动物和植物的义务、职责和责任。"③戴斯·贾丁斯说:"一般地说,环境伦理学旨在系统地阐释有关人类和自然环境间的道德关系。"④

　　就道教生态伦理思想的研究来说,道教生态伦理研究需要处理的虽然也和一般的生态伦理学一样主要是关于人与自然的关系,但是它仍然具有自己的鲜明特点。具体而言,道教生态伦理所要研究的基本内容有:

　　第一,关于如何处理人与人之间的关系。《太上洞玄灵宝智慧罪根上品大戒经》中说道:"与人君言,则惠于国;与人父言,则慈于子;与人师言,则爱于众;与人兄言,则悌于行;与人臣言,则忠于君;与人子言,则孝于亲;与人友言,则信于交;与人妇言,则贞于夫;与人夫言,则

　　①　李刚:《道教文化的现代意义》,《宗教学研究》1998 年第 1 期。
　　②　胡孚琛:《新道学文化的八大支柱》,载山东大学易学与中国古代哲学研究中心编《海峡两岸易学与中国哲学研讨会论文集》,2002 年 8 月。
　　③　转引自何怀宏《生态伦理——精神资源与哲学基础》,保定:河北大学出版社,2002年,第 293 页。
　　④　戴斯·贾丁斯:《环境伦理学:环境哲学导论》,北京:北京大学出版社,2002 年,第12 页。

和于室……与人婢言，则慎于事。"①可见，道教借鉴了儒家的伦理纲常，并以"惠"、"慈"、"爱"、"悌"、"忠"、"孝"、"信"、"贞"、"和"、"慎"等行为准则来协调各种人之间的关系。《抱朴子内篇》也认为，要想修道成仙，必须以"忠孝和顺仁信为本"，其中有一段明确的描述："欲求仙者，要当以忠孝和顺仁信为本。若德行不修，而但务方术，皆不得长生也。行恶事大者，司命夺纪，小过夺算，随所犯轻重，故所夺有多少也。凡人之受命得寿，自有本数，数本多者，则纪算难尽而迟死，若所禀本少，而所犯者多，则纪算速尽而早死。又云，人欲地仙，当立三百善；欲天仙，立千二百善。若有千一百九十九善，而忽复中行一恶，则尽失前善，乃当复更起善数耳。故善不在大，恶不在小也。虽不作恶事，而口及所行之事，及责求布施之报，便复失此一事之善，但不尽失耳。又云，积善事未满，虽服仙药，亦无益也。若不服仙药，并行好事，虽未便得仙，亦可无卒死之祸矣。"②此外，道教还吸取了墨家"兼爱相利"的精神，《太平经合校》中说道："此财物乃天地中和共有，以共养人也。此家但遇得其聚处，比若仓中之鼠，常独足食，此大仓之粟，本非独鼠有也。少内之钱财，本非独以给一人也，其有不足者，悉当以其取也。愚人无知，以为终古独当有之，不知乃万户之委输，皆当得衣食于是也。"③道教认为财物是属社会共有，有财物者应当"乐以养人"和"周穷救急"。何谓"周穷救急"，《太平经合校》中这样论述："夫饥者思食，寒者思衣，得此心结，念其帝王矣，至老不忘也。思自效尽力，不敢有二心也。恩爱洽着民间，如有所得奇异殊方善道文，不敢匿也，悉思付归其君，使其老寿。是故当以此赐之也，此名为周穷救急。"④道教认为，

---

① 《太上洞玄灵宝智慧罪根上品大戒经》卷上，《道藏》第6册，第887页。
② 王明：《抱朴子内篇校释》卷三"对俗"，北京：中华书局，1985年，第53—54页。
③ 王明：《太平经合校》，北京：中华书局，1960年，第409页。
④ 同上，第230—231页。

向道而生

应该大力提倡在物质上帮助别人,雪中送炭,解别人燃眉之急这样的积善行为,这也是对老子"既以为人己愈有,既以与人己愈多"(《老子》第八十一章,下引该书只注章名)思想的继承和发展。

第二,关于如何处理人与动植物之间的关系。道教生态伦理把动物、植物的生命与人的生命放在同一个层面上,要求尊重生命,善待生命。《抱朴子内篇》把"慈心于物,恕己及人,仁逮昆虫"看作是善行,《太上感应篇图说》对"慈心于物"注曰:"隐恻矜恤于物,谓之仁。如钓而不网、弋不射宿、启蛰不杀、方长不折之类。"①所谓慈心于物,主要是指要爱护动物和植物。《抱朴子内篇》中把"弹射飞鸟,剖胎破卵,春夏燎猎"看作是恶事,后来的《太上感应篇》对"弹射飞鸟"作了论述:"太上曰:混沌既分,天地乃位;清气为天,浊气为地;阳精为日,阴精为月,日月之精为星辰;和气为人,傍气为兽,薄气为禽,繁气为虫。种类相因,会合生育,随其业报,各有因缘。然则,人之与飞有以异乎?肇论所谓天地与我同根、万物与我一体非诳语也。"②由此可以看出,道教认为飞鸟与人同根同源,所以反对弹射飞鸟。《太平经》中说道:"夫天道恶杀而好生,蠕动之属皆有知,无轻杀伤用之也。"③又说:"天下皆好生恶杀,安得有无道者哉?"④道教讲"好生恶杀",落到实处就是要"戒杀放生"。《太上十二上品飞天法轮劝戒妙经》说:"天尊言:'弟子受真戒者,不得屠业为杀,及以自杀,教他杀,方便杀,随喜杀,乃至因缘杀,不得已杀,报杀,误杀,如是种杀,皆不可为之,愍念有情,如己身命。杀害之人,六种罪报。一者见世辕轲,常值恶报。二者与一切众生,常为怨雠。三者鬼神贼害,招集凶祸。四者正报,死堕地狱,剑树刀山,受

---

① 《太上感应篇图说》,《藏外道书》第12册,第101—102页。
② 《太上感应篇》,《道藏》第27册,第59页。
③ 王明:《太平经合校》,第174页。
④ 同上,第689页。

诸苦恼,无时暂息。五者杂报,禽兽畜生,递相唉食。六者纵得人身,复遭刑戮。是大恶业,非真人行。'"①可见,道教不仅要求"戒杀放生",而且还把杀害动植物的行为看作是一种恶行,会受到严厉的惩罚。

第三,关于如何处理人与天地之间的关系。《太平经》中讲"天父地母",要求人们善待大地、山川,反对肆意挖地凿井,破坏天地山川。《洞真太上八素真经三五行化妙诀》说:"慈爱一切,不易己身。身不损物,物不损身。一切含炁,木草壤灰,皆如己身。念之如子,不生轻慢意,不起伤彼心,心恒念之,与己同存。"②道教认为一切自然物都与人一样,应当善待它们。道教把大地山川树木都看作是有生命的物体,反对大兴土木,认为这样会伤害到地脉,全真道的经典著作《重阳立教十五论》说道:"斫伐树木,断地脉之津液;化道货财,取人家之血脉。只修外功,不修内行,如画饼充饥、积雪为粮。虚劳众力,到了成空。"③此外,道教还赋予自然物以灵性,《太上感应篇》中的"用药杀树",附有李昌龄注:"树木中亦有圣人托生其中,如《水经》所载伊尹生于空桑是也;又有修行错路精神飞入其中,如《业报经》所谓韩元寿化为木精是也;又有中含灵性无异于人,如钱师愈所斫松根是也;又有窃树起祸而先为树神所知,如钱仁伉所窃牡丹是也。"④在人类的生产劳动中,必然要对自然环境造成改变,如何才能做到既可以获得人类所需要的资源,又不会对环境造成较大的破坏,《太平经》中的《禁烧山林诀》说道:"山者,太阳也,土地之纲,是其君也。布根之类,木是其长也,亦是君也,是其阳也。火亦五行之君长也,亦是其阳也。三君三阳,相逢反相衰。是故天上令急禁绝烧山丛木,木不烧则阴中。阴者称母,故倚下

---

① 《太上十二上品飞天法轮劝戒妙经》,《道藏》第三册,第410页。
② 《洞真太上八素真经三五行化妙诀》,《道藏》第33册,第474页。
③ 《重阳立教十五论》,《道藏》第32册,第153页。
④ 《太上感应篇》,《道藏》第27册,第91页。

也。"①而《烧下田草诀》则说道:"草者,木之阴也,与乙相应。木者,与甲相应。甲者,阳也,与木同类,故相应也。乙者,阴也,与草同类,故与乙相应也。乙者畏金,金者伤木,木伤则阳衰,阳衰则伪奸起,故当烧之也。又天上言,乙亦阴也,草亦阴也,下田亦土之阴也,三阴相得,反共生奸……火者,阳也,阴得阳而顺吉,生善事。故天上相教,烧下田草以悦阴,以兴阳,故烧之也。"②可见,道教对于植被的处理方法是有区别的,这样可以更好地保护自然环境。

当今社会,由于人们肆无忌惮地向自然攫取资源而不加以保护,自然界正遭受严重的破坏,植被退化,动植物数量急剧下降,生态系统失调。昔日的家乡是山川秀美,江水清澈,林海雪原,风和日丽。而我们眼前的家乡却是黄土高坡,是长江浊浪,是荒山秃岭,是尘土飞扬。各种天灾也不断袭击着人类,雪灾、旱灾、水灾、泥石流、地震等自然灾害几乎年年发生,最近的环境污染更严重到出现大范围雾霾天气,对人们的健康和生存环境造成了恶劣的影响。道教生态伦理思想是处理人与自然关系的重要宝典,在当今这个日益被物欲裹挟而无视自然的时代,非常需要一种能够对人们的观念进行洗礼的思想出现,让人们能够尊重生命,善待生命。我们在今天积极地开展道教生态伦理的研究,无疑有助于人们重新认识自己和自然,调整人与自然的关系,敬畏自然和生命。

道教生态伦理观主张人与自然和谐相处,协调互补,共生共荣,这样的理念在我们今天面对严重的生态危机之时,能够对我们怎样更好地生存以实现可持续的发展有所启示。因此,研究道教生态伦理,其重要意义主要有三点:

---

① 王明:《太平经合校》卷一百一十八,第669页。
② 同上,第670—671页。

其一，研究道教生态伦理，发掘道教的生态伦理思想，能为现代生态伦理建设提供理论资源。道教思想博大精深，它吸收了儒家、道家、墨家等各家思想的精髓，在如何处理生态危机，如何处理人与自然关系的问题上有很多真知灼见，道教思想不仅是一种宗教，一种文化，同时也是人类智慧的结晶。道教生态伦理思想，可以为现代人提供源源不断的生态伦理知识，能够让人们的思想得到提升，使人们对于生命有更深的理解和认识。

其二，研究道教生态伦理，发掘道教的生态伦理思想，能够重塑现代人的生命价值观。道教生态伦理思想里所包含的"天父地母"、"慈心于物"、"仁逮昆虫"等观点，能够让现代人对生命价值有一个重新认识，能激发人们内心深处的善念，使人们对自己的行为有所反思。

其三，研究道教生态伦理，发掘道教的生态伦理思想，引导人们回归自然的生活方式。科技的高度发展，使资源耗竭，环境遭到严重破坏，大自然对人类的行为进行了报复。道教生态伦理向人们提供了一条解决难题的出路，那就是真正善待自然，对遭到严重破坏的生态进行积极的挽救。

二、以生命为中心的道教生态伦理观

（一）"慈心于物"的道德认知

道教经典《太平经》说："要当重生，生为第一。"①道教非常重视生命，并追求长生不老，但道教并不是单纯地只追求长生不老，而是通过

---

① 王明：《太平经合校》，第 613 页。

积善,善待天地万物,从而充实和提升自我,达到得道成仙的最终目的,道教生态伦理观是以生命为中心的生态伦理观。

老子说:"一曰慈,二曰俭,三曰不敢为天下先。"(第六十七章)又说:"圣人常善救人,故无弃人;常善救物,故无弃物。"(第二十七章)老子把"慈"列为"三宝"中的第一"宝","慈"是道教非常注重的一个品质,老子的"慈"不仅是对人也是对物而言的,"慈心于物"的观念已经初显。后来的《抱朴子内篇》则明确提出"慈心于物"的概念,后又被《太上感应篇》吸收,其中说道:"积德累功,慈心于物;忠孝友悌,正己化人;矜孤恤寡,敬老怀幼;昆虫草木,犹不可伤。宜悯人之凶,乐人之善,济人之急,救人之危。见人之得,如己之得;见人之失,如己之失。不彰人短,不炫己长,遏恶扬善,推多取少。受辱不怨,受宠若惊,施恩不求报,与人不追悔。"①这里的"慈"是指善待,"慈心于物"是"积德累功"的主要方式,如何善待天地万物,即用善心去爱护生灵,用善行去保护万物。

道教以"道"为生命本体,老子说"道生一,一生二,二生三,三生万物。"(第四十二章)天下万物皆由"道"演变而来,"天地与我并生,万物与我为一。"(《庄子·齐物论》)昆虫草木,皆含道性,所以应该怜惜它们的生命,不能因一己私欲而涂炭生灵。道教"好生恶杀",要求善待动物、植物,《太平经》有云:"夫天道恶杀而好生,蠕动之属皆有知,无轻杀伤用之也。"②又说:"天下皆好生恶杀,安得有无道者哉?"③魏晋时期的《正一法文天师教戒科经》说:"道之视人,如人之视虫蚁,道能杀人,如人能杀虫也;道之好生恶杀,终不杀也。"④《赤松子中诫经》也

---

① 李信军编译:《太上感应篇释义》,北京:宗教文化出版社,2009年,第1页。
② 王明:《太平经合校》卷五十,第174页。
③ 王明:《太平经合校》卷一百二十至一百三十六,第689页。
④ 《正一法文天师教戒科经》,《道藏》第18册,第232页。

讲:"不非理损害物命,好生恶杀。"①道教要求人"好生恶杀",是因为"道"是"好生恶杀"的。《洞真太上八素真经三五行化妙诀》说:"仁者好生恶杀,救败护成,禁忌杀伤,隔绝嫉妒,能合阴阳,放生度死,慈悲慊疑,念念弗忘,积仁成寿,遂登神仙。"②道教认为,只有"好生恶杀"才能得道成仙。

"好生恶杀"在现实中的实现形式即是"戒杀放生"。《太上十二上品飞天法轮劝戒妙经》说:"天尊言:'弟子受真戒者,不得屠业为杀,及以自杀,教他杀,方便杀,随喜杀,乃至因缘杀,不得已杀,报杀,误杀,如是种杀,皆不可为之。愍念有情,如己身命。杀害之人,六种罪报。一者见世辕轲,常值恶报。二者与一切众生,常为怨雠。三者鬼神贼害,招集凶祸。四者正报,死堕地狱,剑树刀山,受诸苦恼,无时暂息。五者杂报,禽兽畜生,递相啖食。六者纵得人身,复遭刑戮。是大恶业,非真人行。'"③道教要求人戒杀,更认为如果犯了杀戒必将遭到严惩。《素履子》说:"或救黄雀,或放白龟,惠封于伤蛇,探喉于鲠虎,博施无倦,惠爱有方,春不伐树覆巢,夏不燎田伤禾,秋赈孤寡,冬覆盖伏藏。君子顺时履仁而行,上顺天时,下养万物,草木昆虫不失其所,獭未祭鱼不施网罟,豺未祭兽不修田猎,鹰隼未击不张尉罗,霜露未沾不伐草木。草木有生而无识,鸟兽有识而无知,犹施仁爱以及之,奚况在人而不爱之手。"④这里不仅提到如何善待动植物,而且包含着如何保护生态环境的丰富思想。

"慈心于物"是积善成德的必要条件,道教的行善,不是仅对人,而是对一切生命而言的,包括动物、植物和天地一切万物。道教要求"好

---

① 《赤松子中诫经》,《道藏》第3册,第447页。
② 《洞真太上八素真经三五行化妙诀》,《道藏》第33册,第475页。
③ 《太上十二上品飞天法轮劝戒妙经》,《道藏》第3册,第410页。
④ 《素履子》卷中,《道藏》21册,第703页。

生恶杀",即劝人行善,这也是劝人积功累德,最终是为了能得道成仙。《太上虚皇天尊四十九章经》说:"子欲学吾道,慎勿怀杀想。一切诸众生,贪生悉惧死。我命即他命,慎勿轻于彼,口腹乐甘肥,杀戮充啖食。能怀恻隐心,想念彼惊怖,故当不忍啖,以证慈悲行。"①道教认为一切生命都和人的生命一样宝贵,不可轻视,更不能伤害,应该以一颗慈悲心对待自然界的一切生命。《洞真太上八素真经三五行化妙诀》也说:"慈爱一切,不异己身。身不损物,物不损身。一切含气,草木壤灰,皆如己身,念之如子,不生轻慢意,不起伤彼心。心恒念之与己同存,有识愿其进道,无识愿其识生。"②道教认为,对万物怀有慈悲之情乃万善之首。

道经中说:"野外一切飞禽走兽、鱼鳖虾蟹,不与人争饮,不与人争食,并不与人争居。随天地之造化而生,按四时之气化而活,皆有性命存焉。……如无故张弓射之,捕网取之,是于无罪处寻罪,无孽处造孽,将来定有奇祸也。戒之,戒之。"③认为自然界中的生物与世无争,人类应该与它们和谐相处,如滥杀生命将必然要招来祸端,唯善待万物才有善报。《六度生戒》也提到:"含血之类,有急投人,能为开度,济其死厄,见世康强,不遭横恶。惠鸟兽有生之类,割口饲之,无所爱惜,世世饱满,常在福地。度诸蠢动一切众生,咸使成就,无有夭伤,见世兴盛,不履众横。常行慈心,愍济一切,救生度死,其功甚重,令人见世居危得安,居疾得康,居贫得富,举向从心。"④列举了善待动物的种种好处,积极主张"慈心于物"的积善行为,道教以因果报应和积善成德来引导人们走上关怀生命、慈心于物的道德实践之路。

① 《太上虚皇天尊四十九章经》,《道藏》第 1 册,第 770 页。
② 《洞真太上八素真经三五行化妙诀》,《道藏》第 33 册,第 474 页。
③ 《劝世归真》,《藏外道书》第 28 册,成都:巴蜀书社,1994 年,第 91 页。
④ 《要修科仪戒律钞》卷 6,《道藏》第 6 册,第 948 页。

（二）"仙道贵生"的道德情怀

道教不仅要求人们善待自然界中的生物,而且认为它们与人一样是有灵性的,把人的情感投射到它们身上,让人们产生恻隐之心。谭峭在《化书》中提到:"夫禽兽之于人也何异?有巢穴之居,有夫妇之配,有父子之性,有死生之情。乌反哺,仁也;隼悯胎,义也;蜂有君,礼也;羊跪乳,智也;雉不再接,信也。孰究其道?万物之中五常百行无所不有也,而教之为纲罟,使之务畋渔。且夫焚其巢穴,非仁也;夺其亲爱,非义也;以斯为享,非礼也;教民残暴,非智也;使万物怀疑,非信也。夫膻臭之欲不止,杀害之机不已。羽毛虽无言,必状我为贪狼之兴封;鳞介虽无知,必名我为长鲸之与巨鼬也。胡为自安,焉得不耻?吁!直疑自古无君子。"①道教不仅认为杀生违背了伦理道德,而且认为自然物与人一样,特别是动物有喜、怒、哀、乐的情感,更需要得到人的尊重。先秦道教著作《列子·黄帝》说:"禽兽之智有自然与人同者,其齐欲摄生,亦不遐智于人也:牝牡相偶,母子相亲,避平依险,违寒就温;居则有群,行则有列;小者居内,壮者居外;饮则相携,食则鸣群。太古之时,则与人同处,与人并行。帝王之时,始惊骇散乱矣。逮于末世,隐伏逃窜,以避患害。今东方介氏之国,其国人数数解六畜之语者,盖偏知之所得,太古神圣之人,备知万物情态,悉解异类音声。会而聚之,训而受之,同于人民。故先会鬼神魑魅,次达八方人民,末聚禽兽虫蛾。言血气之类心智不殊远也。"②认为一切生物都有它的语言、生态和秩序,每个生物都懂得保护自己,懂得修道,有着和人类相

---

① 《化书》卷四,《道藏》第 23 册,第 598 页。
② 列子《冲虚经》。

类似的行为。《虚皇天尊初真十戒文》也说："夫禽兽旁生,性命同禀,有夫妇之配,有父子之情,有巢穴之居,有饮食之念,爱憎喜惧,何异于人? 能怀恻隐之心,不忍杀戮而食,以证慈悲之行,不亦善乎?"①认为动物和人类一样禀赋天命,有各类情感需求,爱憎喜惧不异于人,人若能常怀慈悲之心善待它们,本身就是一种善行。

道教经书《无能子》说道:"人者裸虫也,与夫鳞毛羽虫俱焉,同生天地,交炁而已,无异者也。或谓有所异者,岂非乎人自谓异于鳞羽毛甲诸虫者? 岂非乎能用智虑耶? 言语耶? 夫自鸟兽迨乎蠢蠕,皆好生避死,营其巢穴,谋其饮啄,生育乳养,其类而护之,与人之好生避死、营其宫室、谋其衣食、生育乳养、其男女而私之无所异也。何可谓之无智虑耶? 夫自鸟兽迨乎蠢蠕者,号鸣啅噪皆有其音,安知其族类之中非语言耶? 人以不喻其音而谓其不能言,又安知乎鸟兽不喻人言,亦谓人不能语言耶? 则其号鸣啅噪之音必语言尔,又何可谓之不能语言耶? 智虑语言,人与虫一也。"②认为自然界的生物和人是一样的,有智慧,有自己的语言,懂得保护自己,懂得建造住所,寻觅食物,生养儿女,人类应该敬重它们的生命,并以"贵生"的情怀去关爱它们,善待它们。

道教认为天下万物皆有灵性,不应伤害他们,甚至都不要打扰他们。《太上感应篇》认为"无故杀蛇打龟"要"夺其纪算,算尽则死。死有余责,乃殃及子孙"。③蛇通灵性,龟能长寿,对于通灵性的动物,如果能保它一命,即得一福;杀它一命,则祸及子孙。《太上感应篇》对于"败人苗稼"、"散弃五谷"、"用药杀树"等行为都给予严厉惩罚。李昌龄注《太上感应篇》"惊栖"时说:"太上戒人无得惊栖,与孔子弋不射宿

---

① 《虚皇天尊初真十戒文》,《道藏》第 3 册,第 404 页。
② 《无能子》卷上,《道藏》第 21 册,第 708 页。
③ 李信军编译《太上感应篇释义》,第 4—5 页。

之说意皆一也。大抵鸟之已栖亦犹人之已寝,忽然有惊,岂不举家惊扰?"①《太上感应篇》又引诗云:"劝君莫打三春鸟,子在巢中望母归。"以极其深情的语言来表达对动物的同情怜悯之心。《太上感应篇集注》在解释"射飞逐走"时说:"一切禽兽皆有人性,皆有眷属。"②认为万物与人有着共同的人性,成为道教珍视生命、爱护动物的重要思想基础。

《道藏》中还收录了数篇文章,都赋予动物以与人类一样的情感,以极其感人的描述劝告人们善待万物,戒杀放生。其中《放生文》说道:"盖闻世间至重者生命,天下最惨者杀伤。是故逢擒则奔,虮虱犹知避死;将雨而徙,蝼蚁尚且贪生。"不仅要求人们不要杀生,而且应当具有放生的善念。该文又云:"怜儿之鹿,舐疮痕而寸断柔肠;畏死之猿,望弓影而双垂悲泪。恃我强而陵彼弱,理恐非宜;食他肉而补己身,心将安忍?"③认为动物和人是平等的,不应该互相残杀弱肉强食,破坏自然界的生态平衡。《杀生七戒》还讲述了各个节日不宜杀生的道理,例如:"生子不宜杀生。凡人无子则悲,有子则喜,不思一切禽兽,亦各爱其子,庆我子生,而杀死他子,于心过毒扪心安乎? 夫婴孩始生,不为积福,而反杀生积孽,亦太愚痴矣! 爱己子生当爱他子命,慈爱不杀也。"《杀生七戒》最后说:"世人多杀生,遂有刀兵水火瘟疫劫,负命杀汝身,欠财焚汝宅,离散汝妻子,曾破他巢穴,报应各相当,人人惜命,物物求生,何得杀他,充己口食? 或利刀割腹,或尖刀刺心,或剥皮剖鳞,或断喉劈壳或滚汤活煎,可怜大痛无伸,苦极难忍,造此弥天罪业,结成万世冤仇。今人多奇病多夭,或死蛇兽,或死官刑,或死盗贼之手,或葬瘟疫,或死凶杀,或死自刎,或死落水,或死吐血,或

---

① 《太上感应篇》,《道藏》第27册,第60页。
② 《太上感应篇集注》,《藏外道书》第12册,第137页。
③ 《水镜录·放生文》,《道藏》第36册,第315页。

死鸦片,或死药毒,或死恶症,皆杀生吃荤冤欠所致也。孟子曰:'闻其哀声,不忍见其死;见其惨亡,不忍食其肉,是仁君子远庖厨是也。'吾今哀告世人,持斋修德戒杀,上消累世冤孽,下积德以荫子孙茂昌,自然福寿绵长,万事如望呈祥也。希将心比心,莫再固执迷遮性王也。"①认为人们不应该杀生,不然要受到恶报,只有惜命贵生,才能福寿绵长,长生不老,乃至最终达到得道成仙的目的。

(三)"守道而行"的道德准则

《太上感应篇》说:"是道则进,非道则退。"②认为善待天下万物要坚持"守道而行"的基本原则。人类要开发利用自然资源,依靠动植物来获取生活资料,要合理地进行开发和利用,切不可违背"道"的原则。《太平经》说:"自然守道而行,万物皆得其所矣。天守道而行,即称神而无方。上象人君父,无所不能制化,实得道意。地守道而行,五方合中央,万物归焉。三光守道而行,即无所不照察。雷电守道而行,故能感动天下,乘气而往来。四时五行守道而行,故能变化万物,使其有常也。阴阳雌雄守道而行,故能世相传。凡事无大无小,皆守道而行,故无凶。"③万物都有自己的特点和规律,人们应当遵循自然规律,顺应自然之势,如果违背其天性,便会受到自然界的报复,如《太平经》所云:"万物无可收得,则国家为其贫极,食不重味,宗庙饥渴,得天下愁苦,人民更相残贼。"④

道教讲戒杀,不是绝对地不杀,而是指"钓而不网、弋不射宿、启蛰

---

① 《水镜录·杀生七戒》,《道藏》第 36 册,第 316—317 页。
② 李信军编译《太上感应篇释义》,第 1 页。
③ 王明:《太平经合校》卷十八至三十四,第 21 页。
④ 同上。

不杀、方长不折"。① 要顺应自然之道合理开发和利用资源,《太上感应篇集注》在注释"春月燎猎"时说:"春为万物发生之候,纵猎不已,已伤生生之仁。乃复以纵之火,则草木由之而枯焦,百蛰因之而煨烬。是天方生之我辄戕之,罪斯大矣!"②认为"春月燎猎"没有按照植物生长的规律而行,是违背天道的恶行。《太平经》说:"元气归留,诸谷草木蚑行喘息蠕动,皆含元气,飞鸟步兽,水中生亦然,使民得用奉祠及自食。但取作害者以自给,牛马骡驴不任用者,以给天下至地祇,有余集共享食。勿杀任用者、少齿者,是天所行,神灵所仰也。万民愚戆,恣意杀伤,或怀妊胞中,当生反死,此为绝命,以给人口。"③认为人们可以适时合理地宰杀食用已成熟的动植物,但不可滥杀,特别是幼小的动植物,这样是违背天道的。

恩格斯说:"我们不要过分陶醉于我们对自然界的胜利。对于每一次这样的胜利,自然界都报复了我们。"④这类思想早在《太平经》就已经出现了:"今天上良善平气至,常恐人民有故犯时令而伤之者,今天上诸神共记好杀伤之人,畋射渔猎之子。不顺天道而不为善,常好杀伤者,天甚咎之,地甚恶之,群神甚非。今恐小人积愚,不可复禁,共淹污乱洞皇平气。故今天之大急,部诸神共记之,日随其行,小小共记而考之。三年与闰并一中考;五年一大考。过重者则坐。小过者减年夺算。三世一大治,五世一灭之。故今天上集三道行文书,群神共记过,断好杀伤刑罚也,而兴乐,地上亦然。真人幸为善,常欲有德于皇天,而怜帝王愁苦,时气不和,实咎在人好杀伤,畋射渔猎,共兴刑罚,常有共逆天地之心意。故使久乖乱不调,帝王前后,得愁苦焉,是

① 《太上感应篇图说》,《藏外道书》第 12 册,第 101—102 页。
② 《太上感应篇集注》,《藏外道书》第 12 册,第 153 页。
③ 王明:《太平经合校》卷一百一十二,第 581—582 页。
④ 恩格斯:《自然辩证法》,北京:人民出版社,1971 年,第 158 页。

重过也。"①道教认为,如果"不顺天道而不为善",那么必定要遭受自然界的惩罚。

对于如何合理对待天下万物,道教有很多具体的规定。对于动物,《老君说一百八十戒》中的第九十五条说:"不得冬天发掘地中蛰藏虫物。"第九十七条说:"不得妄上树探巢破卵。"第九十八条说:"不得笼罩鸟兽。"②《中极戒》第一百一十二条规定:"不得热水泼地致伤虫蚁。"③《老君说一百八十戒》中的第一百三十二条规定:"不得惊鸟兽。"④《三百大戒》中亦规定:"不得惊怛鸟兽,蹴以穷地。"⑤此外,《老君说一百八十戒》中的第四十九条规定:"不得以足踏六畜。"第一百二十九条规定:"不得妄鞭打六畜群众。"⑥对于植物:《老君说一百八十戒》中的第十四条说:"不得焚烧野田山林。"第十八条说:"不得妄伐树木。"第十九条说:"不得妄摘草花。"⑦《妙林经二十七戒》中也有"不得烧野山林"⑧的规定。《三百大戒》中同样规定:"不得以火烧田野山林","不得无故摘众草之花","不得无故伐树木"。⑨此外,道教戒律中还有保护水土资源的规定。《老君说一百八十戒》中的第三十六条说:"不得以毒药投渊池江海中。"第四十八条说:"不得妄凿地毁山川。"第五十三条说:"不得竭水泽。"第一百条说:"不得以秽污之物投井中。"第一百三十四条说:"不得妄开决陂湖。"⑩《三百大戒》中也规定:"不得

---

① 王明:《太平经合校》卷一百一十八。
② 《云笈七签》卷三十九,《道藏》第22册,第272页。
③ 《道藏辑要》第10册,长春:吉林人民出版社,1995年,第152页。
④ 《云笈七签》卷三十九,《道藏》第22册,第273页。
⑤ 《要修科仪戒律钞》卷6,《道藏》第6册,第948页。
⑥ 《云笈七签》卷三十九,《道藏》第22册,第271、272页。
⑦ 同上,第270页。
⑧ 《云笈七签》卷三十八,《道藏》第22册,第269页。
⑨ 《要修科仪戒律钞》卷6,《道藏》第6册,第947页。
⑩ 《云笈七签》卷三十九,《道藏》第22册,第271—273页。

以毒药投渊池江海中"，"不得竭陂池"，"不得塞井及沟池"①。

道教反对杀生以及惊吓虐待动物，强调不能滥砍乱伐花草树木，不得污染环境，破坏自然生态。但对于合理利用和开发自然资源，道教还是比较赞成的，比如杀生，道教并不是绝对地主张禁止杀生，而是要求人们不能滥杀动物。《石音夫醒迷功过格》中有讨论戒杀原则的一段话，从中可以看出道教对杀生一事所采取的理性态度。乞儿曰："无论不杀生，方为万物之生，即如鸡鸭不杀，喂他何益？牛马不杀，胶皮何取？猪羊不杀，祭祀何有？若论不杀生，竹木不宜砍，柴薪何来？草木不宜伐，人宅无取。这真难也。"道长曰："极容易的。鸡鸭不损其卵，不伤其小，又不妄费，当用之时，取其大者杀之，何得为杀？马有扶朝之功，牛有养人之德，临老自死，何必在杀？何至无取竹木？草苗方长不折，相时方伐，何得无用？"乞儿曰："据道长说，这等看来，凡物当生旺之时杀之，方才为杀。至休囚衰弱之时杀之，不足为杀。可见生旺乃天地发生万物之情，不可违悖天意。至乘天地收藏之时而取之，则用无穷也。"②完全禁止杀生是很难做到的，人们应该遵循自然规律，顺天而为不杀之杀，保持生态平衡，这对于普通人来说，也是应该可以做到的。

道教尊重天下万物的生命，以生命为中心，同时又遵循"道"的原则，守道而行，使天下万物相互和谐，共生共荣。

三、道教生态伦理与现代生态伦理的契合

道教要求尊重生命，善待生命，这与现代西方的生态伦理学有许

---

① 《要修科仪戒律钞》卷6，《道藏》第6册，第948页。
② 《藏外道书》第12册，第88页。

多契合点。现代西方学者越来越关注中国古代的道家生态伦理,卡普拉说:"在伟大的诸传统中,据我看,道家提供了最深刻并且最完美的生态智慧,它强调在自然的循环过程中,个人和社会的一切现象和两者潜在的基本一致。"①从现代生态伦理的立场上,古代道教生态伦理对现代生态伦理学有多重启示意义。

(一)生命本质和意义的反思

生命的本质是什么?活着的意义又是什么?在物欲横流的当今社会,很少人会有这样的反思,其行为也越来越偏离了生命的本质。在道家看来,生命的本质在于自由、和谐、快乐的生活,生命的价值在于彼此尊重,自然无为。道教对于无故杀生的人予以强烈谴责:"司命随其轻重,夺其纪算,算尽则死。死有余责,乃殃及子孙。"②充分表现出尊重生命价值、批判扼杀生命的基本立场。

现代西方生物中心伦理的先行者史怀泽说:"伦理与人对所有存在于他的范围之内的生命的行为有关。只有当人认为所有生命,包括人的生命和一切生物的生命都是神圣的时候,他才是伦理的。只有体验到对一切生命负有无限责任的伦理才有思想根据。"③史怀泽的"生命"包括"人的生命和一切生物",这与道教中的"生命"概念是一致的。史怀泽要求敬畏生命,他说:"善的本质是:保持生命,促进生命,使生命达到其最高度的发展。恶的本质是:毁灭生命,损害生命,阻碍生命的发展。在本质上,敬畏生命所命令的是与爱的伦理原则相一致的。

---

① Fritjof Capra. Uncommon Wisdom,1988. Conversations with Remarkable People [M]. Simon & Schuster edition,January 36.

② 李信军编译:《太上感应篇释义》,第4—5页。

③ 阿尔贝特·史怀泽:《敬畏生命》,上海:上海社会科学院出版社,1992年,第9页。

只是敬畏生命本身就包含着爱的命令的根据,并要求同情所有生物。"①这与道教要求人们"慈心于物,好生恶杀,戒杀放生"的观念也如出一辙。史怀泽还就如何"敬畏生命"做出具体论述:"一个真正有道德的人是这样的人,他遵从必要的伦理原则去帮助他能帮助的一切生命,而不愿意给任何有生命的东西造成损害。他不去追问这个或那个生命究竟有多少价值值得他同情,也不问它是否或有多少感激能力。对于他说来,生命本身就是神圣的东西。他不摘一片树叶,不折一个花朵,而当心不让任何昆虫来侵蚀它们。当他夏天的夜晚在灯下工作的时候,他宁愿关起窗子,呼吸闷热的空气,而不愿见一个一个的飞虫烧焦了翅膀死在他的桌子上。当他雨后在路上看见迷失了归路的蚯蚓时,他就想到如果它不及时钻进土里一定会被太阳晒死,于是将它拨离可以致死的石头路面,送到草地里去。当他遇到一个掉进水塘里的昆虫时,他就不惜花费时间,递给它一片树叶或一根草杆,救活它的生命。"②史怀泽要求真正具有道德的人不仅要善待生命,而且还要帮助它们,不要惊扰它们,更不要伤害它们。

现代生态伦理倡导人与天地万物平等的思想。澳大利亚生态哲学家彼得·辛格说:"我所倡导的是,我们在态度和实践方面的精神转变应朝向一个更大的存在物群体:一个其成员比我们人类更多的物种,即我们所蔑称的动物。换言之,我认为,我们应当把大多数人都承认的那种适用于我们这个物种所有成员的平等原则扩展到其他物种身上去。""许多哲学家都已经以这种或那种方式,把平等地关心利益的原则视为一个基本的道德原则;但是,如我们将很快看到的那样,他们中的许多人都没有认识到,这个原则不仅适用于我们自己,而且适

① 阿尔贝特·史怀泽:《敬畏生命》,第91—92页。
② 施韦策尔:《尊重生命的伦理学》,载刘小枫主编《二十世纪西方宗教哲学文选》(下卷),上海:上海三联书店,1991年,第1417页。

用于其他物种成员。"①阿诺德·汤因比也说:"宇宙全体,还有其中的万物都有尊严性,它是这种意义上的存在。就是说,自然界的无生物和无机物也都有自己的尊严性。大地、空气、水、岩石、泉、河流、海,这一切都有尊严性。如果人侵犯了它的尊严性,就等于侵犯了我们本身的尊严性。"②道家讲"天地万物与我并生"。《庄子·秋水》说:"以道观之,物无贵贱;以物观之,自贵而相贱;以俗观之,贵贱不在己。"尊重生命,敬畏生命,善待生命,也是让自我得到提升,让自己的生命变得更有意义,这也是道家所主张的生命价值观。

(二) 尊重自然

道家认为,只有尊重自然,才能让天地万物各得其所,各自发挥作用。《文子·上仁》说:"天地之气,莫大于和。和者,阴阳调,日夜分,故万物春分而生,秋分而成,生与成必得和之精。"③《文子·微明》说:"天地之所覆载,日月之所照明,阴阳之所煦,雨露之所润,道德之所扶,皆同一和。"④《文子》非常注重人与自然的相互和谐,并就如何合理开发和保护自然资源提出建议,《文子·上仁》说道:"食者,民之本也;民者,国之基也。故人君者,上因天时,下尽地理,中用人力。是以群生以长,万物蕃殖;春伐枯槁,夏收百果,秋蓄蔬食,冬取薪蒸,以为民资。……先王之法,不掩群而取夭,不涸泽而渔,不焚林而猎。豺未祭兽,罝罘不得通于野;獭未祭鱼,网罟不得入于水;鹰隼未击,罗网不得张于皋;草木未落,斤斧不得入于山林;昆虫未蛰,不得以火田;育孕不

---

① 辛格:《所有动物都是平等的》.载《哲学译丛》,1994 年第 5 期。
② 汤因比、池田大作:《展望二十一世纪——汤因比与池田大作对话录》,北京:国际文化出版公司,1985 年,第 429 页。
③ 文子《通玄经》卷第十。
④ 文子《通玄经》卷第七。

杀,觳卵不探;鱼不长尺不得取。犬豕不期年不得食。是故万物之发生若蒸气出。"①要求人们在获取生活资料时遵循自然规律,尊重自然万物。《文子·上礼》说:"衰世之主,钻山石,挈金玉,擿蚌蜃,消铜铁,而万物不滋。刳胎焚郊,覆巢毁卵,凤凰不翔,麒麟不游。构木为台,焚木而畋,竭泽而渔,积壤而丘处,掘地而井饮,浚川而为池,筑城而为固,拘兽以为畜,则阴阳缪戾,四时失序,雷霆毁折,雹霜为害,万物焦夭,处于太半,草木夏枯,三川绝而不流。"②还告诫世人如果随意破坏自然万物,那么必将带来严重的后果。

现代生态伦理学也要求人们尊重自然,保护自然环境,反对过度开发自然。《道德经》说:"辅万物之自然而不敢为"。为了做到顺应自然而不违背自然,道教提出了"无为"的方法,英国科学家李约瑟博士指出:"'无为'的意思就是'不做违反自然的活动',亦即不固执地要违反事物的本性,不强使物质材料完成它们所不适合的功能。"③尊重自然,崇尚自然,这是道教极力倡导的主张。《太平经》说:"天地之性,万物各自有宜。当任其所长,所能为。所不能为者,而不可强也。"④成玄英在《南华真经注疏》中说:"随造化之物情,顺自然之本性,无容私作法术、措意治之,放而任之,则物我全之矣。"⑤并指出:"万物咸禀自然,若措意治之,必乖造化。"⑥人们应该遵循"天道无为,任物自然"⑦的原则,让宇宙万物"任性自在",自然发展。成玄英说:"虚心任物,物各自正","但处心无为,而物自化"。⑧ 因此,圣人懂得自然妙理,恬淡无为,

---

① 文子《通玄经》卷第十。
② 文子《通玄经》卷第十二。
③ 李约瑟:《中国科学技术史》,第二卷,北京:科学出版社,1990年,第76页。
④ 王明:《太平经合校》,第203页。
⑤ 《道藏》第16册,第384页。
⑥ 同上,第417页。
⑦ 王明:《抱朴子内篇校释》,第136页。
⑧ 《道藏》第16册,第417、418页。

大顺物情,于是"一切万物,自然昌盛"。①

为了更好地贯彻"自然无为"这一原则,道教提出了"守道而行",是道则进,非道则退,不对自然界横加干预,尊重自然。《太平经》说:"自然者,乃万物之自然也。"②又说:"自然之法,乃与道连,守之则吉,失之有患。天地之性,独贵自然,各顺其事,毋敢逆焉。"③自然是天地之性,自然之道不可违,需顺应自然。"自然守道而行,万物皆得其所矣。天守道而行,即称神而无方。上象人君父,无所不能制化,实得道意。地守道而行,五方合中央,万物归焉。三光守道而行,即无所不照察。雷电守道而行,故能感动天下,乘气而往来。四时五行守道而行,故能变化万物,使其有常也。"④若能顺应自然,那么:"五土各得其所宜,乃其物得好且善,而各畅茂,国家为其得富,令宗庙重味而食,天下安平,无所疾苦,恶气休止,不行为害。"若违背自然,则:"万物不得成竟其天年,皆怀冤结不解;因而夭终,独上感动皇天,万物无可收得,则国家为其贫极,食不重味,宗庙饥渴,得天下愁苦,人民更相残贼。"⑤

道教认为,是自然造就了人类,人类应该尊重自然,这里的自然就是指天地万物。《太平经》说:"夫天地中和凡三气,内相与共为一家。反共治生,共养万物。天者主生,称父;地者主养,称母;人者主治理之,称子。为子乃当敬事其父而爱其母。"⑥天地自然对于人来说,就像父母与子女的关系,子女应当孝敬父母,人应当敬畏自然,尊重自然,"夫天地之为法,万物兴衰反随人故"。⑦ 人类如果不能像子女对待父母一样尊敬和爱戴父母,天地会给予人类以警告,"天地乃是四时五行

---

① 《道藏》第 16 册,第 384、416 页。
② 王明:《太平经合校》,第 16 页。
③ 同上,第 472 页。
④ 同上,第 21 页。
⑤ 同上,第 204 页。
⑥ 同上,第 112 页。
⑦ 同上,第 232 页。

之父母也,四时五行不尽力供养天地所欲生,为不孝之子,其岁少善物,为凶年。人亦天地之子也,子不慎力养天地所为,名为不孝之子也。"①如果人类做出伤害自然的行为,天地也会惩罚人类,"人乃甚无状,共穿凿大地,大兴起土功,不用道理,其深者下著黄泉,浅者数丈。……天地,人之父母也,子反共害其父母而贼伤病之,非小罪也,故天地最以不孝不顺为怨,不复赦之也。"②人类应该摆正自己的位置,不能为了自己的欲望,把自己凌驾于万物之上,对自然界为所欲为,试图用各种手段征服和奴役自然,最终必会遭到自然界的严厉惩罚。人类唯有像对待父母一样,对自然怀有感恩之情,尊重自然,善待自然,人与自然才能够更加融洽和谐。

(三)善待生命

道教讲"慈心于物",要求善待天地万物,善待生命。《洞真太上八素真经三五行化妙诀》说:"志道至坚,成于事也。何由自坚,坚由大慈,慈爱一切,不异己身。身不损物,物不损身,一切含炁,木草壤灰,皆如己身。念之如子,不生轻慢意,不起伤彼心,心恒念之,与己同存。"③倡导广泛的慈爱精神,主张善待世间的一切生命,从而达到自我修行的目的。

史怀泽提出"敬畏生命"的理念,其实也就是要善待生命,他认为有道德的人应该"不摘一片树叶,不折一个花朵",他自己身体力行,早在青少年时期,就为在世界上所看到的痛苦而难过,看到同学用弹弓射鸟,他会为此难受;为打了狗而内疚,为骑累了马而不安。成年后从

---

① 王明:《太平经合校》,第 550 页。
② 同上,第 114—115 页。
③ 《洞真太上八素真经三五行化妙诀》,《道藏》第 33 册,第 474 页。

事公益事业,到落后的非洲当医生,挽救了无数生命。他在《我的呼吁》里说:"我要呼吁全人类,重视尊重生命的伦理。这种伦理,反对将所有的生物分为有价值的与没有价值的、高等的与低等的。……我们的直觉意识到自己是有生存意志的生命,环绕我们周围的,也是有生存意志的生命。这种对生命的全然肯定是一种精神工作,有了这种认识,我们才能一改以往的生活态度,而开始尊重自己的生命,使其得到真正的价值。同时,获得这种想法的人会觉得需要对一切具有生存意志的生命采取尊重的态度,就像对自己一样。这时候,我们便进入另一种迥然不同的人生境界。"①这种境界视世间万物为与人具有同等价值的生命存在形式,与道教视万物与我同一、珍视生命的观念是一致的。

彼得·辛格说:"我们为满足自己的嗜好而虐待其他物种的行为不仅仅表现在对它们的杀戮上。我们施加在活着的动物身上的痛苦,比之于我们准备杀戮它们这事实来,更淋漓尽致地展现了我们的物种歧视主义态度。为了能给人们提供与其昂贵价格相当的美餐,我们的社会容忍了那种把有感觉能力的动物置于戕害其性情的环境里,并使它们在痉挛中慢慢结束其生命的烹饪方法。我们把动物当成一个能把饲料转换成肉食的机器来看待;只要能带来更高的'转换率',我们无所不用其极。正如在这个问题上的一位权威所说,'只有停止追求利润,人们才会认识到其行为的残酷性'。"②这一论述在当代具有强烈的现实针对性,如人们为了追求利润对动物进行残酷折磨,最骇人听闻的"熊胆取汁"即是将导管插入熊的胆囊,日复一日,年复一年抽取胆汁,直至没有利用价值。在胆汁被抽取时,可怜无助的熊张大着嘴,

---

①　王晖龙、于始编著:《生态伦理常识读本》,北京:世界图书出版公司,2009 年,第121—122 页。

②　王晖龙、于始编著:《生态伦理常识读本》,第 94 页。

两眼暴凸，肝区痛得颤个不停，惨叫声不断，为了防止熊因疼痛而抓挠自己的五脏六腑，商贩给它们穿上铁甲，直接把它们的犬牙锯掉……长年在活熊身上割开肌肤，凿洞插管，最后使熊体发炎腐烂，悲惨死去。这不仅是动物的悲哀，也是人类的悲哀。辛格关怀动物的论述无疑体现出与道教相同的深切的人文关怀，扣人心弦，值得我们深深反思。

在道教看来，"道"乃生命本体，人的生命、动植物的生命和自然界的一切都由"道"这个生命本体转化而来，各种形式的生命都是"道"的生命本体的体现，世间的一切生命都是平等的，我们没有理由为了自己的欲望而去伤害其他生命，要想让自己的生命更有价值，就要追求和效法"道"，去尊重和善待生命。《三天内解经》说："真道好生而恶杀。长生者，道也；死坏者，非道也。死王乃不如生鼠。故圣人教化使民慈心于众生，生可贵也。"①还明确提出"仙道贵生，无量度人"②的观点，这些都是道教浓郁生命精神的展露。道教认为，那些为了一己私欲而对其他生命做出残忍行为的人是终要受到严厉惩罚的。《三元品戒罪目》列举了各种伤害生命的罪名，如"杀害众生之罪"、"张筌捕鱼之罪"、"火烧田野山林之罪"、"砍伐树木采摘花草之罪"、"毒药投水伤生之罪"、"不放生度死之罪"、"惊惧鸟兽促著穷地之罪"、"牢笼飞鸟走兽之罪"等等。③ 人们在因生存需要而向自然界获取生活资料之时，应做到善待诸生，物尽其用。

---

① 《三天内解经》卷上，《道藏》第 28 册，第 416 页。
② 《灵宝无量度人上品妙经》，《道藏》第 1 册，第 5 页。
③ 《太上洞玄灵宝三元品戒功德轻重经》，《道藏》第 6 册，第 880—882 页。

四、道教生态伦理的现代价值

如何对治当今人类所遭受的生态危机,道教典籍尤其是《太上感应篇》、《太平经》等道教经典蕴含着丰富的生态思想,可以为我们达到与自然和谐共处的理想境界提供诸多启示。

(一) 为现代生态伦理提供理论依据

道教生态伦理对解决当代生态危机具有极大借鉴意义,其蕴含的生态伦理思想能为现代生态伦理提供理论依据。"天人合一"、"物无贵贱"、"道法自然"这三种思想可成为现代生态伦理的基石与现代生态伦理的思想源泉。

其一,"天人合一"的和谐观。道教认为万物皆由"道"生成,《老子》说:"道生一,一生二,二生三,三生万物。"《庄子·天地》则描述了万物如何生成的过程,"泰初有无,无有无名;一之所起,有一而未形。物得以生,谓之德;未形者有分,且然无间,谓之命;留动而生物,物成生理,谓之形;形体保神,各有仪则,谓之形。"宇宙是由无数生命体构成的,人只是其中的一小部分,《庄子·秋水》说:"自以比形于天地,而受气于阴阳,吾在于天地之间,犹小石小木之在大山也。"《庄子·田子方》认为万物之所以能生生不息,贵在和谐,"两者交通成和而物生焉"。"万物负阴而抱阳,冲气以为和"(第四十二章)。《文子·上仁》有云:"天地之气,莫大于和。……阴阳交接,乃能成和。"万物从和谐中产生,又在和谐中存在,和谐是自然界的最高准则和普遍规律。人与一切生物一样,是大自然的一部分,"天地与我并生,而万物与我为一。"（《庄子·齐物论》）"渺乎小哉，所以属于人也！傲乎大哉，独成其天。"（《庄子·德充符》）人类没有理由歧视其他生物，人类良好生存环境的维持有赖于尊重与善待一切生命，与天地万物和谐相处。《文子·下德》说："通体乎天地，同精乎阴阳，一和乎四时，明朗乎日月，与道化者为人。"把"天人合一"阐释的非常透彻。道教后来又有"天人一体"的说法，天是主宰，人应该受制于天，如果打破这种关系则必将带来毁灭性的后果。《文子·微明》曰："天地之所覆载，日月之所照明，阴阳之所煦，雨露之所润，道德之所扶，皆同一和。"天下万物都是一体的，万物与人类休戚相关，生死与共，人类如果想更好地生存于世上，就应该热爱生命，维持和谐，这种天人合一、敬畏自然的观念富有现代价值。

其二，"物无贵贱"的平等观。《庄子·秋水》曰："万物一齐，孰短孰长？""以道观之，物无贵贱，以物观之，自贵而相贱。"天下万物皆出于道，虽然形态各异，但无高低贵贱之分。《列子·黄帝》说："然则禽兽之心，奚为异人？形音与人异，而不知接之之道焉。……禽兽之智有自然与人同者，其齐欲摄生，亦不遐智于人也：牝牡相偶，母子相亲。"动物有着和人类一样的智慧与情感，与人类相比，动物的生活更加单纯，没有那么多的贪欲，也不会去破坏自然，伤害生命。人类应该像动物学习它们互助友爱的精神。《庄子·马蹄》讲"至德之世"："山无蹊隧，泽无舟梁；万物群生，连属其乡；禽兽成群，草木遂长。……禽兽可系羁而游，鸟鹊之巢可攀援而窥"，"同与禽兽居，族与万物并。"这些万物平等、物无贵贱的平等观为现代生态伦理提供了理论资源，彼得·辛格说："我们应当把大多数人都承认的那种适用于我们这个物种所有成员的平等原则扩展到其他物种身上去。""许多哲学家都已经以这种或那种方式，把平等地关心利益的原则视为一个基本的道德原则；但是，如我们将很快看到的那样，他们中的许多人都没有认识到，

向道而生

这个原则不仅适用于我们自己,而且适用于其他物种成员。"①阿诺德·汤因比也说:"宇宙全体,还有其中的万物都有尊严性,它是这种意义上的存在。就是说,自然界的无生物和无机物也都有自己的尊严性。大地、空气、水、岩石、泉、河流、海,这一切都有尊严性。如果人侵犯了它的尊严性,就等于侵犯了我们本身的尊严性。"②

其三,"道法自然"的处世观。对于如何去处理人与自然的关系,道家提出了"道法自然"的主张。《老子》说:"道大,天大,地大,人亦大。域中有四大,而人居其一焉。人法地,地法天,天法道,道法自然。"庄子继承了老子的观点,说:"夫至乐者,先应之以人事,顺之以天理,行之以五德,应之以自然。然后调理四时,太和万物。"(《庄子·天运》)要求"无以人灭天,无以故灭命"(《庄子·秋水》)。《淮南子》里也对"道法自然"的思想有较多论述,《淮南子·泰族训》说:"天致其高,地致其厚,月照其夜,日照其昼,阴阳化,列星朗,非其道而物自然。"《淮南子·主术训》说:"夫舟浮于水,车转于陆,此势之自然也。"《淮南子》认为:"天下之事,不可为也,因其自然而推之。"对于自然来说,人类最重要的是做到"无为",《淮南子·原道训》说:"所谓无为者,不先物为也;所谓无不为者,因物之所为。所谓无治者,不易自然也;所谓无不治者,因物之相然也。"《淮南子·修务训》说:"吾所谓无为者,私志不得入公道,嗜欲不得枉正术,循理而举事,因资而立,权自然之势,而曲故不得容者,事成而身弗伐,功立而名弗有。"《淮南子·主术训》说:"无为者,非谓其凝滞而不动也,以其言莫从己出也。"《淮南子·诠言训》说:"何谓无为? 智者不以位为事,勇者不以位为暴,仁者不以位为患,可谓无为矣。"这种"无为"的思想受到了国外学者的高度赞赏,

① 辛格:《所有动物都是平等的》,《哲学译丛》,1994 年第 5 期。
② 汤因比、池田大作:《展望二十一世纪——汤因比与池田大作对话录》,第 429 页。

英国学者李约瑟说:"就早期原始科学的道家哲学而言,'无为'的意思就是'不做违反自然的活动'(refraining from activity contrary to Na-ture),亦即不固执地要违反事物的本性,不强使物质材料完成它们所不适合的功能。"①美国学者霍尔姆斯·罗尔斯顿也说:"道教徒的方法是对自然进行最小的干涉:无为,以不为而为之,相信事物会自己照管好自己。如果人类对事物不横加干扰,那么事物就处在自发的自然系统中。"②

(二)重塑现代人的生命价值观

在当今社会,有些人为了个人利益出卖自己的良心和人格,肆意破坏自然,污染环境、滥杀无辜的生命。当今社会的一部分人,浮躁狂妄、贪得无厌,为了一己私欲丧心病狂,对其他生命做出残暴的行为。除了前述活熊取胆等伤害生命的行为之外,另如不法商家生产毒奶粉、毒胶囊、地沟油等,有的餐馆推出血淋淋的"活吃猴脑宴"、"活老鼠宴"、"活昆虫宴"等,大到有些地方政府企业唯GDP是逐,不惜使自然环境成为恶山毒水。其结果必然会使人与自然的关系严重恶化,最终导致生态危机日益严重,同时也扭曲人们的生命价值观,导致整个社会道德沦丧,滋长歪风邪气,现代人已经尝到了恶果,如果再不想办法阻止生态环境的恶化,那么不仅仅只是影响人类的生活,人类会遭到毁灭性的报复。

对这些残生杀生恶行,道教认为应受到严惩,《太上感应篇》说:

---

① 李约瑟:《中国科学技术史》,第76页。
② 霍尔姆斯·罗尔斯顿:《科学伦理学与传统伦理学》,载中国社会科学院哲学研究所科学技术哲学研究室《国外自然科学哲学问题(1992~1993)》,北京:中国社会科学出版社,1994年,第268—269页。

"福祸无门，惟人自召；善恶之报，如影随形。是以天地有司过之神，依人所犯轻重，以夺人算。算减则贫耗，多逢忧患；人皆恶之，刑祸随之，吉庆避之，恶星灾之；算尽则死。又有三台北斗神君，在人头上，录人罪恶，夺其纪算。又有三尸神，在人身中，每到庚申日，辄上诣天曹，言人罪过。月晦之日，灶神亦然。凡人有过，大则夺纪，小则夺算。其过大小，有数百事，欲求长生者，先须避之。"①道教书籍中普遍主张对破坏自然、伤害生命的行为给予严厉惩罚，道教在对残生伤生行为的"死有余责，乃殃及子孙"②的谴责中展现出的是一种以生命为中心的道教生态伦理，这对重塑现代人的生命价值观有重要价值。

道教主张天人合一、天人协调的生态伦理思想，对解决当今面临的生态危机，恢复人与自然的和谐关系具有重要促进作用。道教生态伦理倡导"慈心于物"、"仙道贵生"、"守道而行"的人生宗旨，这与现代人追求的个人享乐主义、拜金主义完全相反。只有重塑现代人的生命价值观，才能遏止越来越严重的生态危机。道教中的生态伦理思想，可以帮助现代人改变对生命的漠视态度。在《庄子·知北游》中有这样一段对话："东郭子问于庄子曰：'所谓道，恶乎在？'庄子曰：'无所不在。'东郭子曰：'期而后可。'庄子曰：'在蝼蚁。'曰：'何其下邪？'曰：'在稊稗。'曰：'何其愈下邪？'曰：'在瓦甓。'曰：'何其愈甚邪？'曰：'在屎溺。'东郭子不应。"道无所不在，万物都是由道而生，道教认为一切生命都是平等的，应该让万物自由地生长，人们应当采取"无为"的态度，不去干预任何生命。《太平经》说："凡物自有精神，亦好人爱之，人爱之便来归人。"③《抱朴子内篇》说："天道无为，任物自然，无亲无疏，

---

① 李信军编译：《太上感应篇释义》，第1页。
② 同上，第5页。
③ 王明：《太平经合校》，第25页。

无彼无此也。"①在道教生态伦理思想中蕴含着这样的观念,那就是人类不应该以自我为中心,把自己凌驾于万物之上,认为自己的一切需要都是合理的,对天地万物肆意破坏,巧取豪夺。道教认为人类应该摆正自己的位置,人与其他生命一体平等,应该热爱其他一切生命,善待与尊重生命。人类需要从自然中获取生存资料,开发自然资源以求生存,人类应该怀着感恩的心去与万物相处,而不是万物主宰者的态度。道教在对待人与自然的关系上,达到了极高的境界,这种境界不仅不会损害人类的利益,反而是在满足人类需求的基础上让人类的生命价值得到了更好的发挥。

道教有许多"戒杀放生"的例子,如:"野外一切飞禽走兽、鱼鳖虾蟹不与人争饮,不与人争食,并不与人争居。随天地之造化而生,按四时之气化而活,皆有性命存焉……不杀胎,不妖夭、不覆巢,皆言顺时序、广仁义也。如无故张弓射之,捕网取之,是于无罪处寻罪,无孽处造孽,将来定有奇祸也。戒之,戒之。"②这里认为,自然界的生物与世无争,人们不应该伤害它们,不然会招来祸患。不仅如此,道教还认为自然界的生物都有深厚的情感,认为天地万物都和人一样,有喜怒哀乐,懂得为生存觅食,为延续后代产子,有兄弟姐妹之情,有父母之情,人们应该重视其他生物的生命。为此,道教还制定了一系列规则,如人们不能"射飞逐走,发蛰惊栖,填穴覆巢,伤胎破卵",不能"决水放火,以害民居,紊乱规模",不能"用药杀树,春月燎猎",要"禁火,莫烧山林","勿登山而网禽鸟,勿临水而毒鱼虾,勿宰耕牛"等等,这些都体现了道教非常重视生命,并主张保护生命、善待生命的思想,这些思想非常值得现代人学习。

---

① 王明:《抱朴子内篇校释》,第124页。
② 《劝世归真》,《藏外道书》,第28册,中华书局。

当今的一部分人,被无限的物质追求迷住双眼,被不断膨胀的贪欲吞噬心灵,完全没有了对自己生命的反思,甚或只是一个活着的躯壳而已。道教生态伦理所蕴含的丰富的关于生命的哲学,可以帮助迷失方向的人们找到生命的价值所在。《太上感应篇》中说:"夫心起于善,善虽未为,而吉神已随之。或心起于恶,恶虽未为,而凶神已随之。其有曾行恶事,后自改悔,诸恶莫作,众善奉行,久久必获吉庆;所谓转祸为福也。故吉人语善、视善、行善,一日有三善,三年天必降之福;凶人语恶、视恶、行恶,一日有三恶,三年必降之祸。胡不勉而行之?"①所谓善有善报,恶有恶报,不是不报,时候未到。那些枉杀生命、破坏自然的人终究要受到大自然的报复。《太平经》中说:"凡人之行,或有力行善反得恶,或有力行恶反得善,因自言为贤者非也。力行善反得恶是承负先人之过也。流灾前后积来害此人也。行其恶反得善者,是先人深有积蓄大功来流及此人也。能行大功万倍之,先人虽有余殃,不能及此人也。因复过去,流其后世,成承五祖。"②认为善恶报应会流传给子孙后代,如果不想让子孙后代承受先人的罪过,那么先人应该做到:"欲解承负之责,莫如守一。守一久,天将怜之。一者,天之纪纲,万物之本也。思其本,流及其末。"③只有遵守自然之道,善待天地万物,尊重自然,才能为子孙后代积福,才能提升生命的价值。

(三)回归自然的生活方式

在当今物欲横流的社会,道教主张的淡泊宁静的生活方式弥足珍贵。道教主张"是道则进,非道则退"。提倡一种顺应自然的生活方

---

① 李信军编译《太上感应篇释义》,第5页。
② 王明:《太平经合校》第十八至三十四卷。
③ 王明:《太平经合校》第三十七卷。

式,这对实现人与自然的和谐,展现人的生命情怀,提升德性修养都有启示意义。道教回归自然的生活方式主要包括以下两个方面:

一方面,少私寡欲。老子说:"五色令人目盲,五音令人耳聋,五味令人口爽,驰骋田猎令人心发狂。"(第十二章)认为过多的欲望会让人迷失自我,不仅损害身体,更会使人丧失心灵的纯真。老子还认同"不劳精思求财以养身,不以无功劫君取禄以荣身,不食五味以恣,衣弊履穿,不与俗争"①。《抱朴子内篇》也说:"学仙之法,欲得恬愉澹泊,涤除嗜欲,内视反听,尸居无心。"②道教对过多的欲望是持反对态度的,《为道章》认为:"欲者,凶害之根;无者,天地之原。莫知其根,莫知其原。圣人者,去欲入无,以辅其身也。"③唐代道士李荣注曰:"有欲,则伤身,故云:凶害之根。无欲,则会道,故云:天地之原。"④道教认为要修道就必须清净无欲。道教的"少私寡欲"思想对于我们从根本上解决生态危机具有非常重要的借鉴意义。现代人因为过多的贪欲以及对自然界的肆意索取与破坏,打破了人与自然的和谐,1992年联合国环境与发展大会通过的《21世纪议程》指出:"地球所面临的最严重问题之一就是不适当的消费和生产模式,导致环境恶化、贫困加剧和各国的发展失衡。"⑤世界经济的高度发达并不意味着人类的生存环境会越来越好,相反,若人类一味沉迷于征服自然的疯狂状态中,那么带来的必将是人类乃至整个地球的毁灭。英国学者汤因比说:"在所谓发达国家的生活方式中,贪欲是作为美德受到赞美的,但是我认为,在允许贪欲肆虐的社会里,前途是没有希望的。没有自制的贪婪将导致自灭。"⑥

① 饶宗颐:《老子想尔注校证》,上海:上海古籍出版社,1991年,第10、47页。
② 王明:《抱朴子内篇校释》,第17页。
③ 《道藏》第14册,第588页。
④ 同上。
⑤ 中国环境报社编:《迈向21世纪》,北京:中国环境科学出版社,1992年,第82页。
⑥ 汤因比、池田大作:《展望二十一世纪》,第57页。

道教认为,生命的价值在于提高生命存在的境界,如果我们一味地自私自利,不考虑其他生命的处境,那么生态环境的破坏就会反过来威胁我们自己的生存。要做到适度消费,就要树立正确的生命价值观,从整体利益出发,从天地万物的共同利益出发,减少对自然界的索取,多做对环境有益的事情,那么我们的生存环境才能够越来越好。

另一方面,贵生戒杀。现代人越来越热衷于饭桌上的"文化",山珍海味,飞禽走兽,只要是能吃的,都会想方设法让它变成餐桌上的美味,很多濒危动植物也成为饕餮者的目标。自然界的物种急剧下降,生态平衡遭到破坏,带来的是更严重的连锁反应。要想拯救地球,阻止环境的恶化,我们很有必要重温道教倡导的善待世间一切生命的慈爱精神与"贵生戒杀"的基本信条,如《太上虚皇天尊四十九章经》说:"子欲学吾道,慎勿怀杀想。一切诸众生,贪生悉惧死。我命即他命,慎勿轻于彼,口腹乐甘肥,杀戮冲(充)啖食。能怀恻隐心,想念彼惊怖,故当不忍啖,心证慈悲行。"[①]当我们津津有味地大口吃肉时,我们是否应该反思一下,其他生命也有情感,有伦理,有失去亲人的痛苦,我们没有理由剥夺其他生命生存的权利,人类凭着自己的强权,残杀众生,是非常不道德的。著名道教学者谭峭认为:"且夫焚其巢穴,非仁也;夺其亲爱,非义也;以斯为享,非礼也;教民残暴,非智也;使万物怀疑,非信也。夫膻臭之欲不止,杀害之机不已,羽毛虽无言,必状我为贪狼之与封豕;鳞介虽无知,必名我为长鲸之与巨虺也。胡为自安焉?得不耻吁?直疑自古无君子。"[②]自然界中的任何生物都有自己存在的价值,我们不应该随意伤害它们,要回归自然的生活方式,就要意识到其他生命的价值,善待一切生命,"不摘一片树叶,不折一个花

①　《道藏》第1册,第770页。
②　《道藏》第23册,第598页。

朵",当看到别人做伤害生命的事情时,我们也应该及时制止,要不断提高自己的人生境界,多做对社会、对自然有益的事情。道教的"贵生戒杀"思想,其中蕴含着丰富的生态伦理思想,它能引发我们对生命的反思,包括自己的生命以及世间天地万物的生命,如果我们意识到生命的可贵,那么在对待其他一切生命的时候,我们会变得更加慎重。

总之,在当下社会,我们赖以生存的环境正日益恶化,生存危机已经显现出来。在此种境遇下,重温道教以生命为中心,以人与自然关系和谐为目标、倡导尊重自然、善待生命的生态伦理思想智慧,这对于解决现代生态危机具有极大的意义。如何把道教的生态伦理思想理念转换成现代人所认可的、易于接受的理论,并在此基础上建构出相应的能有效适用于现实社会问题的理论、制度及行为规范,这无疑具有普遍和深远的意义。

第四章
禅宗思想的生态诠释

一、背景：生态学与禅学的会通际遇

早在 1866 年，德国生态学家恩斯特·海克尔就提出了"生态学"一词。但直到 20 世纪 30 年代，生态学仍然是生物学的一个分支，普通人很少知晓。第二次世界大战之后，美国进入快速发展的黄金时期，伴随着经济的快速发展，生态恶化问题也渐渐为人所关注，蕾切尔·卡逊于 1962 年出版《寂静的春天》，该书在公众面前首次揭露了农药对环境以及人类自身的危害，引起了世人的震惊。虽然在此之前，西方也有如梭罗、缪尔以及施韦泽等关注生态的思想家出现，但在整体上，生态环境问题并未引起公众的普遍关注，20 世纪 60 年代以前的报纸和书刊，几乎无法找到"环境保护"这个词。

在《寂静的春天》出版之后，西方社会各界对生态问题的研究成燎原之势，从 70 年代起，西方环境运动逐渐从具体的环境保护研究转向与环境问题相关的经济、政治、社会以及伦理等因素的研究。1971 年，巴里·康芒纳出版了《封闭的循环》，将生态问题的矛头指向技术。该书一经问世即引起轰动,美国《企业周刊》评论其为《寂静的春天》之后有关环境问题最好和最有挑战性的书之一。而利奥波德于 1949 年发表的《沙乡年鉴》一书在经过很长一段时间的沉寂之后,在 70 年代逐渐变成热门书,相关的大地伦理学研究蓬勃展开。阿恩·奈斯于 1972 年发表的《The shallow and The Deep, Long-Range Ecology Movement:A Summary》,首创了"深层生态学"这个词,深生态与浅生态进入生态学研究的学术视野。另外,辛格的《动物的解放》于 1975 年出版。从此,与以往的生态运动不同,一种关注人们深层价值观的环保思潮开始流行,一种真正的生态哲学开始建构。然而直到罗尔斯顿 1986 年出版的《哲学走向荒野》以及两年后出版的《环境伦理学》,生态学的理论研究都未能圆满解决其中存在的价值困境。如颇具代表性的是,西方出现的立足于《圣经》的基督教的绿色化运动,将传统的人类中心主义的自然观,亦即将自然作为一种资源来看待的自然观,转变为"托管理论",意即人是作为上帝的代理人代为管理自然。但"托管理论"仅是一种有限的妥协,并不符合深生态运动所坚持的生态中心主义。在总体上,西方对于环境问题的研究在许多领域进展颇多,但是生态哲学的建构因囿于一定的局限而进入困境。

有鉴于此,包括罗尔斯顿在内的许多西方生态学家努力向东方寻求思想资源以帮助解决生态伦理学的困境,希望借助禅宗的力量帮助西方人回归自然,使人类能够拥有更好的生存境遇。"环境哲学家们已转向佛教,将佛教视为构建一种新生态伦理学的概念来源。"①罗尔斯顿曾讲:"中国人已在中华大地上休养生息了数千年,而科罗拉多州有人(至少是欧洲人)居住的历史还不到 200 年。西方人也许应该到

---

① 安乐哲编:《佛教与生态》,南京:江苏教育出版社,2008 年,第 1 页。

向道而生

东方去寻求人与自然协调发展的模式。"①作为与自然和谐相处的典范,罗尔斯顿把禅宗正式列为考察的对象,著文《尊重生命:禅宗能帮助我们建立一门环境伦理学么》。罗尔斯顿希望通过对禅宗"青青翠竹"、"郁郁黄花"等佛性论的诠释而为生态伦理学扩展伦理对象的疆域,为人类保护自然提供合理性论证。

但问题并非那么简单。禅宗作为一种宗教,关注的是人的解脱,所有教义正如《金刚经》所说"以筏喻法",如果将某一教义片段取出无疑不符合佛教乃至禅宗"不立文字"所表示的对语言文字的超越,甚至将佛教格义成西方文化中已有之泛神论,则更加没有意义。因而如何对禅宗有关生态的思想进行合理化的理解与诠释即成为至关重要的问题。

作为生态哲学的思想资源,学界对禅宗思想的考察已有几十年了,成果丰硕但也有颇多问题,其中最严重的问题就是将两者简单比附的方法。一方面,这对生态哲学没有新的建设,"除非我们能对自己的集体认知状况有一个基本的清醒认识,否则我们就极有可能会陷入从佛教文本中萃取只言片语,来支撑我们现有的一些西方式观点的简单套路之中。"②另一方面,这对佛教的思想亦有歪曲,危害甚大,"在我们致力于将佛教作为自己文化中最不足之处的替代品时,最终可能会剥夺佛教自身最本质的某些要素。"③鉴于以上明显缺陷,我们认为,要实现禅宗与生态哲学真正的良性互动,只是做一些资料整理和解释工作是不够的,而要以更深层次的根本思想为基点进行讨论,惟此才能克服以上缺陷并实现两者的真正沟通。

---

①　罗尔斯顿:《环境伦理学》,北京:中国社会科学出版社,2000 年,第 7 页。
②　安乐哲:《佛教与生态》,南京:江苏教育出版社,2008 年,第 11 页。
③　同上,第 329 页。

二、禅宗与生态哲学的互动基点:人生之"苦"

禅宗作为佛教的宗派,其思想理论的构建在于实现人的解脱,禅宗中的任何命题都是为了实现这一目的。如果自然或者生态与人的解脱无关的话,禅宗并不会对自然表示任何的关心。因此,自然与解脱的关系则决定了禅宗对自然的看法,这是对禅宗思想进行生态诠释的基点。沿着佛教的思路,首先要理解的是为什么需要解脱?佛教的回答是,人生是痛苦的,佛陀初转法轮以四谛教示众生,苦谛乃其一。佛教之所以研究种种环境问题及其根源,也正因为这些问题给人类带来了极大的痛苦。

苦在佛教教义中有各种解说,最基本的是生、老、病、死四苦,这是佛教安立教义、趋向解脱的预设前提,也是一个事实陈述,如果没有苦和烦恼,解脱就是无稽之谈,无缚何用解?虽然禅宗常用"无缚何用解"来说明人本心的状态,但并非就表明无数凡夫在事实层面已经解脱了,而仍应视此种命题为趋向解脱途径的暗示,而实无途径可得,两种矛盾的说法其实揭示的还是"人生即苦"这一基本事实。

在佛教思想背景下,生、死之苦既不能减少,也不能增加,凡夫是不能改易的。老作为趋向死的必经过程,凡夫也是不能改易的。唯独四苦之病,即使通过凡夫的方法,也能增加与减少。生态问题无疑作为增上缘甚至是因缘使得人的"病"增加了,无论是病的种类,还是病的程度,都不断受到生态问题的影响而增加,变得愈发严重。生态问题之所以要受到禅宗乃至佛教的关注,是因为生态问题使人产生了烦恼和痛苦:人不能不为受到农药积淀而致癌感到痛苦,不能不为饮用水水源的污染感到烦恼,不能不为上升的海平面将淹没自己的家园感到烦恼……

人因为生态问题产生的种种"苦"与"烦恼"直接或间接地影响到人们的身心健康,"环境的退化是当今对全球人类健康形成最大威胁的另一个重要的因素。据世界卫生组织估计,约有四分之一的全球性疾病和伤害是与环境的污染和退化相关的。对于某些疾病而言,环境所产生的影响甚至远远超过其他因素。"①从 1965 年佛罗里达州出现脑膜炎,巴里·康芒纳就警觉到:"不断增长的地下水有机物污染,打破人和动物与土壤病源之间的天然的、生态上的隔离界限,打开了装有各种各样疾病的和有毒的危险物的潘多拉魔盒。我认为,如果我们不搞清楚当前水污染的根源,这些危险的加倍增长的影响,在将来就会成为对人类健康的极大威胁。"②污染已经侵袭到人所生活的方方面面,不管是水、空气、土壤,还是食物(包括蔬菜、家禽等)、家具,甚至是光污染、声污染等都遍布在人们的周围。

生态问题不仅作为身体疾病的增上缘,同样也是心理疾病的增上缘,正如精神分析学派的看法,弗洛伊德认为文明对人性的压抑造成了人的一种普遍不满情绪,弗洛姆认为是人从自然的脱离使得人失去了保护,并使人进入了焦虑的状态之中。存在主义哲学是在对焦虑的研究中发展起来的,其根源在于十八世纪特别是两次世界大战以来,人们失去了对理性的信仰,世界变得陌生甚至让人感到不安。可见,焦虑并非一个简单的个人问题,而是一个具有普遍性的社会问题。进入风险社会之后,焦虑更加成为一个值得关注的问题。贝克认为,在风险社会中,"焦虑的共同性代替了需求的共同性"③,更有学者如阿

---

① 希拉里·弗伦奇:《消失的边界》,上海:上海译文出版社,2002 年,第 54 页。
② 巴里·康芒纳:《封闭的循环》,长春:吉林人民出版社,2001 年,第 179 页。
③ 贝克:《风险社会》,南京:译林出版社,2004 年,第 57 页。

第四章　禅宗思想的生态诠释

兰·斯科特提出"风险社会还是焦虑社会"①的命题,这其中一个重要的增上缘就是生态问题,"我们开始很少担心自然能对我们怎么样,而更多地担心我们对自然所做的。"②而我们对自然所做的,所产生的风险反过来是要人类担当的,正如全球变暖一样,反过来使得我们产生对生活环境的普遍焦虑,成为心理"病"态的不健康状态。

从理论视角看,生态学虽然有着非人类中心主义甚至是反人类中心主义等诸多面向,但是不管是哪种理论,其产生都是基于生态问题对人类的种种危害,人类不堪其苦而寻求原因与解决之道,这是毋庸置疑的。因此,禅宗思想与生态学两者希望解决的问题是基本相同的,这也使两个思想系统之间进行相互诠释、借鉴与互动具有了理论上与现实上的可能性。但从这一基点出发再深入下去就会发现,两者面对"苦"这同一个问题给出的答案是不同的。佛教认为苦的原因就在于"无明",由于无始熏习,俱生我执而不空,才有种种烦恼。铃木大拙提出"无明是逻辑的二元主义的另一名称"③。这一解释可谓是对无明的现代化诠释,是具有合理性的。佛教的解脱就在于通达佛教的正见,通过消除无明来解脱人生的诸般苦恼。

生态哲学与禅宗不同,希望通过肯定自然的价值等方法改变人们对生态的错误看法,解决环境污染等问题并改善人的生存环境,以此来消除人对环境问题的担忧及所受的痛苦。生态哲学也提出西方思想中二元对立的思考方式导致了人与自然的对立,并最终导致了环境问题。"人类失去了与自然的一体性,却没有获得在自然之外重新建立新的生存方式的途径。他的理性是幼稚的,它不懂自然的进程,也

---

① 阿兰·斯科特:《风险社会及其超越:社会理论的关键议题》,北京:北京出版社,2005年,第48页。
② 吉登斯:《失控的世界》,南昌:江西人民出版社,2001年,第28页。
③ 铃木大拙:《禅学入门》,北京:生活·读书·新知三联出版社,1988年,第43页。

没有代替其失去的本能的工具。"①西方生态哲学研究所表达的这类观点与禅宗具有相似性,但在解决生态问题的深层原因、解决方法与实现途径方面又多有不同,因此以禅宗为代表的东方哲学正可为当代生态哲学的建构提供不同的思想给养。

三、禅宗思想生态诠释的核心范畴: "无情"及"无情有性"、"无情说法"诸命题

(一)"无情"解说

禅宗从未直接谈论生态问题,对禅宗思想进行生态诠释必须以其固有的范畴与命题作为探讨对象。虽然禅宗以教外别传的态度实现了对语言的超越,但是语言本身就是实现对语言超越的必要途径,"若不依俗谛,不得第一义。不得第一义,则不得涅槃。"②在禅宗祖师看来,俗谛就是言说,所以通过禅宗的言说来了解禅宗的义理并不与教外别传相违背。禅宗思想中涉及自然、环境的范畴及命题主要是"无情",其相关命题又有"无情有性"与"无情说法"等。论述"无情有性"和"无情说法"比较有代表性的是南阳慧忠、洞山良价以及大珠慧海三位禅师。

《祖堂集》详细记录了慧忠关于无情有性与无情说法的论述,有南方禅客问慧忠禅师什么是古佛心,慧忠的回答是:"墙壁、瓦砾、无情之物,并是古佛心。"③慧忠基于心性无别而运用三界唯心、万法唯识以说

① 弗洛姆:《健全的社会》,北京:国际文化出版公司,2007 年,第 29 页。
② 《中论》,《大正藏》第 30 册,台北:中华电子佛典协会,2011 年,第 33 页。
③ 静、筠禅僧:《祖堂集》,郑州:中州古籍出版社,2001 年,第 117 页。

明，既然世间一切都是"心"，那么三界之内的无情物怎么会超出"心"的范围之外呢？以此来证立"无情有性"。

慧忠由"无情有性"进一步证立"无情说法"：无情说法，并且炽然说，恒常说。当南方禅客追问，为什么我不闻无情说法？慧忠回答，你不闻并不妨碍其他有闻无情说法的人，诸圣皆可与闻无情说法。南方禅客再问慧忠自己是否闻无情说法，慧忠答不能，禅客追问一切众生得闻否？慧忠认为众生都不闻。

从"无情有性"到"无情说法"的论述是统一的，都表示无情是否有性以及是否闻无情说法皆在于迷悟的区别。悟则心性是同、无情有性，得闻无情说法而同诸圣；迷则滞于心性，无情无性，不闻无情说法而为众生，难得解脱。

南阳慧忠创唱无情说法，洞山良价参究南阳慧忠无情说法之论，未得其义，往参沩山灵佑，终不能对机，再往参云岩昙晟，"径造云岩，举前因缘了，便问：'无情说法。什么人得闻？'云岩云：'无情得闻。'师云：'和尚闻否？'云岩云：'我若闻，汝即不闻吾说法也。'师云：'某甲为什么不闻？'云岩竖起拂子云：'还闻么？'师云不闻。云岩云：'我说法，汝尚不闻。岂况无情说法乎？'师云：'无情说法，该何典教？'云岩云：'岂不见《弥陀经》云：水鸟树林悉皆念佛念法。'师于此有省。"①

洞山与云岩在问答中关心的问题在于无情说法，何人得闻？无情说法无情得闻。简而言之，前一个无情是无情物，后一个无情当指有佛性或得佛果的人，但两者在"空"的意义中是统一的，这种理解与慧忠的回答是一致的。

荒木见悟以朱熹和大慧宗杲的对比来分析儒家和禅宗，认为一个

---

① 《瑞州洞山良价禅师语录》，《大正藏》第 47 册，台北：中华电子佛典协会，2011 年，第519 页。

重要不同就在于"情",在朱熹那里,情是性的作用发动,而佛教把情作为情执妄想极力排除,"儒家的本来圣人和禅家的本来成佛都把'本来'挂在嘴上,然而如果深入的进行考察,如上所说,两者之间却存在着极其重要的差异,这就是承认还是不承认情的积极性价值,建立或不建立尽善尽美的条例作为性必备的道德。"①无情说法无情得闻中的后一个无情,指的就是抛弃了"情"的状态。

慧忠与洞山将无情有性与无情说法作为"悟"后的状态而肯定其确实性,然而并非所有禅师都赞同无情有性与无情说法,反对之声最强烈的就是大珠慧海。"若无情是佛者,活人应不如死人,死驴死狗亦应胜于活人。经曰:佛身者即法身也。从戒定慧生,从三明六通生,从一切法生。若说无情是佛者,大德如今便死,应作佛去。"②"华严座主问大珠和尚曰:'禅师何故不许青青翠竹尽是法身,郁郁黄华无非般若?'珠曰:'法身无像,应翠竹以成形;般若无知,对黄华而显相。非彼黄华翠竹而有般若法身。故经云:佛真法身犹若虚空,应物现形如水中月。黄华若是般若,般若即同无情。翠竹若是法身,翠竹还能应用。座主会么?'主曰:'不了此意。'珠曰:'若见性人,道是亦得,道不是亦得,随用而说,不滞是非。若不见性人,说翠竹著翠竹,说黄华著黄华,说法身滞法身,说般若不识般若,所以皆成诤论。'"③

大珠慧海认为无情乃般若与法身之显像,而反对无情有性。"所谓公案者,祖师临机应变,救学者病痛之苦,不可坚拘执以为常法。"④对于无情有性的明确反对是在与华严座主的交流中表达的,华严宗作为事理圆融的宗派,无情有性是其题中之意。然而华严座主拘执此理

---

① 荒木见悟:《佛教与儒教》,郑州:中州古籍出版社,2006年,第214页。
② 大珠慧海:《景德传灯录》,成都:成都古籍出版社,2000年,第601页。
③ 《大慧普觉禅师语录》,《大正藏》第47册,第875页。
④ 忽滑谷快天:《中国禅学思想史》,上海:上海古籍出版社,1994年,第604页。

而问,使得大珠慧海强力反驳。最后以见性人与不见性人来区别,见性人说无情有性或无性都不是错,但是不见性人闻翠竹则执著翠竹,闻黄花则执著黄花,向外求解脱,所以才破无情说法。

诸法一相,所谓无相,般若中观的意义正在于领悟无自性即空性,诸法只有在空的意义上是平等的,所以悟道者能了然诸法本空的意义,翠竹、黄花、法身、般若都是平等的,所以说翠竹是法身,黄花是般若,同样的也可以说翠竹是黄花,法身是般若。但是没有悟道者闻禅师说翠竹,就执一个有自性存在的翠竹,那样与空不相干的翠竹,怎么会是法身呢,这就是大珠反驳华严座主的原因。

慧忠创唱无情说法、洞山由无情说法而悟入,大珠反对无情说法,看似矛盾,其实是一致的,所以大慧宗杲言:"国师主张青青翠竹尽是法身,直主张到底。大珠破青青翠竹不是法身,直破到底。老汉将一个主张底,将一个破底,收作一处,更无拈提,不敢动著他一丝毫。要尔学者具眼,透国师底金刚圈,又吞大珠底栗棘蓬。具眼者辨得出。不具眼者未必不笑。"①大慧宗杲从看似矛盾的肯定与否定中体味两者之一致:只是一个"空",慧忠说翠竹是法身,因为翠竹与法身尽皆是空,本来无生,更不分别;即使空也不能否定其起用和形色,所以大珠说翠竹不是法身,尤其在凡夫眼中,翠竹不是空,是具有自性的外在于"我"的绿色植物,说它是法身,只会让学人一味外求,堕于种种戏论。要之,禅宗对"无情"的解说揭示了"空"的真谛,确立了禅宗的思想宗旨,这也成为任何生态哲学进行相关诠释不可移易的思想根基与出发点。

---

① 《大慧普觉禅师语录》,《大正藏》第 47 册,台北:中华电子佛典协会,2011 年,第 875 页。

（二）对泛神论与杀生行为的诠释

从对"无情"范畴及"无情有性"、"无情说法"命题的探讨开始，禅宗的话语中就存在着很多属于"无情"的意象与素材。比如作为主要话头的"佛是什么"，禅师宗匠会给出很多答案，如柏树子、麻三斤、萝卜、燕子、禾麦等等。表面看来，禅宗的这种回答似乎具有某种泛神论的意味，但就禅宗的本义来说，它是旨在通过这些日常性、随意性的说法来让世人了悟佛性普遍而平等地存在于世界诸法之中，这些随机而起的答案只是一种让人顿悟的机锋，并不具有实在的意义，人们不应执著于其上。但从生态学的一般意义上来说，还是可以对禅宗的这种解答作一定程度的诠释与转换，使之可以与生态哲学相沟通。这主要体现在：禅宗毕竟以确切的形式将某种生命性的具象与佛性相结合，佛性就体现于诸种生命存在形式之中，因此，世界之内的生命都因具有某种尊贵的佛性而具有内在性的价值，都理应成为值得珍视的存在。在禅宗思想中，用世间万物喻示佛性的例子还有很多。

长沙景岑禅师善用"露柱"来回答佛是什么，露柱就是佛殿中露出的柱子。"问：'如何是无情说法？'师指东边露柱云：'他说得。'僧云：'什么人得闻？'师指西边露柱云：'这个师僧得闻。'"[1]"问：'动是法王苗，寂是法王根。如何是法王？'师指露柱说曰：'何不问大士？'"[2]露柱的回答大概肇始于石头，有人参石头希迁，问祖师西来意，石头回答"问取露柱"[3]。

云门文偃则运用"干屎橛"来回答佛是什么，文偃开创云门宗，素

---

① 静、筠禅僧：《祖堂集》，郑州：中州古籍出版社，2001年，第577页。
② 《五灯会元》第一册，北京：中华书局，1984年，第210页。
③ 同上，第256页。

107

第四章 禅宗思想的生态诠释

以机锋峻烈著称。"问:'如何是释迦身?'师云:'干屎橛。'"①"机锋、话头中禅师说些什么不是重要的,重要的是他为什么这么说。例如,禅师说释迦是干屎橛,诸佛如厕孔,并不是说诸佛真是这类东西,而是通过这种比喻让问话的人领悟到,诸佛无处不在。"②把尊贵的佛、清净法身同干屎橛、厕坑头筹子、麻三斤等扯到一起,"旨在破斥学人对佛的清净性的执著,打破参问者的忘情执见,使之恍然大悟。"③

如上文所引,干屎橛既可以被理解为有义语,在于立,诸佛无处不在;也可以被理解为无义语,在于破。破斥问话者对佛是某个东西或自性存在的执著,同样的,希望破斥学人对佛清净性的执著,也是立。在禅宗那里,两者是一贯而统一的,因为禅师希望通过黄花、翠竹、露珠、干屎橛等等所要表达的只是一个"空"的世界,在这个世界中,并不存在肯定与否定。

翠竹黄花、墙壁瓦砾甚至是露柱与"干屎橛"本质上并没有差别,即在真谛空的意义上,诸法是平等的,不管是黄花等世间法,还是般若如来等出世间法。生态哲学看到了禅宗以万物是佛的理论基础上实现对外物生灵的尊重,就以为是泛神论,这种错误就在于只看到了禅宗与泛神论在表现上的相同,即世间一切法的平等,但并没有深究平等的基础,禅宗是在空的基础上谈诸法平等的,"以有空义故,一切法得成。若无空义者,一切则不成。"④正是在这种空义的基础上,禅宗将种种黄花等种种无情与说法的如来相等同。但是如果像泛神论一样,认为诸法之中存在一个外在于"空"的神,这就是非空之上的平等,是要受到禅师的破斥的。

① 《云门匡真禅师广录》,《大正藏》第 47 册,第 55 页。
② 赖永海:《中国佛性论》,上海:上海人民出版社,1988 年,第 211 页。
③ 吴言生:《禅宗哲学象征》,北京:中华书局,2001 年,第 297 页。
④ 《中论》,《大正藏》第 30 册,台北:中华电子佛典协会,2011 年,第 33 页。

让生态哲学最困惑的不是禅宗是否是泛神论,而是慈悲并实践放生的禅宗也存在着杀害生命的事例。这就需要探寻禅宗在反常行为背后的思想意义。以杀生行为成为公案而著称的有两位,就是南泉普愿与归宗智常。

南泉普愿是与西堂智藏、百丈怀海同为马祖门下三大士,马祖曾评价,"经入藏,禅归海,唯有普愿,独超物外。"①可见南泉之家风,超然物外,虽不为物所惑,亦难为人所解,起于马祖,而传至南泉,"奇言畸形,权也,正言正行,常也。在纯禅时代,宗师正言正行,质直说法,入禅机之代乃出奇言畸行之徒。"②梁启超称唐以后无佛学,原因亦在于此,"禅宗盛行,诸派俱绝。踞座棒喝之人,吾辈实无标准以测其深浅。"③所以禅宗中善用禅机的禅师向来是受到争议的,并非是生态哲学开始的。

"南泉东西两堂争猫儿,泉来堂内提起猫儿云:'道得即不斩,道不得即斩却。'大众下语皆不契泉意,当时即斩却猫儿了。"④这就是著名的南泉斩猫的公案。除了这一公案外,还有归宗斩蛇,"师割草次,有讲僧来参,忽有一蛇过,师以锄断之。"⑤这一行为引起了僧人的质疑,责备归宗是粗行杀门。

这两段是禅林著名的公案,大慧宗杲将其拈到一处以示其义,"归宗斩蛇,南泉斩猫儿,学语之流,多谓之当机妙用,亦谓之大用现前不存轨则。殊不知,总不是这般道理。具超方眼,举起便知落处。若大法不明,打瓦钻龟何时是了。"⑥这段话只是在批评在两则公案做文字

①　《马祖道一禅师广录》,《续藏经》第 69 册,台北:中华电子佛典协会,2011 年,第 3 页。
②　忽滑谷快天:《中国禅学思想史》,上海:上海古籍出版社,1994 年,第 179 页。
③　梁启超:《佛学研究十八篇》,天津:天津古籍出版社,2005 年,第 13 页。
④　《古尊宿语录》,《续藏经》第 68 册,第 77 页。
⑤　《五灯会元》第一册,北京:中华书局,1984 年,第 145 页。
⑥　《大慧普觉禅师语录》,《大正藏》第 47 册,第 891 页。

功夫的人，大慧真正所指还要联系上下文。

大慧在文前举古德"学道访无心"①，观诸法性空，亦不住空，空亦复空，此乃无心。在文后又"欲空万法，先净自心"②，大慧以净自心作为空万法的前提。所以在这种意义上，南泉斩猫和归宗斩蛇都是破掉非"空"上的不平等，猫是你的我的？猫有佛性还是无佛性？斩蛇是不是粗行？粗和细？这种种的区别都是不平等，都应为没有"无心"、"净心"，都没有体味诸法自性空的意义。其他的如延庆法端截蚯蚓来质问佛性在哪头，都是一个意思。

要之，对"无情"及"无情有性"、"无情说法"诸命题，从生态哲学的视角来看，当有两重理解。其一，从无情有性与无情说法到露柱、干屎橛，再到南泉斩猫、归宗斩蛇，禅师宗匠千说万说，只是要说在"空"的世界中诸法平等这个事实。禅宗坚持从观"我"之自性本空开始而体会诸法皆空。因此，对禅宗思想的生态诠释务必对"空"的思想有深刻把握，由此来考察和解决人生之苦才具有内在性的价值与意义。其二，在"空"的基础上，禅宗与生态哲学颇可相互诠释与沟通，这集中体现在佛性就存在于万物诸法之中，万物诸法即是佛性所在，有基于此，禅宗在根本精神上必然要求人们珍重世间诸般生命存在形式。哪怕是归宗斩蛇、南泉斩猫，其直接意旨在让人了悟佛性之空，但从更根本的角度，还是让人在了悟佛性之后以一种慈爱、悲悯之心善待世间生命。经此种诠释，关注生态、爱护生态亦不失为佛教禅宗基于空的佛性论基础上的思想要义，这无疑使禅宗与生态哲学建立起某种内在性的关联，禅宗之空的佛性成为对禅宗进行生态诠释的可靠立足点。

---

① 《大慧普觉禅师语录》，《大正藏》第 47 册，第 891 页。
② 同上。

四、禅宗生态之思的重心：
对真实健康与人生境界的关注

（一）禅：作为健康的方法与智慧

把握"空"的本质对理解禅宗的生态思想有根本性意义，但禅宗也在现实层面对人生多所关照。在凡夫境界，生、死之苦的解决看似无从下手，老又是从生至死的必经之路，作为四苦之一的病也常常与人如影随形。世人尝试从多种角度试图减少人生之苦，并为之设计了种种方法。对佛教而言，禅定乃是一种基本的宗教实践方法。《坛经》有谓："外离相即禅，内不乱即定；外禅内定，是为禅定。"指能对外在五欲六尘、生死诸相等无住无染，内心无贪爱染著、清净明了即是禅定，它是修菩萨道者的一种调心方法，其要在于净化心理、锻炼智慧以进入诸法真相的境界。作为一种修行方法，禅定的目的是人的解脱，而非以健康为直接目的，将解脱作为目的则意味着禅定背后是佛教的整个思想体系。

事实证明，代表古代印度冥想传统的禅定对于疾病有切实的改善作用，并且不管操作者是否信仰佛教，不管是东方人还是西方人，"有一些人开始禅修，仅仅是出于好奇心，或者是期盼分享禅修对一个人的身体健康所带来的裨益，如改善身体的状况与心境，医治某些疾病等。"[1]这一现象相当普遍，通过佛教信仰而改善健康状况的典型就是药师佛信仰，药师佛有十二大愿，其第六愿"诸根具足，身分成满"与第

---

① 安乐哲编：《佛教与生态》，南京：江苏教育出版社，2008年，第158页。

七愿"众患悉除,无诸痛恼"影响尤大。与之类似,一般普通民众也愿意积极地参与禅定修行来获得身心的安顿。不管禅修者是否出于实现健康的目的,健康确实作为禅修的结果而出现,这一点与生态学不约而同,从蕾切尔·卡逊揭示出生态问题,再到对人类中心主义的反思,进而提倡非人类中心主义,更有甚者提出反人类中心主义的盖亚理论等等,虽然理论立场不尽相同,但人类的健康确实作为可预见的切实的结果,在生态学发展过程中被大多数人所渴望。在这方面,禅定对健康的独特理解可供生态哲学借鉴。

作为一种修行方法,禅定在佛教与外道中并无差别,在佛教之前的外道都能习得四禅八定,只有九次第定之灭尽定是不共外道的。佛教六度之中,智慧经常被比喻为眼睛,具有引领的作用,"六度之中,般若为第一"。[1] "禅定因为是心理上的心的锻炼,所以自身是盲目的,唯有加上智慧之眼,才得以实现真理"。[2] 相传佛陀出家跟随阿逻逻迦罗摩(卡拉玛)和郁陀迦罗摩子(勒玛子)学习禅定,在前者处达到了无所有处定,于后者处达到了非想非非想处定,臻至于微妙的禅定境界,但是当从禅定出来,心又回到平常与烦恼相应的境地,"所以这只是以禅定而心寂静,并不能说已得真理。禅定是心理上的心的锻炼,但是真理却是合理性的,是以智慧而得到的,因此释迦认为只依他们的修定主义方法,并不能解脱生死之苦,所以就离开他们。"[3] 离开般若智慧而独自强调禅定的方法,被禅宗认为是一种应该被破斥的执著,最典型的是维摩诘对舍利弗的训导以及"磨砖做镜"的公案。

舍利弗在树下打坐,却被维摩诘所呵斥,"不必是坐,为宴坐也。夫宴坐者,不于三界现身意,是为宴坐;不起灭定而现诸威仪,是为宴

---

① 《摄大乘论释》卷八,《大正藏》第 31 册,第 208 页。
② 平川彰著:《印度佛教史》,台北:商周出版,2002 年,第 45 页。
③ 同上,第 44 页。

坐;不舍道法而现凡夫事,是为宴坐;心不住内亦不在外,是为宴坐;于诸见不动,而修行三十七品,是为宴坐;不断烦恼而入涅槃,是为宴坐。若能如是坐者,佛所印可。"①这段话旨在表明在内与外、烦恼与涅槃、道法与凡夫事、灭定与威仪显现、不动诸见与三十七品修行等相对的"二"中,强调"不二","不二即空"。

马祖道一在衡山常习坐禅,怀让以磨砖做镜来开导马祖:"磨砖既不成镜,坐禅岂得作佛。一曰,如何即是?师曰,如牛驾车,车若不行,打车即是,打牛即是。一无对。师又曰,汝学坐禅,为学坐佛?若学坐禅,禅非坐卧。若学坐佛,佛非定相。于无住法,不应取舍。汝若坐佛,即是杀佛。若执坐相,非达其理。"②在怀让对马祖道一的教导中,最关键的是禅非坐卧、佛非定相所体现出来的意涵,坐相、佛相皆不可得,自性不可得即空,世间有为法空,于生、住、异、灭流转而不住,无为法相待有为法亦空,所以都是无住法,无暂住自性可得,都在念念谢灭之中。

上述两则事例皆以坐禅为批判对象,指斥其对于佛教解脱最终目标的偏离。柳田圣山在解释以维摩诘为代表的大乘佛教对部派的批判时认为:"大乘佛教之所以这样(责难旧时的佛教徒),也不无原因:早期的出家弟子们的冥想,气候逐渐僵硬化了,竟倾向于一种遁隐作风,满足于主观的自我,而又纯粹逃避现实之嫌。"③大乘佛教对部派佛教坐禅的批判其旨并非是批判坐禅本身,而是批判凡夫的自性执著,批判这种执著舍离了"慧"(智慧)而独以"禅"(形式)为解脱法门。

禅本身所蕴含的"慧"指的就是对佛教中"空"、中道、万法造作迁流等的证悟。《中论》讲:"不生亦不灭,不常亦不断,不一亦不异,不来

---

① 《维摩诘所说经》卷1,《大正藏》第14册,第539页。
② 《五灯会元》卷3,《续藏》第80册,第69页。
③ 柳田圣山:《中国禅思想史》,台北:台湾商务,1992年,第27页。

亦不出。能说是因缘,善灭诸戏论。我稽首礼佛,诸说中第一。"①《中论》通过"八不"来诠解"因缘",通过因缘而灭以有、无为代表的诸种戏论,"有"者以诸法为真实,"无"者则以一切为断灭。只有因缘才能离有、无两种戏论,缘起即性空,离有见;性空不碍缘起,离无见。"虚狂妄取者,是中何所取。佛说如是事,欲以示空义。"②依青目的解释,"虚妄妄取"即是"行","诸行生灭不住无自性,故空"③。在五蕴中,"行"包含范围极为广泛,在《俱舍论》体系当中,除了色、受、想、识四蕴之外,诸余心所及十四不相应心所,共五十八法都是行蕴所摄。不仅如此,色等四蕴,都可以被名为"行",只是因为"行蕴"特性的偏重,故独名"行",行蕴的特征即是"造作迁流"④,指世间一切事物的意念、行为活动等都处于永恒的变迁、流变过程中。

《俱舍论》所说的"行"与怀让所说的"于无住法,不应取舍"的"无住法"所呈现的这种诸法造作迁流义,在生态学中已有类似进展,巴里·康芒纳认为,生物圈中的人所犯的第一个错误,就是"我们破坏了生命的循环,把它的没有终点的圆圈变成了人工的直线性过程……"⑤这一个"错误",正与康芒纳归纳的四条生态学法则都紧密相连:"每一种事物都与别的事物相关"⑥、"一切事物都必然要有其去向"⑦、"自然界所懂得的是最好的"⑧、"没有免费的午餐"⑨。人类将很多的废弃物排出城市,排入自然,就以为消失了。如同福柯所描述的作为驱逐疯人的途径之一的"愚人船",人们以为,被驱逐出城市的疯人离开良心

---

① 《中论》卷1,《大正藏》第30册,第1页。
② 《中论》卷2,《大正藏》第30册,第17页。
③ 同上。
④ 《俱舍论颂疏论本》卷1,《大正藏》第41册,第822页。
⑤ 巴里·康芒纳著:《封闭的循环》,长春:吉林人民出版社,2001年,第8页。
⑥ 同上,第25页。
⑦ 同上,第31页。
⑧ 同上,第32页。
⑨ 同上,第35页。

的堡垒,就会自动得到净化。在当今时代的人类活动中也是如此,工厂或者个人只要以为将污染排除在视域之外就会有个什么机制对此进行净化,然而这个观念正如康芒纳所说是极其错误的,一切事物必然要有其去向。

人类违背了迁流的真相,破坏生命的循环,最后必然被自然所惩罚。1962 年问世的《寂静的春天》向世人表明,上世纪 60 年代严重的生态灾难,与 20 年前 DDT 的广泛使用有内在关联。与此类似,1955 年,为了消灭日本甲虫,伊利诺斯州东部喷洒狄氏剂,其毒性是 DDT 的 50 倍,包括百灵鸟、白头翁、知更鸟在内的几乎所有鸟类"实际上都被消灭了","对甲虫发动战争以后,在萨尔顿地区的任何农场中若有一只猫存下来,真是件稀罕事。"[①]这还没有结束,包括 DDT、艾氏剂等等农药通过动物、昆虫的尸体分解进入土壤、地下水、河流等等,最后都完美地实现了生命的循环而回到人的身上,如果说肾上腺、睾丸、甲状腺乃至肝脏等等贮存着一定量的农药,还能说是健康的话,那么这无疑是一种自欺欺人了,"由于这些微量的杀虫剂可以点滴的贮存起来,但却只能缓慢地排泄出去,所以肝脏与别的器官的慢性中毒及退化病变这一威胁的看法非常真切地存在着。"[②]与此类似,广泛的空气、水源、土壤污染,如果以为自有一个去处,而与人不相关的话,恐怕无疑是一种幻想了。

禅是基于在对人"病苦"的关注,观察到作为健康"违缘"的生态问题,在实现健康的过程中,改善身体状况成为禅的宗教修养方法的附属成果,在佛教思想体系中,相对于"定"来说,更为重要的是"慧",亦即解了万法皆空、诸法缘生、迁流造作的智慧,这与生态学所强调的循

---

① 蕾切尔·卡逊著:《寂静的春天》,长春:吉林人民出版社,1997 年,第 81 页。
② 同上,第 17—18 页。

环理念颇为相合,揭示出世界的真实状态,也为人生真实健康的实现奠定了基础。

(二)超越健康:禅对人生境界的提升

透过世界迁流、循环这一核心环节深入下去,即可发现佛教与生态学所理解世界的真实存在根本差异,按照佛教的说法,即世间与出世间的差别。在佛教历史上有关于"迁"的一个著名命题,就是僧肇"物不迁",看似与怀让"于无住法,不应取舍"的"无住法"相矛盾,前者强调静止,后者强调迁流,但其实际所揭示的意义是相同的[①],同为诸法无自性之"空"义,以此则可消除烦恼而达到解脱。佛教认为凡夫所生活的世界乃世俗世界,"世间者,是可毁坏义"[②]。世间具有可毁坏的性质,这与有为法生、住、异、灭的状态有关,没有保持其不变的自性存在,可毁坏义就是迁流义,就是空义。相对于"迁流"的世间,透过迁流而进入的"空"则是对出世间的描述,所谓"无常则是空之初门"[③]。

从这个角度来考察健康,按照佛教的理解,即使保有世间所认为的身、心健康,其实也不健康,经论常以贪、嗔、痴三毒为众生根本"病",比如"菩萨摩诃萨行六波罗蜜时,见众生有三毒四病。当作是愿,我作佛时,令我国土众生无四种病、冷热风病、三种杂病及三毒病,乃至近一切种智"。[④] 这里提到的四大种病,即地、水、火、风,即常见为四大不调为病的说法,有"四大不调,四百四病"的说法。虽然有据此而出的医方明(医学),但是佛教之根本在于以三毒为病,尤以无明之

---

① 丁建华,《略论汉传中观学的三期发展》,《理论月刊》,2013 年 12 期。
② 《俱舍论颂疏论本》卷 1,《大正藏》第 41 册,第 819 页。
③ 《大智度论》卷 1,《大正藏》第 25 册,第 290 页。
④ 《摩诃般若波罗蜜经》卷 17,《大正藏》第 8 册,第 349 页。

痴为障碍解脱的最根本之病。

以三毒为病,三毒虽然被归为"不善心所",即心王之功能作用,也可以对应于心理学的某些内容,比如现代心理学以愤怒、焦虑、抑郁为危害最大的三大不良情绪,消极情绪当然也会损害身体内脏,《黄帝内经》"喜伤心,怒伤肝,忧伤肺,思伤脾,恐伤肾"的说法广为流传,这样是否就可以将三毒理解为心理不健康状态? 除了无明之痴比较难以对应外,贪、嗔等不善心所确实可以对应于心理不健康状态。四大不调的身体疾病,与不善心所之心理疾病,确实可以通过收摄意识的禅定来调节,而达到一定的健康预期目标。

之所以说达到一定的健康预期目标,是因为佛教有一个更高的健康目标,姑且称其为"真实健康",因为在佛教看来,五蕴生身是因缘和合而成,其他诸法也是一样,人我空与法我空,佛教必不会仅仅以五蕴生身之调和为健康标准。禅宗"以石压草"的说法被广泛使用,憨山有过一段论述:"今参禅提话头,虽云着力,而微细生灭,流注潜行,如石压草,黯然不见。若不断生灭,如何得悟无生? 若非无生,又何以敌生死?"[1]参话头是禅宗发展过程中一种修行方式,指人专心于某一话头,日参夜参,久久纯熟,"忽然虚空迸碎"。憨山在此用石压草的比喻说明在参话头过程中念头流注顿歇,就如同被石头压伏的草一样,草并没有消失,也没有停止生长,只是让你看上去不见了,等拿开石头一切依旧,这里的草比喻为烦恼的念念生灭。憨山认为,参禅过程中最为重要的是断生灭、悟无生、敌生死,这与上文提到的维摩诘、怀让等并无二致,着眼于般若空慧,佛教的健康超越于世间法心理学、生态学、医学等理解的健康,因为世间法不会认为寂静常乐为乐,只会认为这种没有烦恼的寂静状态是佛教提倡的某种"消极快乐",而佛教则几乎

---

① 《憨山老人梦游集》卷6,《续藏》第80册,第501页。

视此为最大的积极快乐。

《菩萨璎珞经》在阐述"众生诸苦源本"的病苦部分讲："三者病苦。一大增则一病增,四大增则四病增,一大灭则一病灭,四大灭则四病灭。云何族姓子病为起灭,为不起灭？尔时菩萨名本灭,前白佛言,世尊,四大本灭,非起灭也。佛言,族姓子,云何四大本灭,非起灭？答曰,本无四大今生非本有,是故本灭非起灭。……佛言,族姓子。本灭起灭,何由而生？答曰,无生故生。"①这段话一方面阐述了佛教思想中以"四大"来理解"病"的思路,另一方面也阐述了随四大增减而成疾病的起灭实非起灭,之所以在实际层面上没有四大的起灭,正由于"无生",亦即"空",意味四大并非是真实存在,而是虚假安立。由此,佛教将常识层面的疾病提高到形上层面以空慧对治,这正是佛教以超越常识健康的理念而希望实现的包含身心在内的"真实健康"。

弗洛姆曾讲："人必须去寻求解决其生存矛盾的新的方法,寻求人与自然、人与其同类之间更为高级的融合方式。"②他所指出的为了健康而追求的"更为高级的融合方式"是以社会的健全实现人的健康,而生态学则主张遵循自然尤其是其迁流、循环的规律以实现人的健康,进而需要承认自然本身的价值等以便我们更好地尊重、遵循自然。以禅为代表的佛教思想则从人出发,揭示了世界包括人与自然的真实关系以实现"真实健康",其本质是对身体与心理健康的超越,将健康理念提高到一个新的以空慧对治各种疾病的更高层面,人在这个层面中所要处理的不仅仅是身体与心理,还有包括人与自然关系在内的各种影响个体健康的因素,禅所主张的空慧在很大程度上具有以崇高的人生境界关照人的生态健康与自然生态健康的基础性意义。

---

① 《菩萨璎珞经》卷5,《大正藏》第16册,第44页。
② 弗洛姆:《健全的社会》,北京:国际文化出版公司,2007年,第29页。

五、总结：禅宗思想的生态价值

综上所论，禅宗与生态哲学所关注的都是人所面对的"苦"，但对苦的原因的探讨与解决的方法并不相同，这形成了二家相互比较、相互诠释的基础，也为当代生态哲学对禅宗相关生态智慧的汲取提供了可能性。禅宗对当代生态哲学的建构当在以下意义上有所启示：

就根本义来说，佛教认为，人的问题与生态问题是一个问题，基于对人生之苦的反思而得出万法皆"空"的智慧，从本源上表明包括人在内的宇宙生灵都是平等如一的，这对当代生态哲学力图去除人类中心主义的魔障，而寻求人与自然关系的新的合理模式，提供了有价值的思想资源。佛教认为人生之苦是因为无始无明之熏习，我执法执深重。禅宗希望通过"无情"范畴与生活中诸多的"无情"意象，使人抛弃种种自性实执与各类情识而进入"空"的平等世界，从而达到解脱。在禅宗中，黄檗的"无心道人"①，马祖道一的"平常心"②以及许多类似"饥来契饭，困来打眠"③的说法，其意旨均在于此。在佛教的观念中，一切有生命的物种在本性上是相同的，没有高下贵贱之分。《长阿含经》明确指出："尔时无有男女、尊卑、上下、亦无异名，众共生世故名众生。"④所以在《阿含经》中佛陀自称"我今亦是人数"，意思是佛与众生本来都是平等不二的，差别只是在能否灭除烦恼。能灭除烦恼的是佛，反之，是众生。

---

① 《黄檗山断际禅师传心法要》，《大藏经》第48册，第380页。
② 《马祖道一禅师广录》，《续藏经》第69册，第812页。
③ 《大慧普觉禅师语录》，《大正藏》第47册，第868页。
④ 《长阿含经》，《大正藏》阿含部类，卷十二。

生态问题的出现意味着人与自然关系的破裂,证明人类中心主义之上的人与自然的对立关系是错误的。生态哲学希望通过肯定自然的价值,以非人类中心主义来实现自然与人的平等,但种种实现平等的方式在没有改变思想之前多只是劳而少功。人类已经不再抱有"人当统治自然"这种独断的观念,正在寻找人与自然关系的新模式。在对理性、科学、自然等的理解上,东方文化的主流与西方文化信仰大不相同,"在东方,人并不因人而忘记自然……东方人之于西方人,有如乡下人之于城里人"①。禅宗有着"万法皆空"、"诸法平等"等根本观念,实现与自然动态和谐的根本在于在空的世界中达到平等的思想更是东方文化的精髓,生态哲学希望在禅宗这里获得的也正是这种看待世界的方式。

就第二义来说,禅宗在一些基本思想理念与方法上可以为当代生态哲学提供思想借鉴。

1. 拔苦与乐的慈悲思想。慈悲是佛教对宇宙人生具有根本性的关怀。相传佛在降生之时即立下誓愿:"三界皆苦,吾当安之。"(《修行本起经》)就慈悲思想的内涵来说,"慈"和"悲"分别指向佛教关怀众生的不同方面,慈为"与乐",悲为"拔苦",如《大智度论》讲:"大慈与一切众生乐,大悲拔一切众生苦;大慈以喜乐因缘与众生,大悲以离苦因缘与众生。"佛教视人生为苦海,参禅求道旨在脱离无边苦海,在与乐拔苦的慈悲精神中,"拔苦"更具有根本性与紧迫性。大乘佛教将这种慈悲精神发扬光大,如《观无量寿佛经》中说:"佛心者,大慈悲是。"《大智度论》亦云:"慈悲是佛道之根本。"救世济众成为大乘佛教所崇仰的那些佛、菩萨的共同誓愿,如《地藏菩萨本愿经》即明确表达这种誓愿:"若不先度罪苦,令是安乐,得至菩提,我终未愿成佛。"后人更为地藏

---

① 费尔巴哈:《宗教的本质》,北京:人民出版社,1999 年,第 54 页。

菩萨作对联曰:"地狱未空誓不成佛,众生度尽方证菩提。"慈悲作为佛教及禅宗的核心精神,要求人以"拔苦""与乐"的悲悯之心去尊重、关爱、保护万物生灵乃至江河大地,维持生态平衡,这对当代生态哲学具有明显的思想观照作用。

2. 造作迁流的整体观念。在某种程度上,"西方文化的天才型有很大一部分却存在人与自然不连续的观念。"①这种不连续的自然观与生态观也正造成了对待自然时相当严重的短视与片面,造成了诸多生态灾难。在佛教看来,在世界万法本性皆空的根本义上,万法又表现为一个不断造作迁流的平等的整体,在其中各物之间有着多种多样的联系,形成某种动态平衡的关系,这对于矫正西方"人与自然不连续的观念"颇有价值。事实上,当代生态学所揭示的生态圈的流动与联系同禅宗所揭示的诸法的迁流变化之义有异曲同工之妙,颇可相互沟通借鉴。生态学家莱文斯和莱沃丁认为生态系统在本质上就是一个动态平衡的有机整体。是"一种由它与它自己的部分相互作用、并与它所隶属的更大的整体相互作用而规定的结构"②。二者共同揭示出我们所生活的生态环境内部诸要素的紧密联系,世界范围内多种多样的案例表明生态乃是一个链条,少数几种生物生存状态的改变完全有可能引发大规模的生态环境危机乃至灾难。同时,生态环境与人的健康也关联密切,"在世界所有地方,贫困和恶劣的居住条件是疾病的主要原因之一。"③"减少传染性疾病发作的主要影响因素,是更好的饮食和环境的改善。"④在医学理论上,医学气象学与医学地理学所揭示的正是这样一种思维模式,即人类的健康从来不是可以单独思考的问题,

---

① 罗尔斯顿:《哲学走向荒野》,长春:吉林人民出版社,2000年,第83页。
② 转引自罗·麦金托什:《生态学概念和理论的发展》,北京:中国科学技术出版社,1992年,第155页。
③ 克莱夫·庞廷:《绿色世界史》,上海:上海人民出版社,第263页。
④ 同上,第262页。

更不能忽略季节、气候、地理位置等环境因素。在哲学层面,上述关于生态环境与个体健康的思考模式都表明禅宗所强调的有为法世界的"造作迁流"的整体观念对维护生态的健康与平衡富有启示意义。

3. 注重心灵生态的建构。在禅宗思想中,无论是其"无情"、"有情"等范畴及相关命题的讨论,还是对现实中三毒四病的疗治,以至于在人与自然平等一体的生态关怀来说,从根本上都有赖于对"空"的体认与了悟。而空慧在本质上正是一种心灵境界,在这种意义上,禅宗在根本上正是一种讲究心灵境界的哲学,人一旦对空有所体悟,方可实现心灵的健康,达到一种心灵的生态,由此即可指引和变现出现实的生态,其空慧对于自然的呵护呈现出一种全体大用的性质。美国当代思想家欧文·拉兹洛认为,"人类的最大局限不在外部,而在内部。不是地球的有限,而是人类意志和悟性的局限,阻碍着我们向更好的未来进化"①。哈贝马斯在《合法化危机》中也指出,现代人类所面临的内部自然(人格)生态危机是外部生态危机的深层根源。"回归自然,始于人的内部,不能实现这一首要任务,全面健康的环境生态将永远无法实现。"②这些都是讲的唯有心灵的健康化、生态化才可能实现现实环境的生态化。就此来说,在当代生态哲学的建构过程中,适当借鉴禅宗"空"的智慧,搁置其所含有的宗教性,从解决"人的问题"出发来实现"自然的问题"的解决,进而实现人与自然的和谐,是很有价值的一种选择。

4. 在一些具体方法方面,佛教与禅宗也有颇多可供借鉴的内容。如:

(1)破除我执,断绝贪欲。佛教认为万物众生皆是由五蕴在因缘

---

① 拉兹洛:《人类的内在限度》,北京:社会科学文献出版社,2004年,第15页。
② 刘蓓:《生态批评:寻求人类"内部自然"的"回归"》,《成都大学学报》,2003年2期。

中积聚而成,若妄执于主体之我或是身外之物,就会形成妄想分别,即是我执。我执在心理上表现为对外物的贪著之心及执取之欲,在认识上表现为无明,贪欲与无明正成为众生种种痛苦不幸的根源。人一旦有执取外物的贪欲之意,则必会产生相应之业,亦即一种以自我为中心的向外巧取资源、掠夺自然的诸般行为。《维摩诘所说经》卷上有云:"随其心净则佛土净。"显而易见,佛教主张破除我执并断绝贪欲,本是为了灭除众生轮回流转之苦从而使之获得解脱,但在客观上却也与生态哲学多有相通并有利于生态建设。著名历史学家汤因比曾对西方文明进行反思,"在所谓发达国家的生活方式中,贪欲是作为美德受到赞许的,但是我认为,在允许贪欲肆虐的社会里,前途是没有希望的。没有自制的贪欲将导致自灭。"[①]他认为:在东方宗教尤其是大乘佛教中,提供了正确对待欲望的态度,对建设良好的生态环境多有助益。

（2）不杀生、放生和护生。佛教有许多戒律和行为准则,其中首戒是不杀生戒,此亦即最重要的道德规范。《大智度论》卷十三云:"诸罪当中,杀罪最重。诸功德中,不杀第一。世间中惜命为第一。"杀生是最大的罪恶,不杀是最大的功德。所谓不杀生,具有广泛的内涵,如指不杀人,不杀鸟兽虫蚁,不乱折草木等,一切生命都在不得杀伤的范围之内;不杀生戒还指不仅自己不能杀生,也不可教唆他人杀生,甚至连有杀生之念或持有杀生的器具也断断不可,否则即是犯戒。佛教不杀生的思想体现着深刻的万物彼此平等一体的精神,同时也内蕴着生死轮回的观念与世界万物生命一体相连的观念。在佛教思想中,世界众生是与自己有某种亲缘乃至血缘关系的存在,不杀生也就是不杀伤自己的先辈甚至是父母宗族。因而不杀生戒在某种意义上也具有孝顺、

---

① 汤因比、池田大作:《展望二十一世纪》,北京:国际文化出版公司,1984 年,第 57 页。

慈爱的内在道德意义。立足于不杀生戒,佛教又衍生出"放生"、"护生"思想。所谓放生是指用金钱来购买被捕猎的鸟兽虫鱼等动物并将其放回山泽林池,使之重新回归自然,获得自由。所谓护生是指倡导运用各种有利于野生动植物生存的方式来积极保护野生动物,也反对有些人为了使他人有放生的动物而从事的捕猎售卖活动,可以说,护生是不杀生与放生的一种总结与概括,集中体现了佛教尊重一切生命的平等精神与慈悲精神,蕴含着极其深刻的生态伦理精神与人道主义精神。

(3)素食。佛教认为,人杀生的重要原因在于要满足口腹之欲,《大乘入楞伽经》提出:"凡杀生者,多为人食。人若不食,亦无杀事,是故食肉与杀同罪。"佛教提出要真正实现不杀生,就要改变以动物为食物的饮食习惯,而要提倡以植物为主食,实行素食主义。就客观效果来看,佛教提倡素食主义,能够有效保护野生动物资源免遭人为的破坏,对保存与恢复动物的多样性有明显作用。同时,因肉食动物的饲养往往需要大量的场地、饲料与其他自然资源,素食供应对自然资源的消耗与破坏相对较小,如果合理种植粮食、水果、蔬菜等,甚至本身即可能对土地、水源、空气、环境等具有改善作用。而且,一般说来,各种粮食作物、蔬菜、水果以及各种菌类等食品都富含多种营养成分,在"三高"在整个人群中呈高发态势的当下,素食对人的身体健康具有独特价值。因而,无论是就动物物种的多样性的维护,维护自然生态平衡,还是就保持人自身的身体健康而言,素食都具有一定的价值。

总之,佛教尤其是禅宗将生态问题视作人生问题,其根本要旨乃是通过在思想上认识"空"的智慧,由此来实现诸法的平等,提倡尊重一切生命的平等精神与慈悲情怀,进而实现对生态环境的保护。"空"具有浓郁的宗教性质,生态哲学不可能成为像禅宗一般的着迷于沉思的宗教,但是可以对之作理论的诠释与沟通,吸取相关可接受的部分来推动当下生态哲学的建构以及相应的生态实践,这一工作必将会对改变现在的生态现状具有积极意义。

第五章
老庄生态消费伦理观的当代启示

　　消费①活动是与人的生存直接相关的活动,它不仅是一个经济、社会现象,更是一个伦理问题。在人们的消费过程中,作为主体的人,总是自觉不自觉地受到一定道德价值观念的指导。我国历史上一直崇尚"崇俭黜奢"②的消费伦理思想,但当今社会,消费主义的价值观已逐渐成为时尚,甚至成为主要的消费伦理思想。现代"消费主义"价值观指导下的消费行为是"非生态"消费,它以激发人类无限欲望为特征,以环境资源的极大浪费和破坏为代价,造成并加速自然资源的耗竭和环境的退化、人们内心世界的焦虑和恐惧,使人类陷入生存危机。为此,我们不得不从根本上反思这些消费观念和消费方式,努力从历史哲学文化中寻找精神资源,为建构符合人类长远发展的生态消费伦理体系提供思想基础。在中外伦理文化中,适合我国现状的且最具生态意蕴的是老庄生态消费伦理思想。老庄生态消费伦理思想以道论为

---

　　① 消费的内涵比较丰富,从不同的角度我们可以看到不同的含义。本文取其经济学意义上的中性的含义——对生产资料和生活资料的耗费。
　　② 吴来苏、安云凤:《中国传统伦理思想评介》,北京:首都师范大学出版社,2002年,第106页。

哲学基础,以自然主义为特征,认为一个有道德的人要崇尚自然,过顺乎自然的消费生活。因此,我们有必要从生态伦理学的视角对老庄消费思想进行伦理性考察和探讨,通过阐释老庄消费伦理思想所体现的生态意蕴,指出其有利于消解消费主义破坏力、维护生态和谐的理论元素,以期为建构适合我国现实的生态消费伦理提供有益的启示,以构建有中国特色的生态消费伦理,走出传统人类中心主义的困境、促进人与自然的和谐,提倡科学理性(工具理性)与价值理性协同发展的生态消费伦理观、实现发展与和谐的统一。

一、现代消费主义及其危害

(一) 现代的消费主义时尚

自 20 世纪 80 年代以来,随着我国社会经济迅速增长,人们的日常生活方式和消费观念发生了巨大的变化。消费主义逐渐成为支配消费行为的主导思想。美国环保理论家比尔·麦克本(Bill Mck-ibben)描述:"消费主义是到目前为止最强有力的意识形态——现在,地球上已经没有任何一个地方能够逃脱我们的良好生活愿望的魔法。"[1]

消费主义认为占有和消费更多的物质是达到幸福的途径,有三个主要特征:第一,它超越了实际生存需要而去追求"高消费",希望占有和享受更多的物质和服务。这主要表现在人们喜欢选购高档昂贵、新颖时尚的产品。这又反过来推动着产品功能、款式的改进,生活的时

---

① 比尔·麦克本:《自然的终结·序》,长春:吉林人民出版社,2000 年,第 14 页。

尚与舒适。"用过即扔"成为消费主义生活方式的重要特征。第二,消费的符号象征意义。消费的目的主要不是指向商品的使用价值,而是该商品所显示的身份地位、时尚程度等社会与文化上的意义。第三,消费需要的被动性。消费主义生活方式受到大众传媒广告的影响愈来愈大。消费与满足人们生理需要的关系不大,"只能被称为'诱导出的需求冲动',即马尔库塞在他的《单向度的人》中所谈到的'虚假的需求'。"①它使人们总是处在一种"预购情结"中,从而无止境地追求高档商品符号所代表的生活方式。②

消费主义并不是一种简单的潮流,而是一种静悄悄的文化意义上的"革命",它在我们日常的生活中慢慢改变着我们的思想观念、社会关系和价值取向。琳琅满目的商品成为人们自我表达的丰富源泉,并成为人们所谓生活改善、个人进取、事业成功的外在标志。消费随即也成为人们生活意义的来源和不断追求的对象,甚至可以说是它在不断地制造出关于什么是个人成功、什么是社会地位以及什么是美好生活的幻象。③伴随着消费主义的流行,传统"崇俭黜奢"的消费伦理观似乎已经成为过时的伦理观念。

由于消费的符号价值意义日益成为消费的主要目的,消费方式并不必然与个人或一国的经济状况相适应,反而经常表现为经济上的非理性:超越个人或社会的经济状况,极力追求或模仿高消费群体的生活方式。这种过度的消费往往也让很多置身其中的消费者不堪其苦。其实有些人并不想消费得如此辛苦,但是当消费主义已经成为区分

---

① 杨魁,董雅丽:《消费文化——从现代到后现代》,北京:中国社会科学出版社,2003年,第144—145页。

② 消费主义的主要特征参见陈昕:《救赎与消费——当代中国日常生活中的消费主义》,南京:江苏人民出版社,2003年,第8—9页。

③ 黄平:《生活方式与消费文化(代序)》,参见陈昕:《救赎与消费——当代中国日常生活中的消费主义》,南京:江苏人民出版社,2003年,第9—14页。

人的阶层、类别的重要标准的时候,人一旦脱离消费大流,就可能被边缘化,与社会群体相脱离,在这样的势不可挡的潮流中,又有谁敢落后?

(二) 消费主义盛行下人们的生存异化

消费主义价值观的盛行,使人类开发地球的速度迅速加快,导致自然界没有足够的时间通过生态循环来达到自然恢复,因而资源耗竭、环境污染等生态问题成为威胁人类生存和发展的重要问题。与此同时,人类自身的精神生态问题也以前所未有的速度积聚起来,影响人们的幸福生活。

我国的经济实力和科技发展水平依然比较落后,人口数量庞大,消费主义的盛行对资源和环境形成了巨大压力。美国生物学家保罗·埃利希(Paul Ehrlich)和约翰·霍尔郡(John Holdren)曾提出一个影响环境资源的方程式。这个方程式为:$I = P \cdot A \cdot T$。式中,I表示对环境的影响程度,P表示人口规模、增长率、分布情况,A表示人均消费量,T是导致环境破坏的技术。这三因素中,我国的P值和T值比较高,而且,稳定P值是一个艰苦的工作。因此,我国消费主义价值观的奉行直接会刺激A值的提高,加速我国环境破坏的速度。

在经济发展过程中,我国的家庭经济模式也发生转变,艾伦·杜宁曾描述:女人走出了家庭,家庭原先所具有的一些生产性功能、服务性功能逐渐被商品经济所代替。"家庭经济的这种商业化使自然界付出了高昂的代价。从家庭中转移出来的家务事需要更多的资源才能完成。如在商业机构熨洗衬衫需要两个来回,通常是用汽车送到洗衣店,再从洗衣店送还给客户;从餐馆带回来的肉食或用于养育一个家庭的冷冻食品切片成倍地增加了包装材料和运输能量。"①这种模式成倍地浪费了交通资源和各种能量。

随着我国对自然界的巨大开发,我国面临着严峻的环境和可持续发展问题。水土流失严重,森林覆盖率低,草原退化面积大、程度重,质量不断下降。生物多样性破坏很严重,品种资源锐减,有些珍稀物种已经绝迹。环境污染问题严重。主要污染物排放总量大,远远超过环境自净能力。废水排放量巨大,水质污染,大气污染严重,放射性污染威胁也在增加,恶性环境污染事件频发,癌症村不时见诸报道。这种种情况都说明我国的可持续发展面临严峻的考验。

人们在高消费过程中的确获得了某种满足与幸福感。但现实生活中的高消费主要指向商品的符号价值,人们在消费中通过获得消费领先权感受优越;通过赶上时髦、超过往年的生活水平而确证自己的价值。其中,过得比邻人好产生的幸福感更明显些。这种幸福是相对的幸福。因此,艾伦·杜宁认为:"消费就是这样一个踏轮,每个人都用谁在前面和谁在后面来判断他们自己的位置。"②

在无止境的消费欲望的刺激下,人们为了生产越来越多的产品而忙碌,生活节奏越来越快,造成"恐惧性忙碌"和"忙碌的恐惧"③。就具体生活而言,幸福的主要因素并非消费带来的物质满足和异化的精神满足,而是对家庭生活尤其是婚姻感情的满足、对工作、发展潜能、闲暇和友谊的满足。艾伦·杜宁引述了牛津大学心理学家迈克儿·阿盖儿也在《幸福心理学》(*The Psychology of Happiness*)中的看法:"真正使幸福不同的生活条件是那些被三个源泉覆盖了的东西——社

---

① 艾伦·杜宁:《多少算够——消费社会与地球的未来》,长春:吉林人民出版社,1997年,第24页。

② 转引自艾伦·杜宁:《多少算够——消费社会与地球的未来》,第20页。

③ 康拉德·洛伦茨:《文明人类的八大罪孽》,合肥:安徽文艺出版社,2000年,第72页。

向道而生

会关系、工作和闲暇。并且这些领域中,一种满足的实现并不绝对或相对地依赖富有。"①物质的丰富使消费者获得了个人的独立,然而接踵而至的便是彼此依恋的下降,社会关系越来越简单化、平面化。同时,闲暇时间并没有增加,更多的时间被用作去赚更多的钱,满足更多的物质需求。经济学家 E·F·舒马赫提出:"一个社会真正可用的闲暇的数量通常是与这个社会用以节省劳动力的机器数量成反比。"由此身体锻炼也成了浪费时间的一种形式,人们甚至用休闲的象征符号——休闲衫——代替休闲本身。现代消费所带来的休闲的欠缺,也使人陷入不幸福的境地。②

在基本生理需求之外,人的本质和存在的意义是精神的发展和健康。在人们忙于跟随时尚的潮流、蔽于物质享受时,会更多地关注别人已经有什么,自己还缺什么,总觉得获得的东西太少,用在拓展精神世界的时间大为减少,常常陷入被欲求所折磨的痛苦中。米勒在 1985年出版的剧本《代价》第一幕有段话:"许多年以前,一个人如果难受,不知如何是好,他也许上教堂,也许闹革命,诸如此类。今天,你如果难受,不知所措,怎么解脱呢?去消费!"忙碌的恐惧给人带来最恶劣的后果,"现代人类显然已无法独处——即使是他们忧心忡忡、小心谨慎地想方设法回避每一个独立思考与反省的机会",人们"必须以喧闹的娱乐抑制某种内心的不安"。③ 伊壁鸠鲁曾说幸福"是身体上无痛苦和心灵上无纷扰",被消费所扰乱的心灵必然难以获得真正的幸福。

---

① 艾伦·杜宁:《多少算够——消费社会与地球的未来》,第 22 页。
② 同上,第 25—27 页。
③ 康拉德·洛伦茨:《文明人类的八大罪孽》,第 73 页。

（三）消费现状呼唤老庄生态消费伦理思想

为了可持续发展，我们需要扬弃和超越消费主义的价值观，建构一种与人类未来文明走向——生态文明——相符的可持续的消费价值观，即生态消费伦理。中外文化史上体现可持续性、生态性的消费思想一直存在，知足的哲学深印于人类文明进程之中。历史学家阿诺德·汤因比曾对世界各大宗教做评论："这些宗教的创立者在说明什么是宇宙的本质、精神生活的本质、终极实在的本质方面存在分歧，但他们在道德律条上却是意见一致的……他们都用同一个声音说，如果我们让物质财富成为我们的最高目的，将导致灾难。"①汤因比等思想家等曾对基督教等关于消费的理论进行考察，认为它们这些基于人类中心主义立场上的教义担当不起拯救自然界的使命，相比较而言，佛教、道教、古代万物有灵论持敬畏自然的态度，有可能担当起这个使命。现代深层生态学家也认为对消解人与自然的紧张关系而言，东方生态学尤其是道家生态思想是重要的思想资源。

现代深层生态学认为，近代哲学所预设的主体与客体的二元对立是消费主义及其导致的生态危机的哲学根源，克服这种哲学观念，应该提倡"形而上学的整体主义"，即把整个宇宙看成是一个有机联系、相互影响与依赖，并且不断变化的整体。人是自然界的一部分，自然界不是人和社会的外部条件，而是其先在的基础。

道家提倡自然主义的消费伦理观，是比较典型的体现生态向度的思想，它突破了"人"这一单一视野，认为自然万物都是同源同根，由道而生，循道而在的，人也应按照事物的本性而为。在消费领域，人们应

---

① 参见艾伦·杜宁：《多少算够——消费社会与地球的未来》，第107—108页。

按照自身的真实需要消费,减少攀比而来的物欲追求,做到"知足"、"知止"。强调自然、天地万物(包括人类)是具有同一性、整体性的存在,也是一个循道而变化的自然而然的过程,是一个自然的统一体。人没有超越于自然之上的特权,自然界事物与人一样有其固有的价值和权利,人在对待自然时应采取"自然无为"的原则,反对违背自然的妄为。

道家深邃的生态智慧受到深层生态学家的高度赞赏。美国生态哲学家卡莱考特将之称为"传统的东亚深层生态学",[①]澳大利亚生态哲学家西尔万(Richard Sylvan)和贝内特(David Bennett)论定:"道家思想表现了一种生态学的取向,其中蕴含着深层的生态意识,它为'顺应自然'的生活方式提供了实践基础。"[②]卡普拉强调我们对自然的态度应从主宰和控制而改变为合作和非暴力的态度,即回到老子的"同于道"、顺从自然的原则。

老庄的生态消费伦理思想是道家消费思想的核心,是在历史长河中发挥重要作用的伦理价值观,并有着深远的历史根基。面对消费主义带来的迷茫,重新认识道家消费伦理思想,吸收其合理元素,对构建适应未来文明发展的生态消费伦理具有重要意义。

二、老庄生态消费伦理思想的现代阐释

"道"是老庄思想的核心概念。"老子所创立的学派之所以称为道家,就在于他提出了一个以'道'为最高范畴的完整的思想体系,从

---

① Callicott, J. Baird. Earth's Insights. Berkeley: University of California Press, 1994, 67—86.

② Sylvan R, Benntt D. Taoism and Deep Ecology. The Ecologist, 1988, 18:148.

'道'的高度考察自然、社会和人生问题。"①消费问题是一个贯穿社会、自然和人生的综合性问题。老庄对消费问题的伦理思考和评价必然从"道"论的基础出发。因而,理解老庄的"道"的思想,尤其是理解道和万物的关系,是理解和探析老庄消费伦理思想的前提。

老庄认为道是万物的始基,庄子在《庄子·大宗师》中明确讲"夫道,……自本自根,未有天地,自古以固存;神鬼神帝,生天生地"。"道"自古以来就是独立自存的,天地也是它创生的。道创生万物后,"并不是离开万物,它内在于万物,作为万物之所以为万物的原因和根据而存在于万物之中"。② "道生之,德畜之,长之育之,亭之毒之,养之覆之。"(《老子》第五十一章)"道"生成万物,"德"(指落实、体现于万物之中并作为万物存在根据的"道")养育、成就了万物。道也是万物的归宿,"夫物芸芸,各复归其根。"(《老子》第十六章)万物生生不息,最后都要向"道"复归。

老庄认为道和万物的运行是遵循一定的规律的,"道体固然是无形而不可见,恍惚而不可随,但它作用于万物时,却表现了某种规律性。"③道的运行规律即是"法自然"。自然,不是作为日常生活意义的物质的自然界,而是指自己如此、本来如此的意思。道的运行并不是依靠某种外在的力量,不是有意识、有目的的,而是根据其内在的本性自然而然的生发着。万事万物在不受外界强力干扰的自然状态下,往往能发挥最佳状态,与周围万物形成最佳的和谐与平衡状态。

自然要求以无为做保障。无为并非什么都不做,而是实现自然的手段和方法,是指排除不必要的作为和强作妄为,顺任事物本来的发

---

① 陈鼓应、白奚:《老子评传》,南京:南京大学出版社,2001年,第102页。

② 同上,第121页。

③ 陈鼓应:《老子哲学系统的形成》,见《老子注译及评介》,北京:中华书局,1984年,第7页。

展状况而为,即"辅万物之自然,而不敢为。"(《老子》第六十四章)。只有为无为,法自然,才能使万物顺畅地发展,达到无不治的效果,"为无为,则无不治"(《老子》第三章),"我无为而民自化,我好静而民自正,我无事而民自富,我无欲而民自朴"(《老子》第五十七章)。把这些原则落实到消费领域就是:在消费生活中,如果统治阶级能少些烦政苛令,社会上能少些迷惑人心的举措,人们能少些欲求,少些纷争,按自身的实际需要来消费,大家就能自然而然的发展,达到富足、和谐的状态了。

如果不按事物的本性而强作妄为,一意孤行,结果将"物极必反","物壮则老,谓之不道,不道早已"(《老子》第五十五章)。客观事物都有一个兴衰的过程,任何有意识的妄为都只会促使事物加速向自身的反面转化,"为者败之,执者失之"(《老子》第六十四章)。对财富的追求和消费也不例外。所以老子主张崇俭去奢,"是以圣人去甚、去奢、去泰"(《老子》第二十九章),提倡俭朴反对浮华,"是以大丈夫居其厚,不居其薄;居其实,不居其华。故去彼取此。"(《老子》第三十八章)

庄子视"自然无为"的天道为人道的最高准则,故而提出"无以人灭天,无以故灭命,无以得殉名"的观点。他所说的"人"是指违背天道的人为,"故"是指违背规律的智巧。他认为不要用人事去毁灭天然,不要用造作去毁灭性命,不要因贪得去求声名。庄子反对以人为对抗天道,绝不是主张人们什么事情都不做,只是强调人们在生产和消费过程中必须遵循自然之道。

总之,在老庄看来,自然之道是万物的始基与生存发展的根据,万物应依循自然法则而行,否则必将造成恶劣后果。在消费过程中,人们应该根据遵自然之道的原则来消费,过顺乎自然的生活。这可从以下几个方面探析。

（一）"知足""知止"——适度消费

老庄看到日常消费生活中,人们被"五色"、"五味"等迷惑,以有限的生命在追求无限的物欲的满足,使社会纷争越益频繁,连牛马牲畜、山川草木都不得安宁,劝阻人们要"知足"、"知止",适度消费。

1. 止于基本消费,反对过度消费

现代经济学把物质消费分为满足需要的消费和满足欲求的消费。"需要"是指人们为了维持生存和发展而产生的基本需求;"欲求"是"需要"之外为获得心理上的优越感、满足感而形成的需求。需要是相对稳定的、有限度的,而欲求"超过了生活本能,进入心理层次,它因而是无限的要求"。[1] 它往往形成过度消费、挥霍性消费。这种消费形式容易形成攀比之风,这对人口已经超负荷的地球来说,往往会导向自然资源的巨大浪费。

老庄提出人们要"知足"、"知止",在消费过程中适可而止,避免因为欲求的驱使而贪得无厌、杀鸡取卵式地消耗自然资源。他们反对偏重于占有和挥霍财富的不良习惯,提出要"见素抱朴,少私寡欲"(《老子》第十九章),能"实其腹",即获取有限的生活必需品,以维持人自身的生存就够了。老子还构想了一个理想国:"小国寡民。使有什伯之器而不用,使人重死而不远徙。虽有舟舆无所乘之;虽有甲兵无所陈之。使民复结绳而用之。甘其食,美其服,安其居,乐其俗,邻国相望,鸡犬之声相闻,民至老死不相往来。"(《老子》第八十章)在"小国寡民"的社会中,人们回归自然,安居乐业,其乐融融。人们满足于现实的生活,没有猎奇的欲念,因此,虽有舟车,但没人乘坐;人们没有贪婪的欲

---

① 丹尼尔·贝尔:《资本主义文化矛盾》,北京:三联书店,1989 年,第 68 页。

念,因此,虽有甲兵也不会用来去征战、抢夺。

他对统治者的贪欲和奢侈作了猛烈抨击,"朝甚除,田甚芜,仓甚虚,服文彩,带利剑,厌饮食。财货有余,是谓盗夸。非道也哉!"(《老子》第五十三章)认为统治阶级贪得无厌,追求过度消费、挥霍性消费,导致田野荒芜,国库空虚,是盗贼的行径,这样的行为不可能长久。如果人们不知足,不断地满足贪欲,必然会物极必反,惹来祸事:"祸莫大于不知足,咎莫大于欲得。"(《老子》第四十六章)他还说:"甚爱必大费,多藏必厚亡。知足不辱,知止不殆,可以长久。"(《老子》第四十四章)贪得无厌、过分地攫取某种东西,将来必然付出重大的损耗;"夫亦将知止;知止所以不殆"(《老子》第三十二章)。知道适可而止,才能远离危险,避免祸患。

庄子继承和发展了老子的思想,强调顺其自然、适可而止,认为"达生之情者,不务生之所无以为;达命之情者,不务知之所无奈何"(《庄子·达生》)。洞悉生命真实意义的人,不追求生命所不必要的东西;通达命运实况的,不追求命运所无可奈何的事情。《庄子·逍遥游》说:"鹪鹩巢于深林,不过一枝;偃鼠饮河,不过满腹。"动物对自然资源的消费仅仅"一枝"、"满腹"就满足了,人类的消费也理当如此。但很多人却并非如此,《庄子·应帝王》中有一个七窍凿成而混沌死的故事。对混沌来讲,他根本不需要耳目视听,但南北二帝却煞费苦心为他开凿七窍,以便他能享受耳目视听的快乐,这实际上是在开发他的"欲求",刺激他形成过度的消费,最后产生极端的后果。庄子说:"目之于明也殆,耳之于聪也殆,心之于殉也殆。"(《庄子·徐无鬼》)眼睛过于外用求明就会危殆,耳朵过于外用求聪就会危殆,心思过于外用逐物就会危殆。他还说:"'无迁令,无劝成,过度益也。'迁令劝成殆事,美成在久,恶成不及改,可不慎与!"(《庄子·人间世》)人们不要随意改变所受的使命,不要强求事情的成功。凡是过分或过度的,都必然带来祸害。"兽死不择音,气息茀然,于是并生心厉。剋核太至,则必有不肖之心应之,而不知其然也。"(《庄子·人间世》)猛兽和人被逼入死路就会报复对方,当整个自然界被人类逼得走投无路,必然会对人类进行灾难性的报应。庄子认为想要避免这种后果,就必须去除"欲求",保持消费的适度。

2. 止于实用性消费,反对形式性消费

如果从消费与使用价值的关系来看,我们似乎可以把消费分为实用性消费和形式性消费,前者以消费物品的使用价值为目的,后者以消费物品所体现的意义为目的。形式性消费往往是基于礼仪需要或是展示社会地位的消费。

春秋战国时期,经济已有了较大的发展,消费领域也活跃起来,消费用品的社会意义更加凸现出来,人们的消费不仅仅是消费使用价值,也在于证明他们的社会地位,或表达某种社会文化习俗。在此过程中,消费的实用性与形式性之间也日益离散疏远。孔子注重消费行为的社会文化意义,认为消费行为应符合礼的规范。当然,他仍旧注意节俭,但认为节俭不能变成有失身份的吝啬与寒酸。否则亦不合"礼"的本意。孔子尤其不赞成在进行礼仪消费时"失礼":"子贡欲去告朔之饩羊。子曰:'赐也,尔爱其羊,我爱其礼!'"(《论语·八佾》)在孔子看来,在祭祖仪式中省去一只羊,虽说是节俭之举,但不符合"礼"的要求,不可取。孔子说:"禹,吾无间然矣。菲饮食,而致孝乎鬼神,恶衣服,而致美乎黻冕。"(《论语·泰伯》)他认为对禹这个人没什么好挑剔了,禹的日常生活很节俭,但是对礼仪消费很重视。

孔子认为日常生活虽应"节用",但也要遵循礼的规则,符合个人的身份。在《论语·先进》记载:"颜渊死,颜路请子之车,以为之椁。子曰:'才不才,亦各言其子也。鲤也死,有棺而无椁。吾不徒行以为之椁。以吾从大夫之后,不可徒行也。'"即便没钱为死去的儿子和学生备椁,他还是不愿意卖车做椁,因为,他认为自己曾经做过大夫,按照"礼"的规定"不可徒行也",坐车所展现的正是身份象征意义。《论语·乡党》又说:"食不厌精,脍不厌细。……割不正,不食。不得其酱,不食。……席不正,不坐。"为吃饭定了烦杂的礼仪规格。这种礼仪性的生活消费形式往往会成为"面子"问题。为了保住"面子",老百姓只好平时节衣缩食,这也就产生了消费的虚荣心问题,偏离了消费的社会文化本意。

以孔子为代表的儒家消费文化受到墨家的反对,墨家提出薄葬主张,反对儒家的丧葬之礼,认为生人之利当然比死人之利重要,可儒家却反其道而行之。老庄也十分反对儒家所提倡的形式性消费,认为消费目的在于"食其腹",不必搞那么多繁俗的礼节。庄子提出"圣人法天贵真",事亲、处丧等事情不必采用统一的、固定的模式,"事亲以适"、"处丧以哀"(《庄子·渔父》),不用拘泥于何种形式、何种礼节。庄子还对丧葬消费发表看法:"吾以天地为棺椁,以日月为连璧,星辰为珠玑,万物为赍送。吾葬具岂不备邪?何以加此!"(《庄子·列御寇》)主张以一种自然主义与简约主义的方法实行丧葬之礼,也无疑是对儒家礼制的讽刺与批评。

3. 止于合理的私人消费,反对无益性公共消费的滋长

如果按消费资料的所有制和支配方式这个角度区分,可以分为私人消费和公共消费。私人消费指"消费资料为私人所有并由消费者自己所支配的消费方式",[①]它表现为个人、家庭对日常物品的消耗,对文化产品的占有和享用。公共消费是指"消费资料为集合消费主体(集体、社区和国家)所有并由这些主体所支配的消费方式",[②]它表现为

---

① 王宁:《消费社会学——一个分析的视角》,北京:社会科学文献出版社,2001年,第267页。
② 同上。

第五章 老庄生态消费伦理观的当代启示

"公共财政的自身消费,它与公共财政所支配的服务价值量(如教育、内外安全、文化)相吻合",[①]是为人们提供保障和服务的过程。在现代生活中,环境治理、生态保护、文化服务、治安服务等公共消费尤有意义,而军备竞赛、高频率的大型庆典等浪费性、无益性的公共消费则具有明显负面意义。总的来说,合理的私人消费与公共消费都很有必要,缺一不可。

春秋战国时代,虽然还没有私人消费和公共消费的概念,但为了维护国家存在和发展而进行的公共消费(例如文化教育、安全保卫等)已经产生,两者的区分已成为事实存在。由于在剥削社会里公共消费的最终目的在于维持金字塔尖的统治者的奢华生活,因此,老庄主张止于合理的私人消费,反对无益性公共消费的滋长。

面对消费生活领域的"礼乐崩坏"、"人心不古",儒家提出通过仁的道德教育、礼的制约来规范消费文化与人的消费行为。老子反对礼文化的宣传教育和推行,认为恢复礼制只会导致人性的进一步浊化,"大道废,有仁义。智慧出,有大伪。六亲不和,有孝慈。国家昏乱,有忠臣。"(《老子》第十八章)"仁义之道在远古的时候,是自然而然的东西,人与人相处,虽不知仁义之名,却无时不行仁义之实。随着社会的发展,人们不断破坏了原有的纯真的德性。而正是在失却了浑然未分的自然道德,背离人的自然生存状态之后,人们才又为自己制造出种种人的礼法制度和仁义道德。"[②]他提出"绝圣弃智,民利百倍。绝仁弃义,民复孝慈。绝巧弃利,盗贼无有。……见素抱朴,少思寡欲。"(《老子》第十九章)"不尚贤,使民不争。不贵难得之货,使民不为盗。不见

① 乔治·恩德勒等主编,王淼洋译:《经济伦理学大词典》,上海:上海人民出版社,2001年,第247页。
② 朱晓鹏:《生命的自由与审美的超越——论道家的人生观和审美观》,《社会科学》,1996年第10期。

可欲,使民心不乱。是以圣人之治,虚其心,实其腹,弱其志,强其骨。常使民无知无欲。使夫智者不敢为也。为无为,则无不治。"(《老子》第三章)庄子在《庄子·胠箧》中也提出"故绝圣弃知,大盗乃止;擿玉毁珠,小盗不起"等,进一步发展了老子主张抛弃礼义文化来实现人的真朴本性,由此实现人的健康消费生活方式的思想。

另一方面,因为公共消费所需的资源都是从百姓中掠夺而来的,为恢复和维护礼制的公共消费的最终目的在于维持金字塔尖的统治者的奢华生活,所以老子反对这种公共消费:"天下多忌讳,而民弥贫"(《老子》第五十七章),"民之饥,以其上食税之多,是以饥。民之难治,以其上之有为,是以难治。民之轻死,以其上求生之厚,是以轻死。夫唯无以生为者,是贤于贵生。"(《老子》第七十五章)他觉得应该"以无事取天下",抛弃以维护礼制为目的的公共消费,回到结绳记事的时代。庄子也否定了国家"有为"和施行这种公共消费的价值。

古代社会中耗费资源最大的公共消费是战争。自三皇五帝时代始,战争就一直伴随着社会的变化。据鲁史《春秋》记载,当时 242 年里面,列国战争就有 483 次①,虽然战争——作为解决社会矛盾的无奈之举——是推动先秦社会进步的一个途径,但老庄敏锐地看到战争给百姓和自然生态系统所带来的巨大灾害:"师之所处,荆棘生焉","大军之后,必有凶年"。老庄十分反对这类有害的公共消费,老子曾忧叹:"天下无道,戎马生于郊。"(《老子》第四十六章)他劝诫世人"兵者,不祥之器,非君子之器。不得已而用之"(《老子》第三十一章),即使被迫打仗,也要注意"果而勿强"(《老子》第三十章),千万不要逞能逞强,否则战争的恶果肯定会以某种形式将临到头上。

---

① 范文澜:《中国通史》第一册,北京:人民出版社,1949 年,第 130 页。

（二）"以鸟养养鸟"——自主性消费

人的消费行为有时是源自自身真实本然的需要，有时是被诱导或强迫的。前者可称之为自主性消费，后者可称之为消极性消费或非自主性消费。消极性消费或非自主性消费是通过外在的刺激达到被动的满足，由于外在的诱惑源源不断，行为主体便一直处于不满足、不满意的状态，所以导致主体不断追逐新的消费，最终引起行为主体对消极消费的依赖。这一过程就这样无限地循环下去，然而，这里只有享受与娱乐，和与他人比较之后的焦躁，却并没有满足需要带来的幸福感受。[1] 自主性消费则是强调符合主体自身的自然而然的需求，而非强迫性的、从众的消费，消费过程本身符合主体的发展方向。从这个视角上，老庄自然主义的消费伦理观明确提倡自主性消费。

老子主张"道之尊，德之贵，夫莫之命而常自然"（《老子》第五十一章），"辅万物之自然，而不敢为。"（《老子》第六十四章）在消费领域中，消费行为应该遵循自然，根据主体需求情况、经济状况、地点、时间自主消费，不要被外在于人们真实需要的事物、信息所蛊惑，被动盲目地参与到消费活动中。但由于外在物资的丰富性与个人欲望的无限性，行为主体不可能赢得持续满足的积极体验，将常常处于不满足的郁闷状态。老子"损有余而补不足"的"天之道"（《老子》第七十七章）是纠正这一现象的重要伦理原则，具体而言就是，超过实际的经济能力或对于自身的发展是多余的需求，则要减之；如果还没达到自身生存发展的要求、经济条件许可的话，则要增之。

---

[1] 参见甘绍平：《论消费伦理—从自我生活的时代谈起》，《天津社会科学》，2002年第2期。

向道而生

庄子比较重视个人的自主需要,认为不适合人的本性的,哪怕再好的东西也是无济于事甚至会带来祸患。他通过寓言来说明这个道理,其中有鲁侯养鸟的故事,有只鸟落到鲁国郊外,鲁君喜欢它,就"奏九韶以为乐,具太牢以为膳",结果"三日而死"。庄子认为这是以己之好的办法来养鸟,不符合鸟的需要,他主张"以鸟养养鸟",按照鸟的自然本性和消费习性来养鸟,唯其如此,才能使鸟获得自由自在的生活。同样,"泽雉十步一啄,百步一饮,不蕲畜乎樊中。神虽王,不善也。"(《庄子·养生主》)沼泽里的野鸡,喜欢十步一啄食、百步一饮水的生活,它不喜欢被养在笼子里。庄子还以爱马的人为马打蚊虻为例来说明:爱马的人,用竹筐给马盛粪,用水桶为马接尿。正好飞来一群蚊虻,养马的人打蚊虻打得不是时候,使马受惊。于是马咬断了嚼子,踢破了养马人的脑袋,踏碎了养马人的胸膛。本意在于爱马,结果却遭受祸害(见《庄子·人间世》)。

(三)"天道无亲"——公平消费

1. 人与人之间公平消费——"至仁无亲"

道家十分反对儒家的等级消费论。孔子主张在消费生活中,国家应以礼所规定的等级名分来规范社会成员的消费观念、消费行为和消费方式,人们应树立"仁"德,自觉地实行等级消费。他非常反感超出礼制规定的僭越消费行为:"孔子谓季氏,八佾舞于庭,是可忍也,孰不可忍也!"另如,孔子认为孟孙、叔孙、季孙三家在祭祖时诵唱只能用在天子主持的祭礼上的《雍》诗是僭越行为,"三家者以雍彻。子曰:'相维辟公,天子穆穆',奚取于三家之堂?"这些现象他实在看不下去,"禘自既灌而往者,吾不欲观之矣"(见《论语·八佾》)。

老子认为等级消费观只会使问题变得更糟,等级消费的提倡实际上给予了上层奢侈消费的合法性，必然引起各阶层欲望之心的膨胀而引发连绵不绝的争斗。底层百姓之所以犯上作乱，就是因为统治阶级对百姓的盘剥，"民之饥，以其上食税之多，是以饥"。（《老子》第七十五章）他说："天地不仁，以万物为刍狗；圣人不仁，以百姓为刍狗。"（《老子》第五章）道以天地来承载万物，其运行是无私又公正的，视万物为刍狗，顺任其运化，而不给予偏爱。人们尤其是统治者也应该对人无所偏私，而不该"亲亲尚恩"。他提出人世间"不可得而亲，不可得而疏；不可得而利，不可得而害；不可得而贵，不可得而贱。"（《老子》第五十六章）应不分亲疏、不分利害、不分贵贱。

道家认为，人与人之间的不平等现象，主要是因统治阶级的"有为"，即为了私利不顾百姓生活和自然发展需要而产生的胡作非为。因此，老子和庄子都主张消除"有为"，以自然无为的原则去消解等级制度。老子说："为无为，事无事，味无味，大小多少，抱怨以德。"（《老子》第六十三章）要像圣人那样顺应生活的自然状态、不计恩怨。庄子则说："……善治天下者……彼民有常性，织而衣，耕而食，是谓同德。一而不党，命曰天放。故至德之世，……恶乎，知君子小人哉！同乎无知，其德不离；同乎无欲，是谓素朴。素朴而民性得矣。"（《庄子·马蹄》）善于治理天下的圣人，一定是无所偏私，顺乎人类天性的。

然而在当今现实生活中，消费的不公平现象十分突出。西方发达国家凭借发达的科技与经济水平，占有着最好的生产性和生活性消费资料，据报道，美国人年消耗资源的数量占全球年消耗总量的1/4。亚、非、拉广大第三、第四世界的人民却民不聊生，沦为西方消费大国的能源基地和垃圾站。同时，发达国家还不肯承担与其环境破坏相对等的环境责任，并把深受其害的发展中国家斥责为环境问题的罪魁祸首。对此，许多有识之士提出了强烈的批评意见，他们认为解决生态环境问题要与解决贫困问题结合起来，实现了消费问题上的人际平等,才能拯救地球。世界自然保护同盟主席施里达斯·拉夫尔指出:"贫困威胁着最穷的人的生存。如果我们不把拯救地球同他们的生存联系起来,呼吁他们参加拯救工作是毫无意义的。"①这些思想在不同程度上说明了老庄关于公平消费伦理思想所具有的历史和现实价值。

2. 人与物之间的公平消费——"物无贵贱"

老庄把平等观扩展到人与万物之间。儒家学者总是力图凸现人的高贵,荀子在谈到人的时候,特别强调:"水火有气而无生;草木有生而无知;禽兽有知而无义;人有生有气有知亦且有义,故最为天下贵也。"(《荀子·王制》)老庄则认为人与物是平等的。老子说"天地不仁,以万物为刍狗",意谓道对万物是无所偏爱的,平等相待的。庄子明确提出"物无贵贱"说,他说:"号物之数谓之万,人处一焉;人萃九州,谷食之所生,舟车之所通,人处一焉;此其比万物也,不似毫末之在于马体乎?"(《庄子·秋水》)在《庄子·人世间》中,大栎树对匠石说:"若与予也皆物也。"庄子还提出了"万物一齐,孰短孰长"的看法。(《庄子·秋水》)认为:"莛与楹,厉与西施,恢诡谲怪,道通为一。"(《庄子·齐物论》)在《庄子·大宗师》篇中,庄子还设计了这样一个情境,当子梨的朋友将死,子梨问:"以汝为鼠肝乎? 以汝为虫臂乎?"充分表达了人与物之间同源同质、循环往复的思想。老庄的物无贵贱说有力地反驳了人类中心论,指出了人肆无忌惮地消费自然资源无任何的合法性与正当性。

老庄以天下为公的思想得到哲学家的赞赏,例如《吕氏春秋·贵公》认为老子"公"的思想胜孔子一筹,称:"老聃则至公矣。天地大矣,生而弗子,成而弗有,万物皆被其泽,得其力,而莫知其所由始。"应该

① 施里达斯·拉夫尔:《我们的家园——地球》,北京:中国环境出版社,1993 年,第136 页。

注意到,老庄的公平消费观并不同于一般的绝对平均主义(如墨家),它与自然主义思想密切联系,也许用"小大自足"来概括比较恰当,只要按本性而为,蜩按蜩的本性来生活,鹏按鹏的本性来生活,各足其性,那才是实质性的公平。

老庄物无贵贱的思想与现代深层生态学遥相呼应。现代深层生态学认为,自然界的生物、非生物和人类一样,都有它们的内在价值和自身权利。在以往的人类消费伦理思想史中,大多只谈及人与人之间的伦理关系、平等关系,把人以外的生物、非生物作为消费的对象,只体现它们的工具价值。深层生态学者认为这是人类理智的时代局限,随着时代的前进,尤其是面对消费主义价值观下的生态危机时,我们应走出人类中心主义,把自然界也纳入生态消费伦理的主体领域中。深层生态学家纳什正是在这个意义上肯定了道家思想。他指出,道家思想持内在价值论,肯定自然万物的固有价值:"在道家思想中,万物中的每一物(即大自然中的所有存在物)都拥有某种目的、某种潜能,都对宇宙拥有某种意义"[①]

(四)"慈而重生"——尊重生命价值

1."贵己重身"——尊重人类的生命价值

老庄的消费思想同尊重生命思想紧密结合在一起,他们十分重视生命健康,认为无止境地通过物质消费满足自己的欲望是不利于生命安康的。《老子》第十三章云:"故贵以身为天下,若可寄天下;爱以身为天下,若可托天下。"老子讲了珍视生命的重要性,认为只有懂得生命价值的人,不求声色货利的纵欲生活、不以宠辱荣患损益其身的人,

---

① [美]纳什:《大自然的权利》,青岛:青岛出版社,1999年,第136页。

才可以把天下交给他。《老子》第五十章云："出生入死。生之徒十有三；死之徒十有三；人之生，动之死地，亦十有三。夫何故？以其生生之厚。盖闻善摄生者，陆行不遇兕虎，入军不被甲兵。兕无所投其角，虎无所措其爪，兵无所容其刃。夫何故？以其无死地。"指出善摄生者不以物欲累其身心，尘世的利欲之害也就不可能害到他，因而生命就得以保全。

老子不仅提醒人们要重视自身的生命和安康，也要关注他人的生命。他认为"圣人常善救人"（《老子》第二十七章），提出以"慈"为宝，慈爱他人，不要为了满足一己的欲求去侵害别人。即使为了保存自身而不得已应战，也不能以杀人为乐。"夫乐杀人者，则不可得志于天下矣。"（《老子》第三十一章）为了珍视和保全生命，他强调"见素抱朴"、"知足"、"知止"，主张损滋味、禁声色、薄名利，反对"多藏"、"厚爱"；提出"五色令人目盲，五音令人耳聋，五味令人口爽，驰骋畋猎令人心发狂，难得之货令人行妨"。过分地追求声色犬马，必会造成对人的伤害。主张抱朴、去奢，"为腹不为目"（《老子》第十二章），因为"为腹者以物养己，为目者以物役己"。[①] 庄子则明确表示追求"以养其身，终其天年"（《庄子·人间世》），其养生之道是"缘督以为经"，意思是要去掉妄为、虚静无欲，按人的生命发展的自然规律而为之，万不可以"以己养养鸟"、用给混沌开窍的方式干扰生命。庖丁解牛的故事也表明人应该顺着事物的自然规律而行事。

现在，我们生活在物质丰富的年代，在加倍珍惜我们生命的同时，却很少去怀疑我们珍惜生命的方式是否有利于生命本身。我们被广告和媒体操纵、诱导，整天寻思如何比以前获得更多、消费更好的物质，由此陷入了一个无止境的物欲泥潭。由于摄入营养过多，各种富

---

① 王弼注、郭象注：《老子 庄子》，上海：上海古籍出版社，1995 年，第 6 页。

贵病接踵而来。由于对生物物种的过分采猎,如广猎新的品种、新的吃法,使生物品种的绝迹速度飙升,使人类的生存环境恶化,同时也导致了许多怪病、传染性疾病在人类社会的产生……而老庄"贵己重身"的思想正是提醒我们要如何去尊重自身和他人的生命。

2. "爱人利物"——尊重它物的生命价值

尊重生命也包括尊重人类以外的一切生物的生命。老子提出:"圣人常善救物,故无弃物。"(《老子》第二十七章)人类不仅要关心人,也要关心人以外的自然界。

春秋时期统治阶级为满足奢侈的消费需要,利用知识和技巧滥杀滥伐,庄子对此十分愤慨:"上诚好知而无道,则天下大乱矣。"(《庄子·胠箧》)正是由于统治阶级带领下的妄为,严重破坏了自然界生物的自然生长秩序。他认为宇宙的本原是道,由道而生气,天地万物均由气所形成,"通天下一气耳","天地与我并生,而万物与我为一。"(《庄子·齐物论》)人与其他物质都是一样循道而生,没什么贵贱之分。因此,人不仅要爱人,而且要利物、珍爱万物,"爱人利物之谓仁"(《庄子·天地》),把"利物"也纳入道德要求中。在《庄子·大宗师》中,庄子提出"天与人不相胜"的观点,认为天与人是合一的,应该相互尊重生存权利、和谐相处。他描绘了"天和"的境界:"当是时也,山无蹊隧,泽无舟梁;万物群生,连属其乡;禽兽成群,草木遂长。是故禽兽可系羁而游,鸟鹊之巢可攀援而窥。夫至德之世,同与禽兽居,族与万物并。"(《庄子·马蹄》)

老庄天人合一、爱人利物的消费伦理观念深得现代深层生态学者的青睐。他们纷纷提出"敬畏生命"的思想,施韦慈首先提出这一思想。利奥波德在《大地伦理学》中提出:"权利并非人类的专用品,必须把它延伸到自然的一切实体和过程。花草树木、飞禽走兽都有生存和繁殖的权利,不容任意践踏。"罗尔斯顿在《哲学走向荒野》和《环境伦理学：自然界的价值和对自然界的义务》等著作中提出了尊重它物生命和遵循自然的伦理思想。他们普遍认为，人类与它物是一个生命共同体，应与它物和谐共存，不能把人类的欢乐建立在对自然界生命的无止境的剥夺之上。但消费主义价值观引导下的社会生产生活，是以天人对立的思维模式为基础，无视它物的生命存在，因而导致了自然界的报复。目前自然界的生态已遭受破坏，不可能回归原始"天和"的状态，但是关怀自然界的伦理行为依然能使我们的世界趋向和谐。

（五）"心斋"、"坐忘"——关注精神消费

老庄比较重视"德"，当然，老庄所言的"德"不同于儒家以"仁"为核心的"德"，而是指作为生活准则的"道"。"形而上的'道'渐渐向下落，落实到生活的层面，作为人间行为的指标，而成为人类的生活方式与处世的方法，平平实实地可以为我们人类所取法。形而上的'道'，落实到物界，作用于人生，便可称它为'德'"①"道"与"德"是"二而一"的关系，"德"是"道"的作用，也是"道"的显现，因此，"德"的本性也是顺任自然。它体现于人们内心世界，便是和谐与自由，消解和超越了外在的功利价值、社会压力和等级秩序，进入"心泰身宁"的境界。

老庄提倡在简单生活的基础上，追求精神的愉悦，享受审美的自由和快乐。老子看到，由于在消费生活中过于追求物质享受，人们被物欲、名利所诱惑，经常违背内心的自然要求，知其不可而为之，导致内心世界的分裂和痛苦。他提出了"名与身孰亲？身与货孰多？得与亡孰病"（《老子》第四十四章）的问题，希望人们能脱离物欲的桎梏。

---

① 陈鼓应：《老子哲学系统的形成》，见《老子注译及评介》，北京：中华书局，1984 年，第12 页。

149

第五章 老庄生态消费伦理观的当代启示

老子还描绘了"甘其食,美其服,安其居,乐其俗"的情境,提倡物质消费与精神消费合而为一,即在简单的物质消费中体验满足与快乐,达到悠然自得的和谐与自由的心境。

庄子更渴望内心之"德"的获得,他把这种内心的自然和谐称之为"心和"(《庄子·人间世》)。在庄子看来,单一的感性欲望和物质消费会把人引向歧途,使人忧心忡忡、寝食难安,人生如果陷入了这样一种自我摧残的状态,那就远离了道的自然本性。因此,他非常注重精神消费。他所提倡的精神消费并不等同于现代意义上的精神消费,并不一定体现为阅读书籍、参加文化活动等有形的行为,而是希望在日常消费生活中,抛弃私欲俗识,"执著追寻个体存在的意义和根本归宿,肯定感性生命的自由与快乐的绝对价值","蔑视传统、笑傲王侯,重自然、轻人事,以'相看两不厌,唯有敬亭山'的审美态度去对待生活中的进退荣辱,以清淡典雅、浪漫洒脱的审美情趣去发现自然之美。"[①]实现无任何负累的自由("逍遥"),过自然而然的、情趣自现的生活。庄子发现,有些人在地位、物质、形体等方面条件优厚,却因失"德"而变得精神失衡,被他人厌恶。相反,有些人虽然不符合世俗要求却能以充实之"德"来吸引人。在《庄子·德充符》这一章中,他通过对肢体残疾却精神完善的人的赞赏,独特而鲜明地表达了他对精神消费和物质消费的认识。他认为,虽然王骀、申徒嘉、叔山无趾、哀骀它、支离无脤等人没有权位、没有俸禄,而且形体残缺,但是能"忘形"——物我俱化、死生同一,能"忘情"——不存在宠辱、贵贱、好恶、是非。他们在"忘形"、"忘情"的过程中,不断充实自己的"德"性,使之合于大道。正是在"忘形"、"忘情"的过程中,他们的"德"性不断完备,逐渐获得精神的

---

① 朱晓鹏:《生命的自由与审美的超越——论道家的人生观和审美观》,《社会科学》,1996 年第 10 期。

自由与和谐。庄子认为,内心的和谐与自由比形体健康更重要,人的"德"、自由和谐的精神生态应该作为人的主要追求。

在现实生活中,人们往往难以做到弃绝名利,因而精神的残缺成为普遍现象。"自三代以下者,天下莫不以物易其性矣。小人则以身殉利,士则以身殉名,大夫则以身殉家,圣人则以身殉天下。"(《庄子·骈拇》)在《庄子·天地》篇中所例举的"失性有五",是对"生之害"的感性欲念活动的否定性说明,也是对人类精神生态遭到破坏和污染的哀叹。在消费世界,人们不断在加快满足需求的速度,几乎接近"即刻满足"①的速度,但是人们却越来越不满足,幸福感没有按比例上升,反而出现了许多的心理疾病,似乎整个社会都染上了"强迫症",人人都无奈地陷入到一种"非我"的陷阱,痛苦、忧愁难以革除,造成了"人之生也,与忧俱生"(《庄子·至乐》)的局面。

其实,有些人可能没有追名逐利的争胜的爱好,但由于担心被消费社会排挤,不敢脱离消费生活的大流,所以只好围着社会流行标准转。不过符合流行标准并不一定带来好结果。《庄子·人间世》中的楸、柏、桑符合外在的流行标准,结果却落得个任人砍伐、不得长生的惨境。与此相反,《庄子·逍遥游》中的樗因为"大本臃肿而不中绳墨,其小枝卷曲而不中规矩",逃脱了遭砍伐的厄运。《庄子·人间世》中的栎因为其大无比,不符合流行标准也幸免于难。因而,对社会流行的东西,我们要保持一定的批判性,只有真正符合社会前进方向、符合人的全面发展的事物,才是我们应该追求的东西。

老庄还谈了如何获得精神生态健康,即精神的内在和谐的观点。他首先塑造了"圣人"的理想人格,他不同于儒家"人伦之至"、墨家"劳

---

① 康拉德·洛伦茨认为人类已经"产生一种迫不及待的需求,希望自己的所有愿望刚刚萌发便可以立即得到满足。"参见康拉德·洛伦茨:《文明人类的八大罪孽》,合肥:安徽文艺出版社,2000年,第88页。

第五章　老庄生态消费伦理观的当代启示

形天下""自苦为极"式的人物,而是能顺应和遵从自然之道,"方而不割,廉而不刿,直而不肆,光而不耀。"(《老子》第五十八章)其次设计了无为不争的理想境界,"无为,就是要摒弃外在的、人工的作为,使人的一切都处于无造作、无偏执、无烦扰、任其自发、合乎本性的状态。""不争,就是要排除各种功名利禄的诱惑,拒绝各种身外之物的牵累,以保持一种本然的生命存在。"再次,他认为虚静是保持淡泊心境的方法,像婴儿那样专气致柔,达到内心之和。①

庄子对挽救精神生态之路的求索,有两个方面最为关键:一是通过观照自然、感悟山水等有形的精神消费行为,使人们在与自然的契合中,回归内心的和谐。二是通过"心斋"、"坐忘",免除物欲的烦扰,剔除一切破坏人类精神生态的因素,使人在日常物质消费过程中进行无形的精神消费,感受自由与和谐之美。忘却"死生、存亡、穷达、富贵、贤与不肖、毁誉、饥渴、寒暑"(《庄子·德充符》),达到"无己"、"无功"、"无名"(《庄子·逍遥游》)的境界。当然,他认为"心斋"、"坐忘"这个途径更为重要,它可贯穿于一切有形和无形的精神消费活动中。

三、老庄生态消费伦理思想的评价和现代转化

老庄以自然主义为特征的生态消费伦理思想,以或显性或隐性的方式,在绵延几千年的消费历史中发挥了重要作用,其思想精华至今仍有重要指导意义,尤其是在力图消解消费主义文化冲击的重要时刻。而由于历史条件等影响,它也不可避免地仍然具有一定的局

---

① 朱晓鹏:《智者的沉思——老子哲学思想研究》,杭州:杭州大学出版社,1999年,第287页。

限性。

（一）老庄生态消费伦理思想的积极意义

1. 缓和供给和需求的矛盾,维护人与自然的和谐

古代社会,生产力水平低下,物质资料匮乏,供小于求的问题长期存在。老庄看到,很多时候物质的拥有量、满足感是一个相对的概念,是在比较的过程中变化的。人们在比较过程中看到差异,因而去谋求更多、掠夺更多,导致贫富分化的加剧。因此,老庄认为人们应知足知止,避免让物质欲求迷惑了人心。他们这些思想在一定程度上能缓和生产和消费的矛盾,节制了人类的消费行为,有助于人类与自然的和谐共生。我们可以分两个方面来看:

第一,一定程度上节制了对自然无限制的开发。

自原始社会后期,随着生产力的提高,人类逐渐进入较为稳定的农业时代,农业收成成为保证人们生存发展的首要条件,但农业对天气、土壤等自然条件的依赖使农产品产量仍存在或然性。春秋战国时期,黄河中下游地区已普遍实行连年耕作制,但即便如此,粮食亩产量并不高,据《管子·轻重甲》载:“一农之事,终年耕百亩,百亩之收,不过二十钟。”①《孟子·梁惠王》篇载:“百亩之田,勿夺其时,八口之家可以无饥矣。”这从另一个侧面反映出当时的百亩之田,只能是连年耕种,土地的利用率保持在百分之百,才可能提供一家一年的消费支出。由于生产力水平的局限,人们开垦新土地往往采用“刀耕火种”的方式,这种耕作模式比较粗劣,造成了森林资源、动物资源、土地资源等的大量浪费。显然,在这个模式下,人们对物质欲求和开发行为必须

---

① 战国时百亩约合今 30 市亩,二十钟大约合战国 130 至 150 石。

有所节制,否则,人与自然的矛盾将无限激化。

老庄的自然主义消费伦理思想倡导"物无贵贱"、尊重自然生物的生存权,提倡"知足"、"知止",这些思想为人们提供了世俗纷争之外的另一种伦理视野,人们不再一味执著于"求利丰赡"的行动中,甚至出现了一批思想家,如陶渊明等人以隐士的方式来达到自然、自足和自由的生存境界。道家生态消费伦理思想的存在,为人与自然的紧张关系注入了稀释剂。当今中国,消费主义思想盛行,人们为了满足无限的物欲而过度开发自然,使人与自然的关系日益对立起来,吸收老庄的消费伦理思想的合理元素,对缓和天人关系极为重要。

第二,一定程度上抑制了无益性消费的滋长。

消费是人类生活的重要部分,是维系人类生存发展的必要内容。但是消费活动并不一定都是有益的,存在无益性消费,例如战争消费、形式性消费、挥霍性消费等。战争所及之处,造成了人的生命与物资财产的巨大消耗。老庄十分反对战争,认为即使万不得已应战,也不应逞能逞强。老庄的反战和自然无为的思想影响了许多帝王,每个朝代的建立之初,统治者总是以此为镜,无为而治,休养生息。如果说由于冷兵器时代,战争的规模和影响比较有限,对生态环境的影响有限的话,现代战争对生态环境造成的影响将无以修复。如 1991 年"海湾战争综合症"即已成为人们挥之不去的噩梦。现在回顾和汲取老庄关于反对战争这一公共消费的自然无为之说,对维护人与人之间、人与自然之间的和谐有重要意义。

老庄也否定了挥霍性、形式性的消费,认为消费应止于满足基本需求。这些思想无论是对于消解我国目前在婚庆祝寿、丧葬礼仪等红白之事的过度消费,还是对于节制有些地方政府热衷的政绩工程、形象工程和各种庆典活动等,都有重要借鉴意义。如果"知足"、"知止"的消费思想能重新恢复,甚至渗入到政府的政策和评估体系中,促使人们根据个人和国家的真实需要、实际情况自主性消费,就可以减少很多的负担,进而可以减少资源消耗。

2. 提高人们的精神境界,维护个体内心和谐

在老庄哲学中,自然不仅成为人的生理存在的境域,而且是精神价值的归宿。"老子高度赞赏前文明的自然状态,主张人的自然化,反对人文化……在老子看来,自然状态作为一种完美的状态具有最高价值,人化的过程不仅不能使其增益,反而对其是一种损害和破坏。"①人的"妄为"为人自身提供的是违逆人的自然本性的社会环境,维护社会等级秩序和宗法制度的仁义道德更是钳制人性、阻碍人的精神自由的枷锁。所以老子提出"绝圣弃知,民利百倍。绝仁弃义,民复孝慈"。只有去除这些人为的桎梏,才能恢复到"太上,不知有之"的自然的理想环境中,才能回到他所向往的"小国寡民"的社会图景中。老子不仅提出"小国寡民"的政治社会设计,更注重为人们提供个人修养的路径,使人们达到和谐自然的心境。庄子特别注重精神的和谐自由,提出"坐忘"、"心斋"等办法。

老庄的自然主义消费伦理思想,不同于"自苦为极"的墨家思想,墨家强调要在物质上降低到某个程度,实际上也是在追求一种外在的标准,只是这种标准与世俗的标准对立而已。在达到这种标准的过程中,人们不是感受快乐,而是体验着"苦"。庄子认为这种做法与世俗的做法,从对人性的伤害而言其实都是一样的。他认为穷困并不等于精神的自由和愉悦。不论富贵者、贫贱者,只有按各自的本性自然而然地生活,才能获得精神愉悦。"能尊生者,虽富贵不以养伤身,虽贫贱不以利累形。"(《庄子·让王》)庄子这种"一而不党"顺应天性的消

---

① 朱晓鹏:《智者的沉思——老子哲学思想研究》,杭州:杭州大学出版社,1999年,第284页。

费生活准则,正是现代社会所需要的。

在现代消费社会里,人们总是算计时间,常常被欲求所控制,把时间和金钱画上等号,"但是,当我们企图在比较短的时间内做更多的事情时,就会很烦躁,无法心平气和地过生活。"①在效率至上、利益至上、消费至上的社会环境中,似乎人人都被逼上了峭壁,被迫拼命往上攀爬,经常处于"忙碌的恐惧"之中。然而工作带来的满足无法替代闲暇产生的惬意。我们过着似乎令人不解的生活:我们的物质生活越来越好,精神却越来越疲惫,经常得通过寻求新的刺激来平衡心态,从而陷入了一个难以自拔的痛苦漩涡。其实,"生活中很大的乐趣之一,就是花时间去享受身边的每一样东西。"②这也是一种消费,审美消费、文化消费,它给人带来的幸福感是持久、深层的。因而可以说,增加审美消费、文化消费是我们保持内心和谐的重要方面。

在消费主义的引导下,人们执著于"得到",一旦自己追求的愿望得不到满足,人们的心理就很容易失衡、失常。据统计,目前全世界每年约有一千万人处于抑郁状态,中国每年因抑郁症而自杀者达 80 万。心理失衡、精神失常已成为制约当代人们全面和谐发展的重要因素。因此,借鉴老庄"心斋"、"坐忘"的思想,提高当代人的心理调适能力,对于促进人的全面和谐发展来说,已刻不容缓。"我们必须珍惜灵魂、滋润我们的本质,这不是物质生活能办到的。"③

3. 抑制标准化倾向,提倡多样性基础上的和谐

社会文化领域中常常并存着两种倾向,一是标准化、匀质化倾向,二是多样性倾向,只不过在不同时期,存在着此消彼长的关系罢了。

---

① 亚莉珊卓·史达德尔:《简单——风行欧美的"新简朴运动"宣言》,哈尔滨:哈尔滨出版社,2002 年,第 143 页。

② 同上。

③ 同上,第 149 页。

消费伦理文化,作为社会文化的重要部分,当然也存在着这种现象。

在春秋战国时期,儒、墨两家尤其是墨家比较强调标准化。儒家希望以礼为标准,他们为不同的社会等级设定不同的标准,墨家则求平均。老庄道家敏锐地看到社会中已出现过分标准化的问题。标准化实质是用一个典型群体的价值观和生活方式来规范其他群体,但人与人之间在特质、需求、地理条件、拥有资源等方面都各有不同,如果用统一的标准来束缚,那必然等于是"落马首,穿牛鼻"的行为了。《庄子·马蹄》讲了伯乐治马的故事,伯乐花费精力去改变马,而马却因此而死者过半。庄子在此鲜明地表达了尊重多样性的立场。《庄子》无时不刻都在讲述着尊重自然本性、自主性的思想。在宏观上,尊重每个个体的自然本性就是尊重多样性。因此可以说,提倡文化多样性也必然蕴含尊重自然本性的要义。

在古代农耕社会,由于交通信息传播的阻碍,标准化的影响面还不太广。在现代社会里,网络、电视、广播等媒体使消费广告及其所负载的文化标准得以快速传播。尤其是以西方文化为标准的消费文化迅速得以全球化,学者薛晓源曾提出一种归纳:"美国文化的全球化被形象地概括为'三片',代表美国饮食文化的麦当劳'薯片',代表美国电影文化的好莱坞'大片',代表美国信息文化的硅谷'芯片'。"[①]西方强势文化以丰富的商品与巨量的信息性给人以多样性的表面印象,实际上,仅就承载信息的语言来看,人们就可以在多样性的幻象中看到标准化、单一化的趋势。据统计,全世界常用的语言大约有 6000 种,其中 20%—50% 已经失传。语言是民族文化的载体和遗传密码,语言多样性的缩减冲击了文化多样性的发展。

---

① 任洁:《关注科学发展观的两条主线——谈保护生物多样性与文化多样性》,《石油大学学报(社会科学版)》,2004 年第 10 期。

文化多样性对于人类的发展有着重要的作用。2001年联合国教科文组织发布的《世界文化多样性宣言》第一条明确说明"文化多样性是交流、革新和创作的源泉,对人类来讲就像生物多样性对维持生物平衡那样必不可少。从这个意义上讲,文化多样性是人类的共同遗产,应当从当代人和子孙后代的利益考虑予以承认和肯定。"长期以来我们一直以"现代"、"科学"、"发展"或类似的字眼来为强势文化"招降"劣势文化作幌子,这都应值得深深反思。例如我国"用夏变夷"的思想,即汉族文化自以为是天下最先进的文化,因而以自己的"农耕文化"去代替草原文化等,这却造成了自然生态环境的恶化。水草肥美的鄂尔多斯大草原正是因为"开化"才变成目前草原退化、风沙弥漫的惨象,即颇能说明问题。

现代消费主义价值观也是以"现代性"、"高品质生活方式"的耀眼光辉扑面而来的,它所到之处使不同民族的消费文化个性面临被吞噬的危险。正如老庄当年对儒家所谓的先进观念"仁"保持批判性态度一样,我们对于"现代性"、"现代化"、"发展"等观念也必须持批判性的态度,这样才能使我们对以所谓"先进文化"改造"落后文化"的文化变迁过程保持一定的清醒度,防止过度消费主义的恶性蔓延。

(二) 老庄生态消费伦理思想的历史局限

1. 呈现理想化色彩,发展性维度不足

老庄消费伦理思想是在春秋战国时期形成的,当时的统治阶级和新兴贵族频繁地发动战争,民间的明争暗斗也越演越烈。老子认为在上古时代,人与自然、人与人处于自然的和谐无争的状态中,人们不知道什么是道德却处处做着符合道德的事,没有政令礼制规范却六亲相和、仁义孝慈。然而随着文明的进化,人道与天道开始背离,各种仁礼

制度和仁义道德不断背弃道的本性,破坏了原始和谐的自然状态。在老子看来,要拯救社会,关键在于重新顺应天道自然,返本复归,弃绝人为的智巧利欲和道德准则,以原初的朴素无为为理想目标。^① 为此,老子勾勒了一个小国寡民的理想之国,庄子也描绘了原始自然的至德之世。

老庄在二千多年前就看到了人类历史是一个善与恶、进步与退步等各种矛盾对抗的发展过程是极其睿智的。然而由于在当时他们面临的问题是史无前例的,他们又相对比较关注人类生产技术的负面性,对技术所能达到的水平估计不足。因而,他们无法睿智到把辩证法贯穿到底,而是试图以否弃文明和进步的方式简单地取消和消灭矛盾,实现复归和谐的愿望。这种方法显然不够成熟,因为人类社会的发展是一个螺旋式上升的自然历史过程,谁都不可能让历史逆向运动或停止运动。完全复归小国寡民、至德之世的想法只能是乌托邦式的。而且社会的问题甚至暂时倒退也不能掩盖其进步的一面,这问题的背后甚至可能有着不可磨灭的历史进步性。

实际上,消费矛盾和它所关联着的诸多社会矛盾是人类社会发展的一个必经环节、必要条件。如果没有这种矛盾对抗以及与之相联系的种种苦难和不幸,那么人类就不会有任何发展与完善。消费现实中出现的某些"恶"的东西,在一定的历史条件下也可能成为历史发展的重要杠杆,在客观上起着推动矛盾向正确方向发展、推动历史进步的作用。^② 恩格斯曾肯定了黑格尔的关于恶的历史作用的思想:"在黑格尔那里,恶是历史发展的动力的表现形式。这里有双重意思,一方面,每一种新的进步都必然表现为对某一神圣事物的亵渎,表现为对陈旧

---

① 参见朱晓鹏:《智者的沉思——老子哲学思想研究》,杭州:杭州大学出版社,1999年,第 211 页。

② 同上,第 221—222 页。

第五章 老庄生态消费伦理观的当代启示

的、日渐衰亡的、但为习惯所崇奉的秩序的叛逆,另一方面,自从阶级对立产生以来,正是人的恶劣的情欲——贪欲和权势欲成了历史发展的杠杆,关于这方面,例如封建制度的和资产阶级的历史就是一个独一无二的持续不断的证明。"[1]

在现代社会,消费领域的冲突矛盾更加激化,我们不能因为发展过程中出现问题而否定发展。尤其是发展中国家更应着眼于新的发展来解决问题。英迪拉·甘地在1972年斯德哥尔摩会议上说:"环境不可能在贫困的条件下得到改善。"邓小平认为"中国的主要目标是发展,是摆脱落后,使国家的力量增强起来,人民的生活逐步改善"。[2] 当然,这个发展应是在关注生态问题基础上的和谐发展。

2. 科学理性欠缺,无法直接解决现代生态危机问题

老庄生态消费伦理思想是在农业文明的产物,是被动适应自然的朴素的经验性的思想。在老庄尤其是庄子那里,比较注重体验事物之同,相对忽视对事物的理性分析,这无法直接发展出科学的生态理论。正如李约瑟所论:"道教思想家虽然是深沉而又富有灵感的,但或许是由于他们极度不信任理性和逻辑的力量的缘故,所以并未能发展出任何类似于自然法则观念的东西。他们欣赏相对主义和宇宙的博大精微,并且在尚未奠定牛顿的世界图景的基础之前,就在探索一种爱因斯坦式的世界图景。沿着这条道路,科学是不能发展的。这并不是'道'这一万物中的宇宙秩序不按一定的体系和规则在运行,而是道家的倾向乃是把'道'看作是理论的智力所无法窥探的。这就是为什么若干世纪以来,交给道家掌管的中国科学就只能停留在纯经验的水平

---

① 恩格斯:《路德维希·费尔巴哈和德国古典哲学的终结》,《马克思恩格斯选集》第4卷,北京:人民出版社,1972年,第232—233页。

② 《邓小平文选》第3卷,北京:人民出版社,1993年,第244页。

上的一个原因——这样说大概并不过分。"①

因此,这种被动适应自然环境的生产技术只能在经验理性范围内浅层地、有限地开发利用地表的自然资源,它只能满足人们非常有限的、简单的基本消费需要,而不能提供当今社会所拥有的丰富的消费资料。今天,西方的工业文明和市场经济席卷地球,任何民族都已很难单纯依靠传统农业文明的生产技术方式,去解决人类的生存与消费问题。而"不能有效地解决物质生存问题,也就难以真正彻底地顾及生态环境,就不光会导致毁林开荒、过度放牧等竭泽而渔地破坏自然环境的行为,还会产生由于贫困和落后导致的一系列新的环境问题。"②因而,"中国及发展中国家不得不在经济全球化的世界性潮流中走工业化和现代化的发展道路,说明中国古代生态伦理传统的文明根基已经不存在了,我们只能在全球的经济竞争和生态环境已经破坏的双重压力下来实现我们的生存和发展目标,既要谋求发展,又要兼顾环境,这就不能太多地沿用有利于自然和谐的传统农业文明的生存技术和发展方式,而必须采用大力开发与自然环境相容的现代科学技术和发展方式。"③

农业文明时代的生态环境问题,主要是因毁林开荒、过度耕种、过度放牧所造成的森林减少、水土流失、土壤沙化等。"这些生态环境问题都是局部性的、区域性的问题,并且总能够经过人们的努力,在较长时期内通过自然本身的调节功能来恢复的"。④ 即使某些地方因开发过度而难以恢复也不会太大地影响整个地球的生存质量。"但是,在工业文明时代,人与自然的相互作用性质产生了完全不同的根本变

---

① 李约瑟:《中国科学技术史》第二卷,北京:科学出版社,1990 年,第 578 页。
② 佘正荣:《中国生态伦理传统的诠释与重建》,北京:人民出版社,2002 年,第 253 页。
③ 同上,第 253—254 页。
④ 同上,第 260 页。

化,人类因其人口的爆炸性增长和物质欲望与日俱增的攀升,人类不仅因此将改造和利用自然的实践活动扩张到了全球"①。随着科技的进步,新的环境问题也与日俱增,这意味着,"由于人类工业文明以来的活动,已经改变了生物圈的自然调节功能,地球生态系统已经面临逐渐趋向瓦解的危机。这说明,地球生态系统的机能已经不正常了,因而不可能完全依赖在农业文明条件下形成的中国生态伦理传统,依靠自发地适应自然生态自然生态系统的规律,就能解决如此严重的全球性生态危机。"②另外,从实践方式看,老庄生态伦理思想并未形成一整套合理约束人们行为的生态道德规范,仅仅依靠道德自觉不能有效调节芸芸众生对待自然的行为。

(三) 构建有中国特色的生态消费伦理

1. 走出传统人类中心主义的困境,促进人与自然的和谐

老庄的消费伦理思想中的天人合一观和物无贵贱的平等观等思想提倡人与自然的和谐。然而,在对消费伦理的考察过程中,由于现代消费主义盛行,破坏了人与自然、人与人、人类内心世界的和谐,而消费主义的价值观根源主要在于传统以人类为事物的中心的人类中心主义,它大致有三层含义:一是从空间意义而言,人们认为人类处于宇宙的中央;二是从目的意义而言,人类视自己为宇宙的目的,外部自然事物只是人类认识和改造的对象、满足人类需要的资源库。三是从价值意义而言,一切应从人的利益和价值出发,以人为根本尺度去评价和对待其它所有事物。文艺复兴以后,人类努力运用科学技术去征

---

① 佘正荣:《中国生态伦理传统的诠释与重建》,北京:人民出版社,2002 年,第 260 页。
② 同上,第 206—261 页。

服和改造自然,满足日益增长的需要。在此背景下形成的人类中心主义强化了人与自然的对立,认为整个自然界的存在就是为了满足人类的的需要,自然界是人类认识、分析、征服、控制的对象性客体。这忽视了自然与人类的统一性、同源性,忽视了自然规律对人类实践的制约性,忽视了自然本身资源和承载能力的有限性。

恩格斯在《自然辩证法》曾告诫:"我们不要过分陶醉于我们对自然界的胜利。对于每一次这样的胜利,自然界都报复了我们。""因此我们必须时时记住:我们统治自然界,决不象征服者统治异民族一样,决不象站在自然界以外的人一样,——相反地,我们同我们的肉、血和头脑一起都是属于自然界,存在于自然界中的;我们对自然界的整个统治,是在于我们比其他一切动物强,能够认识和正确运用自然规律"。[①] 而"文明越是灿烂,它持续存在的时间就越短。文明之所以会在孕育了这些文明的故乡衰落,主要是由于人们糟蹋或毁坏了帮助人类发展文明的环境。"[②]

消费主义和支撑消费主义的工业文明对自然界的破坏非常严重,已直逼人类的生存边界……可持续发展面临严重威胁,人与自然的动态平衡关系已被打破。现在我们虽然不能完全按照老庄自然无为的消费伦理来生活,也不可能完全同意生态中心主义的观点,因为"人类中心主义是人类从事一切活动,包括日常生活、建立社会秩序、从事科学研究的一种世界观、方法论或是一种不证自明的理论预设和实践前提。"[③]但如果将自然主义的合理因素植入现代消费伦理思想、现代理性的人类中心主义中,对于解决消费主义的现实困境是很有实际意

---

① 恩格斯:《自然辩证法》,《马克思恩格斯全集》第 20 卷,北京:人民出版社,1971 年,第 519 页。
② 弗·卡特,汤姆·戴尔:《表土与人类文明》,北京:中国环境科学出版社,1987 年,第 5 页。
③ 郑红娥:《人类中心主义之争:一个虚假的问题》,《哲学动态》,2003 年第 9 期。

义的。

2. 提倡科学理性与价值理性协同发展，实现和谐与发展的统一

如前文所述，包括老庄在内的中国哲学家比较注重价值理性，相对忽视科技理性，因而其消费伦理思想无法直接解决当代消费主义产生的生态危机问题。不过，仅仅靠科技理性不仅不可能解决生态危机的问题，而且目前的生态危机和内心世界危机的直接原因恰恰也是科技理性过度膨胀。西方一些有识之士对此进行了反思与探索。罗马俱乐部认为在人类贪欲支配下的科技理性，将人类的意志强加于并毁灭性地消费自然界，最终将导致人类自身的毁灭。美国学者布朗认为："自愿的简化生活或许比其他任何伦理，更能协调个人、社会、经济以及环境的各种需求。它是对唯物质主义空虚性的一种反应。它能解答资源稀缺、生态危机和不断增长的通货膨胀压力所提出的问题。"①马尔库塞在《单向度的人》中批判消费主义：人在技术控制和物欲的操纵下，变成了只有物质追求而没有精神追求的"单向度的人"。马尔库塞和弗洛姆认为"人活着不仅需要面包，而且需要阳光和真理"。如果人们的注意力仅限于物质享受，那么对这个社会来说，就意味着它是一个走向没落腐朽的"病态社会"，对具体的个人来说，则意味着变成了畸形发展的人。

因此，科学理性与价值理性两者都不能偏废，必须通过两者的契合来寻求解决问题的办法。我们应合理地使用科学技术这把"双刃剑"，把人类的科技能力用于合理地利用自然、保护自然的实践活动中，建构科学理性与价值理性协同发展的生态消费伦理观，实现人与自然、发展与和谐的统一。

---

① 莱斯特·R·布朗：《建设一个持续发展的社会》，北京：科学技术文献出版社，1984年，第 284 页。

第六章
道家思想与现代生态旅游

　　在二十世纪的今天,生态旅游活动作为人们在闲暇之余的重要行为和生活方式,已经成为一种普遍的经济、社会现象,同时更是一种文化现象,反映了人们对精神层面与审美享受的追求,以及对自身和外在生存环境关系的关切。当代旅游业存在着以牺牲周边生态环境为代价而牟取暴利的情形,这加速了自然资源的耗竭和环境的退化,也使人的内心世界处于焦虑中,使人类陷入某种生存危机。鉴于当代旅游活动中普遍而严重的生态问题,我们需要抛弃和超越过去大众旅游思维的影响,吸收一种适合我国现状且最具有生态意蕴的生态思想,来充实和引导我国生态旅游的发展。而道家思想所展示的生态伦理价值观对我们树立健康良好的生态旅游意识有着十分重要的作用和意义。

一、生态旅游与生态文明

（一）当代生态旅游的发展

随着旅游活动的蓬勃开展和旅游资源的不断开发，传统旅游发展方式中的一些不足——如只顾眼前利益而忽视旅游资源的可持续利用，只注重经济利益而忽视旅游的社会、生态效益等——已成为旅游业进一步发展的严重障碍。人们越来越深刻地懂得旅游观光活动也可能成为伤害环境的行为，可持续旅游业发展的观念也日渐深入人心。1983 年，国外学者赫克特首次提出"生态旅游"这一概念，指出生态旅游是"到相对未受干扰和未受污染的自然区域去旅行，体验或欣赏其中的野生动植物景象及区内文化特色，帮助人们摆脱日常工作、都市生活的压力，然后慢慢形成一个关心环境保护、自然保育的人"。[1] 瓦伦丁提出"生态旅游应为仅限于符合下列条件的旅游形式：以相对不受干扰的自然区域为基础，不遭受破坏、不降低质量并能够在生态上保持可持续发展，对被利用的自然区域持续不断的保护和管理作贡献"。[2] 国内学者卢云亭认为，"生态旅游是以生态学原则为指针，以生态环境和自然资源为取向，所展开的一种既能获得社会经济效益，又能促进生态环境保护的边缘性生态工程和旅行活动"；[3]张林源、杨新军认为，生态旅游是"人们开始追求一种回归自然、自我参与式的旅游活动，渴望与大自然融为一体，体验'天人合一'的高雅享受，即所谓选

---

[1]　卢云亭：《生态旅游学》，北京：旅游教育出版社，2001 年，第 6 页。
[2]　Ecotourism and Nature Conservation. Tourism Management，1993，P107。
[3]　参见《经济地理》：《生态旅游与可持续发展》，1996 年第 1 期。

向道而生

择性生态旅游……"①黄凯南在《文化生态旅游——一种基于生态文明观的旅游方式探索》中认为,"生态旅游是指旅游者通过体验与自然、社会环境协同一致的文化生态资源,以追求'人与自然'、'人与人'、'人与自我'三者均衡的文化知识与审美价值,并且强调旅游者在旅游过程对旅游环境承担责任和义务的一种基于生态文明观的旅游形式,是文化旅游和生态旅游的新发展"。②

综上可见,生态旅游是一项以尊重自然为基础,以实现人与自然、他人与自我的均衡和谐为目的,融沟通生态伦理、生态实践行为与生态审美享受为一体的旅游活动。它具有丰富的内涵:首先,它是一种依赖于自然资源的生态活动,生态旅游的对象是包括自然生态和文化生态双重指向的的生态系统;其次,旅游者和旅游环境是统一的具有整体性的生态系统,人是这个系统的有机组成部分,自然亦非独立于人之外的存在;第三,它是通过观赏与体验生态环境,去协调和满足旅游者身心的平衡、丰富生态知识的一系列生态需求活动。生态旅游是人类旅游方式的重大变革,它强调保护资源环境,保护生物的多样性和系统的稳定性,强调旅游者的行为应有利于维持并促进旅游环境的生态平衡,以实现人与自然的和谐为核心本质,由此使自然环境与人文环境在大尺度、多维度上互动、持续、和谐发展,并获得精神上的愉悦和满足。

一般认为,非洲的肯尼亚和拉丁美洲的哥斯达黎加是发展生态旅游的先驱。非洲的肯尼亚被称作是"自然旅游的前辈",也是当代生态旅游搞得比较好的国家之一。美国是开展生态旅游比较早也是比较

---

① 参见《地理学与国土研究》:《我国自然保护区的生态旅游研究》,1996 年 12 期,第40—43 页。

② 转引自李维锦:《茶文化旅游:一种新的文化生态旅游模式——以云南茶文化生态旅游为例》,《学术探索》,2007 年 1 期,第 137—140 页。

成功的国家之一。美国划定了世界上第一个国家公园——黄石国家公园，产生了最初意义上的生态旅游。欧美以及日本、澳大利亚、新西兰等国家的生态旅游也相继取得了良好的效果。对我国来说，生态旅游刚刚兴起，生态环境的恶化成为严峻形势。面对当今自然环境中的种种问题，重新发掘道家的自然主义思想，吸收其合理元素，对于丰富生态旅游文化、开展生态保护，建构一种与人类未来文明走向——生态文明相符的生态观很有意义。

（二）道家思想中的生态哲学

在我国历史上，一直隐含着丰富的热爱自然、回归自然的历史传统。尤其是以老庄为代表的道家，提倡"回归自然"、"崇尚俭朴"的思想传统，对目前的生态旅游有着重要的启示意义。从其目标上看，道家追求回归自然的思想正好与近年来逐渐流行的生态旅游回归的价值理念相一致。我们可以吸取道家生态哲学资源，引领我国生态旅游向合理化方向发展。道家思想具有强烈的自然倾向和特征，从整体上可以归结为自然主义。"道作为道家形上学的本体，不仅是外在的自然世界的本体，同时也被当作了一切社会和人类活动的意义和价值的最原始最终极的根据，也是人类社会处理人与自然、人与人等一切关系的最高准则。可以说，道家的自然主义既确立了自然本身的独立意义和价值，肯定了其至高无上的本原性地位，又从广阔的宇宙的、自然的视域来观察人类社会，确认了人的存在和活动所依据的价值原则要在自然的本质之中去寻找"。[①] 自然主义的要旨在于实现人和自然和

---

① 朱晓鹏：《道家思想通向现代生态伦理学的两个基本观念》，《杭州师范学院学报》，2006年第2期。

谐共生,具有不以破坏生态资源环境与生态平衡为代价的可持续发展理念,它是人类推进生态文明发展的行动准则,其核心观念就是主张人类可持续发展观。道家自然主义精神表现在以下几点:

1."道法自然、万物一体"的生态整体平等观

道家哲学提出的"道法自然"阐释了宇宙万物生成诞育、演化发展的根源与趋势。它包含了深刻的生态智慧,而不是仅从浅层次的认知角度论述人对自然对象的认识与占有。作为东方古典形态的美学思想与生态智慧的结合,它为疗治当代人类人与自然、社会与精神的疾患提供了一剂良方。

道家认为,人们与自然万物是同生、共存的,它们处于同一个整体之中。天地万物以及自然,都来源于同一个"道"。老子说,"道生一,一生二,二生三,三生万物",世间万物一切皆由这个"道"而来,它们共同生长在这个充满"道"的世界。人与自然相互依存、相互发展。如果没有自然为人类提供生活资源,就不会有人类今天的发展成果。因此,人类要保持继续长远的发展,就必须遵照自然的规律,与自然同步,不能过度利用自然来促进自身的发展。老子提出了效法"道"的思想,认为"道"是自然界的根本法则,只有顺从"道"才能保持长远发展,否则就会造成莫大的危害。而要从根本上效法自然之道,任自然而发展,首先要从"道"的思想出发来理解人与自然的根本统一性,这主要体现为两个方面:

一是在本源上将人与自然视为同等地位,帮助人们在对人与自然的关系上树立起一种生态平等观念。万物从本源上都处于平等的地位,它们都来源于道。因此,作为其中的任何一方,都无权将自身凌驾于对方之上,更无权将自己的利益建立在以牺牲另一方为代价的基础之上。关于生态平等的思想,老子说:"故道大,天大,地大,人亦大。域中有四大,而人居其一焉。"(《老子》第二十五章)庄子认为,"今大冶

铸金,金踊跃曰:我且必为镆铘,大冶必以为不祥之金。今一犯人之形,而曰:人耳人耳,夫造化者必以为不祥之人"(《庄子·大宗师》)。反过来即是,人只有把自己放在与天地万物平等的位置上,才能与天地万物融为一体,防止人与自然的对立。

另外,既然人与自然"生而平等",那么,不管是为了人的进步,还是为了自然的发展,都要尊重万物生命,反对滥用和耗竭自然的资源,胡乱妄行。对道家来说,尊重生命,就是以"道"的原则去对待生命,以"慈"的心态去关爱万事万物的发展。

道家这种慈爱众生的思想与西方近代以来的机械世界观仅仅把他类生命当成满足人类福利的手段是格格不入的。在现代西方机械价值观引导的工业文明的发展,给全球生态环境带来了灾难性的后果。一方面,工业文明的生产技术成功地减少了资源波动,它所产生的巨大物质财富和生产效应推动和满足了人类不断增长的物质需要。但另一方面,它习惯将主体客体完全分开的思维,分割、破坏和瓦解了生态系统和自然生态的平衡,对所有生命的生存构成了严重的威胁,爆发了大量的环境污染和生态破坏事件。

许多西方学者逐渐认识到这种思维形式所带来的缺陷。他们认为东方传统文化正好克服了这个缺陷。著名的历史学教授卡普拉就认为,"在诸伟大传统中,据我看来,道家提供了最深刻并且最完善的生态智慧,它强调在自然的循环过程中,个人和社会的一切现象和潜在两者的基本一致。"[1]对此,美国著名环境哲学家、环境伦理学家纳什评价说:"卡普拉深受正在兴起的生态学的鼓舞,把它视为道家的万物一体意识的西方对等物。"[2]这一方面肯定了道家的这种整体生态观,

---

① Capra. F:《Uncommon Wisdom:Conversations with Remarkable People》,Simon and Schuster,1989 年,D. 36。

② [美]纳什:《大自然的权利》,杨通进译,青岛:青岛出版社,1999 年,第 141 页。

另一方面也向我们阐释了道家思想以自然主义为中心的要旨。人与自然万物同根、同性，互相影响、互相作用。人与自然不仅处于同一个整体之中，而且其行为能够对环境产生影响。同时，环境也可以反过来影响人类。因此，道家告诉我们，要尊重自然万物自有的本性，在从事各种活动时，要考虑对环境、对自然的影响，只有这样，才能保持世界有序的长久发展。

2. 返朴归真、亲近自然的生态审美态度

道家思想返朴归真，追求自然的本然倾向，可谓人所共知。老子云："人法地，地法天，天法道，道法自然。"作为宇宙本原、生命本体的"道"所取法的境界就是"自然"。因而老子反对人为，以"拙"为"大巧"。他对具备纯真本然天性的婴儿大加赞美："专气致柔，能婴儿乎"（《老子》第十章），"常德不离，复归于婴儿"（《老子》第二十八章）。老子最根本的追求，就是"涤除玄鉴"（《老子》第十章），去除人为的性质，返归本心，以契合"大道"的真朴自然。

庄子说："天地有大美而不言，四时有明法而不议，万物有成理而不说。圣人者，原天地之美而达万物之理，是故至人无为，大圣不作，观于天地之谓也。"（《庄子·知北游》）在庄子看来，"天地之美"之所以为"大美"，正在于其超越人为的自然纯真，所谓"淡然无极而众美从之"（《庄子·刻意》），"朴素而天下莫能与之争美"（《庄子·天道》）。

庄子是天然本色之美的竭力维护者，除人们熟知的"天籁"（《庄子·齐物论》）之说，庄子的另外一些寓言也体现出自然主义的审美立场："泽雉十步一啄，百步一饮，不蕲畜乎樊中。"（《庄子·养生主》）"畜为樊中"意味着以人力剥夺了泽雉自由自在的野态天趣，这为庄子所反对。又如，马"陆居则饮草食水，喜则交颈相靡，怒则分背相踢"（《庄子·马蹄》），一副自得其乐、天真烂漫的样子，但一落到伯乐手里，"烧之剔之，刻之雒之"，于是马失去了"真性"，失去了最可贵的本然状态。

在《庄子·至乐》中，庄子以鸟养鸟的那则寓言更具典型性。庄子反对鲁侯那种以己养鸟的方法，因为这种人为的干预只能置鸟于死地，正确的方法应该是任其自然，以"鸟养"养鸟，即"栖之深林，游之坛陆，浮之江湖，食之鳅鲦，随行列而止，委逸而处"（《庄子·至乐》），让鸟归于自然界，如其本然地生活。在人与自然的关系上，道家主张天人合一，肯定人与自然界的统一，强调人类应当认识自然，尊重自然，保护自然，而不能破坏自然。反对一味地向自然界索取，反对片面地利用自然与征服自然。当然，要获得自然之美，就必须法天贵真、无为不作，以本然之性契合"大道"，也就是达到天人合一的程度。

3."自然无为"的生态审美实践途径

在道家看来，人与自然的关系不仅是在世界本源上的同生性，而且也要在具体的生活领域之中表现出来。道家认为，要保持自然万物的和谐、达到生态审美的重要途径，就是要在生活中做到"自然无为"、"节俭素朴"。

(1)"自然无为"

道家将"自然无为"看作领悟生态之美的基本原则和基本途径之一。"自然无为"主要有两方面意思：一是因任自然；二是不妄加作为。"无为"不是什么都不作，而是让人们不刻意妄为，不恣意强行，要顺其自然的本性，不要刻意地去有为和作为，因为这样往往会适得其反，走向事物的反面。

"自然无为"这一命题中的"自然"，即是同人为相对立的自然而然。其要旨是说明无须外力、无劳外界、无形无言、恍惚无为的"道"之本性。"自然"好像是水的涌出，不借外力，无所作为，是一种"无为"，也是一种"无欲"。"无为而无不为"——只有无为才能做到无所不为。"万物作焉而弗始，生而弗有，为而不恃，功成而弗居。夫唯弗居，是以不去。"（《老子》第二章）如果从人与自然的关系上来理解，即是人类任凭万物自然兴起而不人为地对其进行改造,生化万物而不占有,帮助万物生长而不无限制地对万物施为,使万物获得成功而不自居为万物的中心。这种"无为"、"不争"的思想扩大到人与自然的关系之中,即所谓如"水善利万物而不争"——同水一样滋养万物却从不同万物相争。正因为人类遵循道之"无为",不与万物相争,"故天下莫能与之争"。

老子还以深刻敏锐的直觉洞悉到:美在于自然界以及天地万物的统一和谐之中。破坏了这种和谐,就谈不上任何美的存在。故老子针对社会上人们不但不能尊重自然,保护自然,反而破坏自然的行为提出警告:"知和曰常,知常曰明"(《老子》第五十五章);"复命曰常,知常曰明,不知常,妄作,凶"(《老子》第十六章)。劝诫人们天地万物之间的和谐之美是自然界本身的常态,人类取法天地自然之道,也应顺应这种法则,维护自然界的这种和谐秩序。懂得这个道理就是明智,不懂得这个道理,采取违背自然循环的行为就会破坏自然界的和谐而带来灾祸。

庄子则进一步将老子"无为"发展为"逍遥游"的思想。"逍遥游"的本义指通过无拘无束的翱翔达到闲适放松的状态。庄子在这里是特指一种精神的自由状态。日常生活中所有的"游"都是有待的,无论是搏击万里的大鹏,还是野马般的游气和飞扬的尘埃,其游均要凭借于风。而只有无所凭借,才能自由的翱翔。他说:"汝游心于淡,合气于漠,顺物自然而无容私焉。"这里所谓的"游心"即使自己的精神和内气处于淡漠无为的状态,顺应自然,忘记了自己的存在。这就是精神丢弃偏私之挂碍,走向自然无为,是一种真正的精神审美与自由。这种精神自由可以任凭思想自由驰骋而体悟万物。"逍遥游","游心"也。这可以理解为是庄子对"无为"内涵的深化与发展,它包含着一种深刻的从去蔽走向澄明,从而达到超然物外的精神自由的审美的生存状态。

庄子还在《天地》篇中指出，"夫明白于天地之德者，此人谓大本大宗，与天和者也。"明白天地自然无为的本性，就把握了宇宙的根本宗旨，而成为与自然和谐的人。如果像《在宥》篇谴责的黄帝和云将那样，违背自然本性的原则，改变自然界，势必会扰乱自然界固有的和谐，产生人为诱发的"云气不待族而雨，草木不待黄而落，日月之光益以荒矣"的自然灾害，甚至"灾及草林木，祸及止虫"。庄子认为，"牛马四足是谓天；落马首，穿牛鼻，是谓人。"在庄子看来，"'牛马四足'是牛马内在自然之天性，而把牛鼻子穿起来，给马套上笼头，则是外在于牛马而强加于牛马的人为之事，这是剥夺了他们的自由，违背了他们的自然本性，也违反了道的规律。庄子很明确地反对以外在的人为强行破坏事物内在的自然本性的做法，他呼吁'无以人灭天'、'泽雉十步一啄，百步一饮，不薪畜于樊中'。"①在他看来，野鸡走十步才能找到一口食，走百步才能找到一口水，尽管如此，它也不求养在笼子里，因为这样就违背了野鸡的自然天性。因此，在生活中，不能单纯以人之心来揣度自然之需。自然是人类最好的榜样，人应该以自然为师，一切顺其自然，成就万物而不自居其功。不应该把自己看作是自然的主人，对自然妄加作为，作自然的主宰。

（2）节俭、朴素

节俭是道家的另一生活准则与优良品德之一。"祸莫大于不知足，咎莫大于欲得"（《老子》第四十六章），"故知足之足，常足矣"（《老子》第四十六章）；因此，"圣人去甚，去奢，去泰"（《老子》第二十九章）。王弼曰："费，天下不匮，故能广大。"在道家看来，虽然人类要维持其生存，就必须从自然界获取其生存所需的物质材料，但凡事都应该有度，

---

① 姚汉荣、孙小力：《庄子直解》，上海：复旦大学出版社，2000 年，第 245 页。

超过了一定的度就会适得其反，因而只有知足知止，才能远离危险，避免祸患，立于不败之地。"知足不辱，知止不殆，可以长久"（《老子》第四十四章）。将这种"知足不辱，知止不殆"的思想，应用于人与自然的关系上，就是在生活环境的改善、开发利用自然资源时要有节制。只有知足知止，才能持久。所以人要顺应自然，不要渴求不必要的和得不到的东西，把自己的欲望和行为需求节制在自然规律的限度之内，才能与自然达到真正的共存。

总而言之，道家思想中的"道法自然"、"万物齐一"、"自然无为"等理论，隐含了深刻的自然生态学理论问题，展现了特有的东方式的智慧。而其所涉及到的"无为与无不为"、"无欲"、"逍遥游"、"游心"等命题所具有的理论深度和意义也是不言而喻的。作为现代社会中的一种自然主义哲学，它强调人类回归自然、返朴归真、与自然和谐相处的境界，已成为人类特别是中华民族的伟大瑰宝。

二、道家生态思想在生态旅游中的现代意义

道家生态哲学中的"道"与生态旅游之间存在着内在关联性，"道"不仅是道家哲学的最高抽象，也是生态旅游思想的原始印痕。道家崇尚自然无为，反对人主动刻意而行，人们只要遵从"道"的引领，就能够获得自发、自然的自由行为和旅游方式，使"道"在具体的生态旅游实践活动中不断得以展开与呈现。因而，在生态旅游中行"道"、论"道"、得"道"，道游一体，不仅促进了生态旅游与道家哲学、美学的相融并构，同时也彰显了道家之"道"的原则与生态旅游的完美辉映。

（一）道家生态思想的本质——人与自然的统一

道家学派奉行自然主义的思想，推行道法自然的思维方式，在人与自然的关系问题上作了深入的研究，并从道德层面上作了一定的探索。他们所关心的人不是社会状态下的人，而是自然状态的人，是作为大自然组成部分的人。在对待自然环境的态度上，道家遵循珍视一切生命的生态观，具有强烈的热爱自然的情感倾向。

1. 人对待自然的态度

道家主张道法自然、回归自然，这里的"自然"是指万物自生自发的本来状态。"无为"是顺其自然而不含有外力强加的意思。道家提倡无为，反对人为，就是要人们顺应自然的本来态势，反对人类出于自己的需要随意违反自然的本性，强行干预世界。道家将这种"无为"称为"德"。"德"是天地万物产生之后内在于具体万物中的"道"，亦即"得道"。"德"是"道"在创生万物的活动中赋予万物的存在根据，是"道"的作用和显现，是合乎"道"的行为，是按照"道"的自然本性来对待他人和万物的至上品行。

老子认为人不应当把自己看作是自然的主人，对自然妄加作为："万物归焉而不为主，故名为大"（《老子》第三十四章）。庄子也说："圣人者原天地之美而达万物之理。是故至人无为，大圣不作，观于天地之谓也。"（《庄子·知北游》）天道自然，天道无为，效法自然、遵从天地的人就应当无为任天，不将不迎，"与天为一"。任何破坏自然的"人为"都会导致人与自然和谐关系的破坏，都是道家所反对的。人如果能够做到因循自然，遵循天道自然本性而生活，就达到了"无为"的境界。

"道法自然"既是宇宙的最高法则，也是老子将道德观融入其自然观的根据。道家向来主张万事万物都依"道",人也同样如此。"自然无为"是"道法自然"的直接体现。"天无为以之清,地无为以之宁,故两无为相合,万物皆化生"(《庄子·至乐》),"察其始而本无生,非徒无生也而本无形,非徒无形也而本无气。杂乎芒芴之间,变而有气,气变而有形,形变而有生。"(《庄子·至乐》)人从天地自然万物中产生,人就应该顺应天地万物,按照"自然"的方式生存,即"顺之以天理,应之以自然"。

道家所提倡的"无为"并不是无所作为,而是不刻意妄为,不恣意强行。李约瑟博士曾明确指出:"就早期原始科学的道家哲学而言,'无为'的意思就是不做违反自然的活动,亦即不固执的违反事物的本性,不强使物质材料完成他们所不适合的功能……"[①]"无为"是有所为而又有所不为,是有为和无为的统一,"无为"实际上是效法"道"的一个过程,是实现"道法自然"的基本态度之一。

2. 人与自然的关联

道作为永恒的终极存在,作为产生和运作万物的根源,具有普遍性和整体性。这也决定了人与自然的关联性。《老子》第二十五章中讲道:"有物混成,先天地生。……吾不知其名,字之曰道,强为之名曰大。……道大、天大、地大、人亦大。域中有四大,而人居其一焉。"这说明道、天、地、人四部分构成一个统一的系统,人类只是其中的一个构成部分,人再大也在天地之间。因此,作为"域中四大"的人应遵循自然法则来善待万物,尊重万物,使万物各得其所,各遂其生。只有这样,人类才能在和谐统一的自然系统中立足,"自见者不明;自是者不彰;自伐者无功;自矜者不长。"(《老子》第二十四章)所以说:"人法地,地法天,天法道,道法自然。"老子要人依照地上事物的法则办事,地上

---

① 李约瑟:《中国科学技术史》第二卷,北京:科学出版社,1990 年,第 76 页。

的事物要根据天上的变化而变化,而天上的变化也是有规律的,最后,这一切变化的规律或法则,都是自然而然的,都是以其本来形式存在或表现的。这样,老子将天、地、人关联在一起了。从宇宙的整体性观点出发,揭示了人与自然的关联性。"自然"与人是一体的、不可分割的,人本身存在于自然中,理所当然是自然的一部分。所谓"道法自然"归根到底是"人法自然",它要求人们在处理人与自然的关系时,把人的生命价值及其完善同整个自然宇宙的发展与完善融合在一起,在自然宇宙整体系统的完善与永恒之中实现人的生命的完善与永恒,表现出一种高尚的伦理精神和博大的道德胸怀。

此外,庄子的"物我合一"论也在一定程度上揭示了人与自然的关联性。庄周化蝶,表现了"物我合一"性,即是主客体相互融合的境界。推广到人与自然的关系中,我们也可以看到道家与物相通、与自然相通的思想意蕴。"物我合一"论把宇宙看作一个不可分割的整体系统,认为万物在整个系统中无不被道所统摄,又以自己独特的方式来体现道。庄子这种物我合一的观念与现代生态伦理学整体论思想相吻合。

道家自然主义思想对于人类如何处理人与自然的关系提供了有益的思路。国际自然保护同盟根据联合国大会通过的《世界自然宪章》制定的伦理原则指出:"人类是自然的一部分,人类与所有在这个星球上的其它物种一样是永恒生态规律的对象。"因此,"人类的文化必须建立在对自然的极度尊重上,具有与自然一致的观念,并认识到人类的万事万物必须在与自然的和谐,平衡中进行。"这些思想与两千多年前道家的思想非常相似。因而,努力挖掘道家生态伦理思想,将之改造、吸收,对人类的现代生态意识的确立具有重要的意义。

（二）道家生态思想对生态旅游的现代启示

生态旅游作为可持续旅游的一种发展模式，日益受到理论界和实践界的重视，现已成为世界旅游业发展的热点。与传统旅游业相比，生态旅游注重原始环境下生成的当地居民与自然环境之间和谐与互生的关系，它倡导保护资源环境、满足旅游者享受自然的精神需求、使人与自然和谐相融的价值取向，与道家的生态智慧有着众多的共通之处。从总体上看，道家对生态旅游的启示可以体现在以下几个方面：

1. "见素抱朴"——提倡简约、朴素

"道"是道家生态思想的核心范畴。"道"是宇宙本体、万物产生的根源和运作变化的规律。"道常无名，朴。"（《老子》第三十二章）。只有顺其本性，不去干涉，才能真正感受到这种生态自然的和谐。要真正体会到它，就需要"见素抱朴"（《老子》第十九章）、"复归于朴"（《老子》第二十八章）。"朴"是未经任何社会尘染的纯真的事物本性，它无饰无华，是纯天然的，与加工雕饰绝缘。而"见素抱朴"则是要求人们不求表面外观的繁缛华丽，而以自然无为的道作为真正目标和指导人生行为的根本法则，以素淡清远为理想的人生境界。

老子又提出"希言自然"（《老子》第二十三章），认为自在天然、质朴无华的朴素是自然的最高生命，又主张"信言不美，美言不信；善者不辩，辩者不善"（《老子》第八十一章），崇尚语言的信实与质朴，反对巧言令色。道家主张人要效法"道"的朴质和自然本性，以一颗空明、清净的心态去感悟自然生态，感悟恬淡、宁静、虚静、通泰之美。在道家看来，要依"道"而行，就要能够超越普通的世俗观念与纷杂事物的干扰，保持清心淡雅、简约朴素的心境与生活态度。道家认为，现实生活中的真正的美是由大"道"所表现的无形无象、无声无音的"至美"，是"天籁"之美,而非外观形态上的缤纷繁华之美。"五色令人目盲;五音令人耳聋;五味令人口爽;驰骋畋猎,令人心发狂;难得之货,令人行妨。"(《老子》第十二章)过分追求外在的形式之美会危害人的身心。在老子生活的时代,外形美观的事物主要用来为权贵家族和特权阶层服务的。老子对这种奢华、过分、放纵式的享乐予以抨击。在理想的社会中,人们"甘其食,美其服,安其居,乐其俗"(《老子》第八十章),人们回归自然,安居乐业,享受到自然纯朴和恬静之美。因此,他激烈地反对奢华、错综复杂,提倡素朴、简约的生存理念。道家则主张在生活上"见素抱朴"、"崇俭黜奢",这种思想可以转化为一种生态旅游的内在原则。

道家哲学意义上的简朴观念,对我们当今生态旅游有着重要的启示。

首先,道家提倡的以自然朴素为美的精神,可以转化为生态旅游审美中的一种简约的精神。在道家看来,简朴是"道"之本性所呈现出来的一种朴素的淡雅的自然美感。这种美是"法自然"、"涣兮其若释"、"敦兮其若朴"、"旷兮其若谷"、"澹兮其若海,飂兮若无止"(《老子》第二十章)的,是"朴"和"小"的。这种原始的自然朴素,实际上代表了一种以自然为美的简约精神。随着当代在生态旅游发展中生态意识的强化,这种简约精神已经不知不觉地影响着我们生活中的方方面面。比如,在建筑中,现代园林或家庭装修越来越注重以简约的主题风格,突出绿色、自然的气息;在书画中,自然、园林一直是我们绘画发展的主题等等。在历史上,这一原则一度成为我国传统美学的重要特征,如气功、武术、建筑、舞蹈、书画、音乐等等,无不折射出道家这种注视自然、简约的审美风格和精神特质的影响。

其次,在现在生态旅游中,道家的简约对于遏制徒有生态旅游之名却多有破坏生态之实的不良之风又有着极其明显的警示。在生态旅游的开发中,某些地区为了吸引更多的旅游者,把一块好端端的石头变得面目全非;还有一些重要景区,为了通过招揽游客来促进经济发展,花费巨资在景区内兴建人文景观,不仅破坏了生态景观的自然原始美,而且也造成了生态环境的损坏与生态旅游不正之风。这种现象,曲解了生态旅游的本义,并偏离了自然生态化的发展趋向。在传统的旅游中,人们很容易被"五色"、"五味"、纷繁的事物所迷惑,甚至不惜任何代价去追求这种潮流性的事物,由此迷失了自我的本性,远离旅游真正的意旨。道家向人们提倡简约,促使有效地减少生态旅游中的环境污染与破坏。

因此,道家主张通过效法"道"的朴质和自然本性,倡导人们去注重自然原生态的朴质。在对自然景观的追求上,引导人们去追求简洁、自然的生态旅游景观,以简约为美,摒弃生态景区中繁琐的理念。这些理念不仅有助于缓解生态系统的压力,并且对保持自身的生态旅游审美情趣也有重要的意义。

2."知足、知止"——反对过分的旅游消费

道家的生态意识不仅表现在对自然的崇尚之上,而且更多的强调在社会生活中对自然的保护和不过分的取用。在生态实践中,人不能以消费者自居,做出有损于自然的行为。否则,就会破坏自然生态,违背生态旅游的初衷。这就要求在生态旅游中要懂得"知止知足",杜绝以生态作为消费目的的不正之风。

在道家看来,"道"是和谐的,它不追求过分的完满,不极端,不过分。《老子》指出,"保此道者不欲盈,夫唯不盈,故能蔽而新成","知止可以不殆",明确说明只有懂得适可而止,才能避免胆大妄为带来的危险。道家强调"争归于利,不可止也"(《庄子·胠箧》)"不知所止"的行为违反了自然的规律,使人类陷入到危险的深渊而不可自拔,"亏蚀了天上日月的光明,销毁了地上山川的精灵,破坏了人世间四季的运行,

缓缓蠕动的小虫,环绕飞舞的生物,没有不因此丧失它自己的本性的"。① 道家"知止知足"思想强调人们在生态旅游中,要"知止不殆",不能为一己之贪而"见卵而求时夜,见弹而求鸮炙"(《庄子·齐物论》),要遵守自然规律的界限。"无迁令,无劝成,过度益也。迁令劝成殆事,美成在久,恶成不及改,可不慎与"(《庄子·人间世》),不要勉强去做力所不及的事情,不要过度地进行人为的利用与开采,应该审时度势,尽量做到适可而止。

道家不仅提出了在生态旅游实践上要"知止知足",懂得适度和节制,还要求人们要尊重自然生命价值,使自己时刻保持合理的态度。"名与身孰亲? 身与货孰多? 得与亡孰病? 甚爱必大费,多藏必厚亡。知足不辱,知止不殆,可以长久。"(《老子》第四十四章)要注重自然中的生命价值,常人多轻身而徇名利,贪得而不顾危亡,过多的藏货就必定会招致惨重的损失,尊重生命,知道适可而止就不会带来危害,这样才可以保持长久。故"祸莫大于不知足,咎莫大于欲得。故知足之足,常足矣"(《老子》第四十六章);"鹪鹩巢于深林,不过一枝;偃鼠饮河,不过满腹"(《庄子·逍遥游》),因此,要"量腹而食,度形而衣"(《淮南子·俶真训》),"食足以接气,衣足以盖形,适情不求余"(《淮南子·精神训》),要知道满足,正常地对待物质生活的消费,克制极端奢侈、过度的物质享受行为和习惯,淡泊物质财富,节制有害的物质欲,做到"去甚,去奢,去泰"(《老子》第二十九章)。"甚谓贪淫声音,奢谓服饰饮食,泰谓宫室台榭。"② 不要太过分地贪欲与追求,事物都有其各自的生存逻辑与状态,不可强为之,否则就会适得其反了。

在生态旅游中,如果旅游者都能持守节约的本性,就可以大量减

---

① 姚汉荣、孙小力:《庄子直解》,上海:复旦大学出版社,2000 年,第 229 页。
② 陈鼓应:《老子今注今译》,北京:中华书局,第 190 页。

少生态旅游资源的消耗,缓解生态的压力,维护生态平衡,从而实现人与其他生物的平等,达到人和自然生态的和谐。1980年,联合国发布的《世界自然资源保护大纲》说:"如果要保证达到资源保护的目的,就必须根本改变整个社会对生物圈的态度,人类社会若要和他们得以生存和得到幸福的自然界融合地共存,就需要有新的合乎道德规范的、相互接受的动植物和人。"道家"知止"、"知足"的态度与现代消费文明提倡的人与自然和谐消费趋势同出一辙。人们无节制地乱伐树木、破坏森林、毁林开荒、使用地力、开发矿藏、捕捞水产、施放污染物,已经造成一系列环境问题、生态问题。反省当今自然环境不断恶化、生态危机日益加剧的局面,重新解读道家"知止"、"知足"的消费观念,把消费自然资源和保护自然环境有机结合起来,对于当代保护生态环境、实现生态旅游的可持续发展有重要现实意义。

道家认为,人类的精神快乐之本并非建基于对物欲的肆意满足之上,而是来自于内心的充实以及自身精神价值的实现。"甘其食,美其服,安其居,乐其俗。"(《老子》第八十章)在简单的物质生活中追求精神的愉悦,享受在自然中的自由和快乐,达到悠然自得的和谐与心境。"达生之情者,不务生之所无以为;达命之情者,不务知之所无奈何。"(《庄子·达生》)能洞悉生命真正意义的人,不会追求生命所不必要的事物;通达命运实况的人,不会追求命运所无可奈何的事情。尽管申徒嘉、叔山无趾等人没有权位,没有财富,但是他们却能"物我俱化","不以好恶内伤其身"(《庄子·德充符》),由此而达到"与大道合一"的境界。从本质上看,除了物质上的满足,人们在生态旅游中更多的是为达到一种心理上精神上的追求。换言之,我们去参与生态旅游,更多的是为了摆脱城市喧嚣嘈杂的环境,获得内心的宁静,而不是为了追求物欲或物质层面的东西。一切的意义都是以精神上的体验和快乐感的满足为重要追求的。在生态旅游中,快乐是用钱买不来的。真正的快乐和愉悦感来自于价值观上的体验,而这种境界仅靠对物质的追求是达不到的。

在道家这里,生态旅游实际上是人与自然相互亲近的途径。在这个过程中,人们不必要过多追求外在的负累,而应该从根本上像道一样知止知足,朴素无欲,以此达到内在价值目标的实现。在生态旅游中,我们可以去简单的物质消费,但是我们不能把物质消费当做最终追求。因为生态旅游真正的目的在于观照自然山水、自然生命以及生命之间的美丽和和谐,在于追求人与自然精神的契合,在人与自然的和谐中体验精神上的"至美至乐"的快乐和自由。《庄子·田子方》中说道:"孔子曰:'请问游是。'老聃曰:'夫得是至美至乐也。得至美而游乎至乐,谓之至人'。"在此,庄子借老聃之口,阐述了他深邃的旅游思想,即以天地万物自然为至美、以"乘物以游心"为至乐的旅游境界。

3."物贵天然"——反对人为,保持原始生态

道家崇尚自然、反对在生态活动中兴建各种各样的人为景观,并认为这种人为景观所呈现出来的是对自然本性的歪曲。在道家看来,"自然"是"道"的本性,而"道"作为万物之源,是至高无上的,"自然"就在于"道"所呈现出的最"真"的本性。道之"真"的实现就在于它非人为、非外在强加的,是由自身本性所展示出来的自然而然的状态。因此,道家认为最高的美就是"道"所表现出来的"自然"之美,它是一种自然而然的美,是一种最高级、最真实的"天籁"之美。真正的美其内涵在于"道"表现出的自然本性,以及对宇宙生命之节律之间的深层感悟之美。"美与美术的特点是在形式、在节奏,而它所表的是生命内核,是生命内部最深的动,是至命而有条理的生命情调。"[1]外在的东西

---

① 宗白华:《论中西画法的渊源与基础》,《宗白华全集》第二卷,合肥:安徽教育出版社,2008年,第98页。

184

向道而生

不能表示出自然的原真之美。因此,在生态旅游中,人为片面地追求气势和新意的做法,是逆自然的,它并不利于环境的正常生态循环。

从道家的生态思想来看,与"自然"相对立的人为,主要可以概括为三层意思:一是人类在生态问题上过多的为;二是在生态中过分的有为;三是违背自然之本性的行为。正是由于这些不适当、过分的行为误导人们偏离真正的"道",从而产生了许多极端的后果。老子说,"天下多忌讳,而民弥贫;民多利器,国家滋昏;人多伎巧,奇物滋起;法令滋彰,盗贼多有"(《老子》第五十七章);"天下神器,不可为也。为者败之,执者失之"(《老子》第二十九章);"民之难治,以其上之有为"(《老子》第七十五章)。因而,"天之道,不争而善胜,不言而善应"(《老子》第七十三章)、"天之道,损有余而补不足"(《老子》第七十七章)、"天之道,利而不害"(《老子》第八十一章)。从这些言论中可以发现,"老子提出自然的观念,目的在于消解外界力量的阻碍和排除外在意志的干扰,主张任何事物都应该顺任它本身所具有的可能趋向去运行",[①]在生活审美中,过分的人为和干扰会搅乱事物的自然性质,破坏美的内涵,因此也就谈不上什么美了。

过去,为了满足人们的需求,在传统旅游项目的设计上,出现了许多误区。比如,为了达到旅游者的要求,在旅游资源的开发中,人为地复制古迹,造成整体景观不伦不类;不少古城修复中,用现代工艺手段恢复修葺破损的古建筑,以假乱真,制作"仿冒品";在古迹原址上,破坏现实风貌,大兴土木,人为地恢复古时情境;还有一些,盲目追求"高档",建工程破坏生态原景,在远离城市的地方破坏原生态特点,再造城市的现代化和舒适感等等。不仅欣赏时毫无美感,而且造成了旅游资源的巨大浪费和破坏,甚至有的行为实在令人发指。曾经在报刊上

----

① 陈鼓应:《老子今注今译》,第50页。

看到某旅行家发表过这样的感慨:"每次到贵州,都是且喜且惊。喜的是又多看了一些新的原始美景,惊的是总会在其中发现不少人为添加或破坏的痕迹。"由此可见,大自然赋予的本真东西是最好的,不需要我们随意使用加减法。自然资源的可贵性很大程度上就在于这种资源的原生态,由于自然资源是不可再生的,因此我们不要仅凭自身的意志随意作为,破坏这种越来越稀缺的原生态的自然资源。

总之,道家唯"自然"为美、以"真"为美的精神可以对我们今天树立生态文明观念、摆脱人与自然关系严重扭曲的现实困境提供了解决之道。无论是"背若太山,翼若垂天之云,抟扶摇羊角而上者九万里"的大鹏之美(《庄子·逍遥游》),或是"其大蔽数千牛,絜之百围,其高临山十仞而后有枝"的栎社树的美(《庄子·人间世》)、"藐姑射之山"的"神人"以及"至人"的无限之美,都生动地体现了人们推崇无人工痕迹的天然之状,而反对一切虚伪矫饰的人工美,追求对事物自然本性的喜爱与神往之情。生态旅游的真谛在于排除一切人工雕琢的痕迹和一切矫情伪饰的东西,而在自然中体现出合规律性与合目的性,顺乎自然事物和人类的自由本性,在自然而然、浑然天成中展现出事物和人类的自由,并以此来达到保护自然生态平衡、重建人与自然和谐一体的美好家园的目的。

物贵在天然,而人则贵于自然。道家强调顺其自然,不管做什么都要因任自然规律,不以人为的方式去扰乱它。万物在天然的状态下本来就圆满自足,各有其常态和天然本性,如果人类强行去作为,按自己的意志去改变它的自然状态,就会造成万物的损伤和破坏。如树木,弯曲的不赖曲尺,笔直的不赖于墨线,它们的形状和性质天生如此,不需要人为去加工它。因此,"自然"作为标准也是一样,一切违背自然的都是丑恶的,不加任何雕琢造作的境界,才是自然之美和生态旅游的本质目的的真实体现。

4."道生万物"——注重生态的整体和谐

　　道家的生态思想同尊重万物、注重自然的完整统一性是紧密结合在一起的。他们十分注重生态自然的整体平衡,认为破坏了这种完整的协调性是十分无益的。老子和庄子虽然没有明确地提出万物的整体和谐概念,但是这一思想经常隐现于其论述之中。例如,"道生一,一生二、二生三、三生万物"、"道大、天大、地大、人亦大",这些提法无疑内含了世界万物是一个统一的整体存在,"道"是他们统一的基础和内在的规律。在道家看来,人与天地万物都处于同一"域"中,"域中有四大",因此都是宇宙这四大中的一部分,人类与自然万物一起构成这个统一的有机整体。正是因为这样,所以人类在生活中才要合乎道的规则,不能破坏"道"的这种整体协调之美。庄子则进一步阐述了这种整体思想,"无受天损易,无受人益难。无始而非卒也,人与天一也"(《庄子·山木》),"天地与我并生,万物与我为一"(《庄子·齐物论》)。庄子相信,人类和万物一样,都属于自然的一部分,自然生态的是一个趋于和谐和平衡的完整存在,如果失去了它原来的整体性,自然就不能正常运行,而且也会殃及到人类的生存和活动,更不能将其称之为美。

　　根据道家的"天人同源同质"理论,人与万物一样,都出于同一个"道",都由阴阳二气组合而成:"万物负阴而抱阳,冲气以为和"(《老子》第四十二章);庄子发展了老子的整体论,并提出"万物一体"、"道通为一"的思想:"天地与我并生,而万物与我为一。"(《庄子·齐物论》)因此,道家主张人与自然两者是合二为一的有机统一整体。

　　在此基础上,道家进一步否定人类有凌驾于万物之上的特权。道之为"大",可谓"万物归焉而弗知主"(《老子》第三十四章)。万物由"道"生化以后,都归向"道",而它却不以主宰自居。因此,作为"道法自然"的人类,也应该像"道"那样,不以征服者自居,而是应该树立一种美在于整体的理念意识。

"道"是一个整体,不能分割、也不可分割。作为"道"之生成物的自然万物,本质上就是一个紧密相连的有机整体。它们相互联系、相互作用,相互依赖,共同构成了一个无限完满、圆融的宇宙世界。人以整体观体认万物,从本原上把握事物,旷达、明澈,复归自然,融于自然,达此境界,才可领悟自然之美的所在。"道通为一",将自然与人有机地统一起来,并由此产生出超越心性、超越现实的愿望。这种思想在现在的社会背景下看来仍具有前瞻性的大智慧和理性的生态审美特色。

简而言之,生态美是讲究整体协调的,它是自然生态的和谐所表现出来的产物。任何不协调与不和谐的行为都会破坏美的整体性。只有和谐的美才是真美,才是"道"折射后的真实状态。因此,在生态旅游中,我们也要以整体的协调与和谐的审美理念出发,不能被片面的局部的虚幻所迷惑。

此外,道家不仅注重外观整体之美,而且他们也很注重美从外向内的发展倾向。也就是说,在本质上,整体和谐美又是一种由外到内延伸,给人以美的共鸣、和谐的感觉。从某种意义上说,"生态整体协调的美感会引发群体的共鸣,而局部美却只在个人或部分人中得到回响。"①在生态旅游中则一样,只有生态环境整体的和谐与动态所展现出来的,才是真正意义上的生态之美。

将道家这种整体观运用于生态旅游之中,保持生态环境纯朴的自然本性,同时又在自然生态规律和生态美的协调之下,效法自然的整体特征,营造出不破坏原始生态,又与当地审美文化理念相融的整体审美氛围,对于促进当今生态旅游的发展,满足现代生态旅游者追求

---

① 李恩军:《道家思想对现代科学观的启迪》,转引自网络。

生态美、回归自然的生态旅游需求,有着极其重要的意义。

5."物我两忘"——关注精神生态的平衡

道家生态思想的最终目标,是建于满足精神内在需求的基础之上的。顺应"道"的自然之基础上,追求精神的愉悦,享受生态旅游中的自由和快乐,最终达到悠然自得的和谐与自由心境,才是道家生态审美思想的特征所展示出来的终级意义。

老子特别注重人的内在性情和谐,强调个人的自身修养问题,主张通过个人内在的修炼,实现身心和谐,然后以此为基础逐步实现人与人、人与社会以及人与自然的和谐。"载营魄抱一,能无离乎?"(《老子》第十章)"挫其锐,解其纷,和其光,同其尘。"(《老子》第五十六章)具有和谐的人格,就能消除个我的固蔽,化除一切的封闭隔阂,超越于世俗审美的局限,以开豁的心胸与无所偏执的心境去感受世界的完满。在这里,道家非常重视人的内在道德,认为理想的和谐社会须建立在个人道德修养提高的基础上,而个人在身心上的和谐是个人道德修养提高的显著标志。

庄子十分强调内在的自然和谐,他把内心的和谐称之为"心和"(《庄子·人间世》)。在庄子看来,感观上、非事物内在本质所呈现的伪美会把人引向歧途,导致忧心忡忡、精神上的不安,人生如果陷入了这种状态,那就远离了道的自然本性。在《庄子·德充符》中,他独特而鲜明地表达了对精神完善的人的赞赏。他认为,王骀、申徒嘉、叔山无趾、哀骀它、支离无脤等,没有权位、没有俸禄,而且形体残缺,但是能"忘形"——物我俱化,死生同一、能"忘情"——不存在宠辱、贵贱、好恶、是非。他们在"忘形"、"忘情"的过程中,不断充实自己的"德"性,使之合于大道。"不以好恶内伤其身,常因自然而不益生","使之和豫,通而不失于兑,使日夜无郤而与物为春,是接而生时于心者也。"(《庄子·德充符》)使心灵平和安适,通畅而不失怡悦,使心境日夜不间断地跟随万物融会在春天般的生气里,这样便会接触外物而萌生顺应四时的感情。"虽天地覆坠,亦将不与之遗。审乎无假而不与物迁,命物之化而守其宗也。"(《庄子·德充符》)即使天翻过来地坠下去,他们也不会因此而丧失、毁灭。他们通晓无所依凭的道理而不随物变迁,听任事物变化而信守自己的要旨。正是在"忘形"、"忘情"的过程中,他们的"德"性不断完备,逐渐获得精神的自由与和谐,因而为人所喜爱。从这里可以看出,庄子认为,内心的和谐与健康比形体健康更重要,因此,自由和谐的应作为精神生态之美的主要追求。

人们在传统的审美中经常为了寻求感官上的刺激、求新求异,而失去审美内在的平衡标准,因而精神的残缺成为普遍现象。庄子认为这对人毫无益处。《庄子·列御寇》篇云:"或聘于庄子,庄子应其使曰:'子见夫牺牛乎? 衣以文绣,食以刍叔,及其牵而入于大庙,虽欲为孤犊,其可得乎?'"外加的美感本来不属于它本性表现的荣耀,因此,必然会影响个体生命的自然之道,一世的安生也会因此而被剥夺。"自三代以下者,天下莫不以物易其性矣。小人则以身殉利,士则以身殉名,大夫则以身殉家,圣人则以身殉天下。"(《庄子·骈拇》)亦是对"生之害"的感性欲念活动的否定性说明,同时,也是对人类精神生态遭到破坏和污染的哀叹。

在生态旅游中,人们不断在加快满足需求的速度,但是人们却越来越不满足,幸福感没有按比例上升,反而出现了越来越多的困扰,人人都无奈地陷入到一种浮躁的陷阱,痛苦、忧愁难以革除,造成了"人之生也,与忧俱生"(《庄子·至乐》)的局面。

因此,道家又谈到了获得精神生态健康的途径,即精神的内在和谐的观点。他塑造了"圣人""方而不割,廉而不刿,直而不肆,光而不耀"(《老子》第五十八章)的理想人格,圣人能够顺应和遵从自然之道,自然真朴,从而实现精神的充实畅茂,这正可为生态旅游的精神目标建构提供来自道家的启示。

三、道家生态旅游思想的评价与现代价值

道家思想中的"道法自然"、"天人合一"、"物我两忘"、"万物齐一"这些具有生态智慧的古典美学范畴,展现出了独特的魅力和价值,为中国现今的生态旅游审美的摸索与研究提供了可贵的思想资源。其以自然主义为特征的生态哲学思想,在今天生态环境危机之时尤其具有指导意义。

(一)道家生态思维在生态旅游中的实践成效——以杭州西溪国家湿地公园为例

"道家式生态旅游"并不是直接指向道家的旅游观,而是指结合生态旅游的特点,将道家生态思想内化于生态旅游之中,以此来引导人们生态旅游实践活动的一种基本理念。在发展生态旅游的过程中,可以借鉴道家自然主义的生态智慧来为我们所用。现以杭州西溪国家湿地公园为例,就杭州西溪湿地的发展理念、特点作出分析,以求表明道家生态思维折射出来的基本精神,并探索其对生态旅游的未来发展所能起到的重要促进作用。

1. 杭州西溪国家湿地公园的地位和影响

西溪国家湿地公园位于杭州市区西部,是我国罕见的城中次生湿地。其生态资源丰富、自然景观质朴、文化积淀深厚,是目前国内第一个也是唯一的集城市湿地、农耕湿地、文化湿地于一体的国家湿地公园。

2003年8月,杭州正式启动西溪湿地综合保护工程,2005年正式开放。国家林业局确定杭州西溪湿地为全国第一个国家湿地公园试点地,"西溪模式"现已成为全国湿地综合保护和合理利用的典范。简要地说,"西溪模式"可以归纳为:将形象定位于"湿地风光、田园风情",以"处处现原貌"的理念,形成的集"生态、保护、休闲"三位为一体的生态旅游模式。这种模式对于全面加强西溪湿地生物多样性保护,维护生态系统生态特点和基本功能,实现湿地资源的可持续发展,有着十分重要的意义。与此同时,西溪国家湿地公园在保护的过程中,充分突出并发挥湿地的三大效应:一生态效应,即保护生态环境,保护湿地生态系统的生物多样性,二社会效应,三可持续的效应。在这三大效应的驱使下,西溪国家湿地公园不仅向人们展示了湿地生态系统生物多样性、文化多样性等多方面的知识与可持续理念,作为全国首个国家湿地公园,为国内生态旅游的发展起到了示范作用。[①]

2. 杭州西溪国家湿地公园的发展理念

杭州西溪湿地的保护,源于近几年城市进程建设对生态环境的破坏。由于人类活动的频繁介入,位于城郊结合部的西溪湿地受到城市建设和开发的严重侵占。此外,湿地内居民人口的增长和生产活动的不断扩展,也使湿地内生态环境受到了极大的破坏,周边地区的快速开发也严重威胁着西溪湿地的生态和环境质量。西溪湿地的自然地理面貌变迁巨大,原有自然或人工湿地的循环运转系统遭到了破坏,现存生态系统已无法进行有效的自循环运转。特别是在处理开发建设与保护管理这对矛盾中,由于开发的快速挺进,城市环境和文化的大幅度衰退已屡见不鲜。自然风光的消失,生活污水横流,湿地和柿子树被蚕食,绿地与绿地之间似曾相似,视觉、空气等污染越来越严

---

① 资料筛选于西溪湿地网络首页 www.xixiwetland.com.cn。

重,那些千百年来独特的湿地特征逐渐丧失……因而,为使西溪这片原生态的土地不再遭受破坏,参照国外湿地保护的先进经验以及西溪湿地的相关古代文献记录,西溪湿地在保护中运用现代生态学、生物学等研究成果来恢复西溪湿地生态系统。按照"生态优先、最小干预、修旧如旧、注重文化、以人为本、可持续发展"的原则,对西溪湿地予以综合的治理与保护。杭州西溪国家湿地公园,在保护生态的工作中,充分地运用了多种生态理念和原则:

一是要尊重自然,充分展示湿地生态环境的自然风采,坚持"生态优先";其次是充分尊重现存的自然和人文资源和环境,优化质量,彰显特色,把握"最小干预";三是要传承历史、延续文脉,最大限度地保持该地域历史人文的"遗传基因";体现"修旧如旧";四是要尊重、发掘并且弘扬当地的历史文化,力求充分展示该地域的"人文神采",突出"注重文化";五是要坚持以保护为手段,实现为人类所享用的目的,凸现"以人为本";六是将保护和利用导入良性的循环状态,持续追求生态、经济、社会三大领域的整体效益最大化,实现"可持续发展"。比如在 2005 年西溪国家湿地公园一期工程竣工时,保护工程将"生态优先,最小干预"放在首位,保留的原生态区和生态恢复区占总面积的 94%。

随着西溪湿地生态功能的不断恢复,其社会效益、生态效益、经济效益将源源不断地为杭州城市的发展注入新的活力。

3. 杭州西溪国家湿地公园的生态化本质

杭州西溪国家湿地公园的成功不仅始于它得天独厚的地理位置,而且也与社会的发展与变迁有着重大的联系。可以说,西溪湿地的成功不仅在于它本身所带来的效应,更重要的是,它反映出人们对生态意识的关注与反思。

作为具有代表性的生态旅游景区,西溪湿地在设计理念上以自然为依托，营造了一种让人具有强烈地回归自然渴望的气氛，在对整个生态环境的治理方面，西溪湿地公园依据"顺任其性"的原则，根据各景点自身的特点采取不同的手段和方式给以区别对待。这样，不仅杜绝了对生态系统自身平衡的干扰现象，而且保持了湿地原汁原味的"原生态"和"原真性"面貌。

在对于生态旅游者的引导方面，公园还间接地引鉴了古代生态思维的特点，突出人与自然和谐的主题，完全去掉了作为人为创造景观的行为，这在无形之中为生态旅游者营造了一种朴素气氛，使人们在生态旅游活动之中不知不觉地恪守着用这种自然生态的原则，心甘情愿地选择简约、自然和绿色化的心态。

具体分析杭州西溪湿地公园的状况，可以发现，它与其他旅游景区的最大区别在于具备了以下一些特征：

（1）充分地考虑到了生态系统的整体原则

西溪的地理特色是湿地景观，主要的地貌为低洼的水网平原，以鱼塘、河港、湖漾及狭窄的塘基和面积较大的渚相间组成的次生湿地地貌景观。作为生态保护区，湿地对这些区域所采取的是原封不动保存的整体原则。此外，对于部分如虾龙滩、费家塘这样被破坏过的生态区块，予以原样恢复。从数据上来看，这样整体性的恢复在首期湿地公园的工程中，占到了总面积的94%，充分体现了生态整体、生态优先的可持续原则。由此，也使得这部分生态区域成为西溪湿地水域景观中最精华的部分、最具有湿地本然特色的部分。

（2）景观上以自然本色为主，强调生态旅游并不是普通的娱乐

在西溪湿地整个生态区域之中，我们很少甚至几乎看不到有关于人为的痕迹。从脚下泥泞的草径，到偶尔几间茅草简单搭建的小屋，都可以看出，湿地是在最大化地保持自然的原生态特色。除了偶然能看到一些绿色的食品工作车，几乎看不到普通景区的那些诸如专门娱

乐、消费的场所,这样一方面大大减少了环境污染的可能性;另一方面,也使西溪湿地的天然质朴特色得以彰显。有专家曾将西溪湿地这种特色提炼为四个字:即"冷、野、淡、雅"。"冷",就是幽寂、冷静,这就好似都市里的一帖宁静剂;"野",就是它本身天然、野趣,宛如红尘中的原始净土;"淡",就是淡泊、清远,即使人领悟回归自然的哲理;"雅",就是文雅、高雅,寻常处可感受到浓郁的文化气息。

(3)提倡生态伦理精神

在西溪湿地公园中,对自然系统的原生态重视,也间接地推动了生态伦理精神的实现。如在生态系统的参与过程中,人们对一些游客不文明的举动多会侧目而视,这即是生态伦理精神泛化后的积极作用。生态旅游的本质是要人们回归自然,以大自然为心理寄托。因此,凡是基于人的利益来破坏生态的行为,自然会为人们所谴责或批评。从某种意义上说,这就是一种以自然为原则的生态伦理观念。以这种生态伦理观念与思想为指导,旅游的生态可持续发展很有希望在现实中得以实现。

从以上特点来看,道家生态思维与现今生态旅游的发展理念是一致的。道家生态思维不仅可以为生态旅游提供重要的理论启示,而且在实践上,这些理论也逐步散发出自身的魅力与光彩。或许西溪湿地的生态学家们一开始并没有想到过在传统文化中有这样一种古老而睿智的生态文化存在,但是却不知他们的思考早在几千年前就已经被我们的先人所想到,只是我们一直都没有意识到它们的深层涵义。

(二)道家式生态旅游的现代价值

道家生态思想与生态旅游的结合,适应了现时代生态旅游与生态环境发展的需要。这种生态旅游观所追求的美是回归自然的,回归现实生活中的,特别是把生活形态和审美形态进行糅合,不仅显示出道家式生态意蕴的现实理论生机,也带动了当今旅游业实践活动的生态化发展。道家生态思想对生态旅游的价值主要有以下几方面。

1. 丰富了生态旅游的审美内涵

道家的生态思想蕴含了丰富的审美情趣,其具体表现在以自然、简约为美,以人格的善为美,以和谐为美等的审美境界。这种独特的审美心态丰富了生态旅游审美的文化内涵,为生态旅游审美理念的发展起到了积极的促进作用。无论是老子还是庄子,都把"道"作为美的根本依据,并引导人们顺应"道"的自然本性以达到美的状态。生态美并不是某种单一的表象,而是由事物的内在本质所展现出来的一种连续与和谐性。在生态旅游审美中,真正的美并不只存在于芬芳的花朵、草坪之上,也存在于自然的本身。道家生态思想的提出和建立,使"道法自然"更加明显地反映了自然生态运动变化的规律性,表达了具有自然和谐规律性的生态美的本性。使人们自发的生态意识和生态审美经验上升到美学理论的层次,道家思想中的生态之美得以完美表达,成为我们精神文化生活中的重要组成部分。"中国古代思想家始终以一种敬畏与爱戴的态度去对待他们生活于其间的大自然,他们将自然看得高于人类。他们中的很多人都以一种敬畏的口吻谈到大自然。这种对自然的敬畏态度在美学上的具体表现就是'自然'成为美学的最基本原则和最高的原则。……自然不仅赋予天地万物以鲜活的生命力,而且使人们人类充满勃勃生机……因此,人也好,自然物也好,之所以具有审美的情趣,不是因为它们像人,而且因为它们像自然。"[1]在道家看来,"对这种声色感官愉快的不顾一切的追求,不仅会使'五色''五音'等失去其本身具有的美感,而且还会使人达到失去正

---

① 樊美筠:《中国传统美学的当代阐释》,北京:北京大学出版社,第54页。

常理智和健康的程度……审美本来是同感官的愉悦分不开的,但它不是单纯的感官享乐。"①

2. 促进人与自然的和谐

道家式生态旅游理念除了"物我为一"的整体意识、"知常知和"的平衡观念、"知止知足"等生态思想以外,还有一个重要的方面:就是热爱和钟情大自然,以大自然为真善美的源泉,讴歌和赞美大自然,在自然中寻求安慰和精神寄托,实现人与自然之间的心灵和情感沟通。

道家生态智慧对解决当下愈演愈烈的生态危机具有重要价值。历史学家汤因比称赞道家自然无为、与自然协调的观念,认为它是认识到"人要征服宇宙就遭到失败"的"宝贵的直觉";"道家提供了最深刻且最完美的生态智慧"。按老子"道法自然"的观念,人属于自然界,人来自于自然且又依赖于自然,它要求人类在改造自然的过程中,不应忽视自然之理而对自然物过分进行掠夺和残害,这对于化解人与自然之间的对立,维护生态环境的平衡意义明显。老子以事物的自然和谐状态为其价值追求的目标,这对于人类摆脱盲目发展的误区,建立一种可持续发展的生存方式和发展模式极富启发意义。无论是"知常曰明"与人类环境、"知和曰常"与生态平衡、"知止不殆"与适度增长、"知足不辱"与持续发展之关系的探讨,都展示出其积极的生态意义。

生态旅游体现了尊重自然环境、承认自然环境的价值要求。真正意义上的生态旅游应将生态环境的平衡作为既定的前提,把环境意识和自然认知作为核心,追求环境资源的可持续发展,融求知为一体的高层次的旅游活动。生态旅游环境既是生态旅游发展的条件,又是生态旅游发展的结果。世界旅游业发展的历史表明,生态环境从根本上决定了旅游产业发展的规模和潜力,是生态旅游产业的生存之本与发

---

① 朱晓鹏:《道家哲学精神及其价值境域》,北京:中国社会科学出版社,2007年,第64页。

展之源。生态旅游环境又具有脆弱性和敏感性,随着人类征服自然、改造自然能力的增强,原始的自然逐渐从人们的视野中消隐,自然成为人们的控制与开发对象。国内许多旅游区都存在盲目的粗放式的开发,游客的零生态意识更造成自然资源的损害与浪费。目前国内很多生态旅游区强调了生态旅游"认识自然、走进自然"的一面,却往往忽略了生态旅游保护自然的目标。面对地球大量物种灭绝,森林资源迅速减少,空气污染,生态失衡等日益严重的环境问题,我们在此时回顾道家生态智慧显得尤为必要。

3. 提高人们的精神境界

在道家看来,人要保持一颗平常心,"虚静观道",正是以和谐的心态把人生化为自然无为的生态过程,是对人生生态过程的审美。道家十分关注人自身,重视人的自然本性和人生的终极关怀。道家对文明抱有特殊的警觉,反复告诫人们不以物役性,不以物挫志,不要扭曲本身的独立人格与真朴本性。因此,我们应该更清醒地认识到,大力发展物质文明固然重要,但必须像庄子说的那样,不能以牺牲人性为代价,不能让人异化为物的奴隶。

近年来,科技的迅猛发展、人口的过度膨胀和人过度追求享受,使人类生存环境遭到了威胁,进而破坏了主体的精神价值与心境,紧接而来的就是主体的异化,物质与精神失衡了,身心处于紧张乃至分裂的状态中。在道家哲学中,自然不仅是人的生理存在的境域,而且是精神价值的归宿。"老子高度赞赏前文明的自然状态,主张人的自然化,反对人文化。……在老子看来,自然状态作为一种完美的状态具有最高价值,人化的过程不仅不能使其增益,反而对其是一种损害和破坏。"[①]社会等级

---

① 朱晓鹏:《智者的沉思——老子哲学思想研究》,杭州:杭州大学出版社,1999 年,第 284 页。

秩序和仁义道德更是钳制人性、阻碍人的精神自由的枷锁。所以老子提出"绝圣弃智,民利百倍。绝仁弃义,民复孝慈"(《老子》第十九章)。只有去除这些人为的桎梏,才能恢复到"太上,不知有之"(《老子》第十七章)的自然境遇中,才能回到他所向往的"小国寡民"的社会图景中。小国寡民的社会象征着天地人相和而不相争的理想社会,在那里人们获得精神的安身之所,达到真正的"甘"、"美"、"安"、"乐"的精神和谐的状态。人类应该改变现有的道德价值观,既尊重自然,又重视个体生命。"自然界为人类的生存发展提供了一切资源和条件,但更重要的是,它赋予人以内在德性和神圣使命,要在实践中实现生命的最高价值——'与天地合其德',而不是满足不断膨胀的物质欲望。"①生态旅游的发展在一定程度上填补了人们在精神生活上的空虚。现代城市快节奏的生活方式使人们逐渐远离了大自然,当内心压抑需要释放的时候,宁静的山麓、广袤的草原、浅浅的沙滩,成为人类发自内心的呼唤,而生态旅游的出现恰恰满足了人们的这种精神需要。在这种人与自然的融合中,他们彼此实现了自身的价值。生态旅游作为一个人类生活的一种新方式,为人类提供了物质和精神的双重享受。因此也迫切需要我们以一种新的"共生"的思维模式来引导我们重新审视人与自然的关系、重新看待认识自然的内在价值。生态旅游理念在人与自然之间起到了桥梁的作用,它体现了人类与自然的既亲近而又相互尊重的特征。

(三) 对构建当代生态文明的积极意义

可以说,道家有关自然生态的丰富思想对于实现一种以生态为基

---

① 蒙培元:《人与自然——中国哲学生态观》,北京:人民出版社,2004 年,第 3 页。

本内涵的文明形态具有重要的导向作用。道家从人与自然具有同源性和统一性、从自然系统作为有序的有机整体这一角度出发,来阐述人与自然和谐的可能性和必要性,对于现代人类解决人与自然关系问题提供了一种可资借鉴的价值范式。

道家以自然主义为基调的生态哲学思想具有重塑当代文明的重要意义,这已经受到许多西方著名学者的肯定与认同。著名的人文主义物理学家卡普拉认为,"在东方宇宙观中,宇宙被看成是一个不可分割的实在,它永远运动,是有生命的、有机的,是精神的,同时又是物质的"、"东方哲学有机的'生态学'的宇宙观无疑是它在西方,尤其是年轻人中广为流传的主要原因之一"。① 著名物理学家、诺贝尔物理学奖获得者汤川秀树认为"老子似乎用惊人的洞察力看透个体的人和整个人类的最终命运",②他曾指出:"早在两千多年前,老子就已经预见到了今天人类文明所将达到的状况。……不管怎样说,使人感到惊讶的总是,生活在科学文明发展以前某一时代,老子怎么会向从近代开始的科学文化提出那样严厉的指控。"③历史学家汤因比认为道家把"自然"作为其理论体系的核心原则来看,是"一种基本的生态或环境哲学原理体系",其"自然中心论"推翻了人所自居的在宇宙中的统治地位,指明了现代生态伦理学发展的历史方向。正如德国哲学家尼采所说,老子思想"像一个永不枯竭的井泉,满载宝藏,放下汲桶,唾手可得"。④

建构和谐社会,保持可持续发展,是我国社会发展的宏伟目标。人类面对着环境污染、资源匮乏的现实生存危机,人与自我、人与人、人与自然、人与社会的发展出现了冲突,人类的实践活动失去了正确

---

① 卡普拉:《物理学之道》,朱润生译,北京:北京出版社,1999年,第10至11页。
② 转引自董光壁:《当代新道家》,北京:华夏出版社,1991年,第56页。
③ 转引自张继禹主编:《道法自然与环境保护》,北京:华夏出版社,1998年,第132页。
④ 莫善钊:《台湾、港澳〈老子〉研究》,《国内哲学动态》,1985年,第11期。

的导向。我们品味道家所蕴涵的生态之思，会为我们走出实践的迷茫，走向和谐可持续发展之路带来一些启示。

道家在肯定人与自然统一的基础上，强调人类应当尊重自然、保护自然进而达到"静而与阴同德，动而与阳同波"（《庄子·刻意》）的天人合一之境。庄子的"万物齐一"思想告诫人们应走出自我的樊篱，平等对待万物，展示出一种博大的胸襟。这种胸襟的建立有利于缓和当代人与自然之间的紧张关系，缓解人类错误理性活动所导致的人与自然间的矛盾。自然作为一个生命存在的综合体，其中的人类若无视其与自然系统的内在联系，妄加干涉自然甚至统治自然，必然会受到自然的惩罚。庄子在《庄子·马蹄》篇中所描绘的万物丛生、朴素纯真、比邻而居、互不分离、草木滋长、鸟兽遍地的人与自然融合的情景，是我们恢复自然的生态本性，重建生态旅游中人与自然间的亲和关系的未来指向。道家关于人与自然关系的观点，为缓解当代人与自然间的紧张关系提供了思想武器。

道家所表现出的对生命意识与内心生态的强烈关注，告诫人们不以物挫志，不以物易性，保持人格的纯真和自然，超越物执、我执，看破世俗的功利和欲望，以一种平和的心态应对世界。而在当今这个充满喧哗与骚动的时代，物质的享受销蚀了人对精神的依赖，人类精神价值"缺场"，人产生了空虚感、寂寞感、无归宿感，无法实现本真生命的快乐。现代人征服了空间、征服了大地、征服了疾病、征服了愚昧，但是所有这些伟大的胜利，都只不过在精神的熔炉中化为一滴泪水。本真生命快乐的实现过程是一个自我寻找的过程，需要人类调节其行为方式，不断地反思自省，诱使精神的回归。人要懂得舍弃，不要被物欲所蒙蔽，异化成物的奴隶，道家的生活态度应重新唤醒我们那颗纯真的心。

道家以诗化的笔墨所勾勒出的古典生态理想社会，为当代社会的发展提供了历史的参照,指出了发展的趋向。"不知常,妄作,凶。"
(《老子》第十六章)道家以自然之道为原则,倡导节俭、适可而止、顺应
自然的生活方式,保证了生态旅游中人与自然的和谐统一,有利于资
源的可持续发展,有助于人类矫正日益骄奢放纵的生活方式,重建人
与自然和谐共生的合理的社会关系。维护生态环境,有节制地进行生
态旅游的开发建设,努力塑造人与自然、社会相和谐的理想生存境界。

　　对道家生态的发掘与阐释,为生态文明的建立提供了向导,其理
论兼具当代关注与终极关怀的双重意义。我们要清醒地认识到"道"
的预设性,它所强调的"无为而无不为"(《老子》第三十七章)的原则,
天地之大美的自行显现,"心斋"、"坐忘"的虚静境界,对人与自然的无
间融合,安然自适的社会形态都有着很强的理想色彩。在当今这样一
个理性化、工具化的社会中是不能真正实现的。但是对道家生态观的
阐释,可以唤起人类被埋没的生态意识,为生态世界观、生态生活方式
的形成作理论准备,在改变人的思想之后进而改变人的行动,改变人
的现实生活。可以说,对传统道家生态思想的阐释,不是要宣扬一种
知识,更重要的是它标示了"一种立场,一种态度,一种情怀,一种人
格,一种实践,一种精神,一种生存的方式,一种人生的理想和憧憬"。
面对生态自然的发展变化,我们应尊重自然的客观规律,并以"自致"
的方式实现"无为"、"静观其变",实现生态自然的自生自灭和可持续
发展。只有这种自然无为的原生态的世界,才是最生态、最自然的,也
是最有益于人的身心的生活世界。

　　总之,道家的生态伦理思想是博大精深的,它将自己的伦理之根
深深地扎进自然的泥土,即主张学习研究并尊重外在的自然,更主张
以自然而然的精神来立身行事,律己待人,重自然之美和真实之善,它
不仅重视人与世界的和谐,强调终极关怀,而且热切关怀人类个体的
生存价值,关怀人类生命存在的质量高低问题,并在个人处世和养生

诸方面留下了很有价值的伦理智慧。在当今世界环境恶化,生态危机日趋加重的情势面前,道家的这些生态伦理思想对我们很有利用价值。道家物我为一的整体观念,道法自然的伦理原则以及钟情山水、寄意草木的伦理情趣,凸现着"天地与我并生,万物与我为一"的基本精神和基本观念,道家生态重自然与德行,其"知常曰明"的环保意识、"知和曰常"的和谐观念、"知止不殆"的适度原则和"知足不辱"的人生境界是应成为现代生态旅游中的价值追寻,也应成为我国和谐社会建设的重要文化资源。

当然,道家生态伦理智慧不可能完全指导解决生态旅游中的全部环境问题。但是我们相信,在道家生态思想智慧影响下的生态旅游活动至少会比传统的旅游行为在对生态环境的直接污染和破坏上的程度要减轻许多。对道家生态思想的探索与应用,必将有助于启迪人们在旅游活动中形成正确的生态价值观和生态行为习惯,最终对当代生态文明建设起到积极的推进作用。

下　篇

第七章
中国传统休闲哲学的思想意蕴

在主流的中国哲学研究中,天道、性命乃为主要关照对象与探究视域,学界对日常生活世界的哲学省思乃晚近之事,"休闲"作为一个关乎日常生活世界与生命意义的哲学问题,正在成为中国哲学研究的新视域。在哲学上,休闲是人向道生成的自由状态。它以生命为本位,以修养身体、安顿心灵为旨趣,促成人生意义的沛然涌溢,既是一种生存的方式,一种生活的态度,更是一种生存的境界,一种参悟宇宙人生的生命智慧,它盈溢着审美的、艺术的、诗性的气质,展现出东方文化的神韵。

一、"休闲"释义

在中国文化语境中,"休闲"深含哲学与文化的意蕴,这首先可从语义学上进行揭示,它由"休"、"闲"二字构成,我们现予分别疏释。

对于"休",《说文解字》解释:"休,息止也,从人依木。"①点明人依木而息的本义。"休"由此生发出与"劳"相对的息止、停止含义,此为核心义,如"民以劳止,迄可小休。"②继而又引申出美、善之义,如"既见天子,我心则休"③、"以礼承天之休"④等;引申出不要、不必等表示劝阻的含义,如"闲愁最苦,休去倚危栏"⑤。"休"由本义到核心义再到引申义的演变,表明古人对繁忙劳作后得以止息、安歇的向往,"休"也被赋予美好、良善的价值内涵。

对于"闲",《说文解字》解释:"闲,阑也,从门中有木。"⑥对于"阑",《说文解字》解释:"阑,门遮也。"⑦"闲"即"阑",乃"门中有木"之象,此为本义。由此形成"遮拦"(如栅栏、马厩等)的核心义,引申出法度、防范、空旷、闲暇、安静、熟习、闲雅、美善、无用等含义。⑧ 在闲暇、安静、

---

① 许慎:《说文解字》,北京:中华书局,1963年,第125页。
② 崔富章:《诗骚合璧》,杭州:浙江古籍出版社,1995年,第252页。
③ 同上,第147页。
④ 杨伯峻:《春秋左传注》,北京:中华书局,2013年,第1143页。
⑤ 徐汉明:《辛弃疾全集校注》,武汉:华中科技大学出版社,2012年,第231页。
⑥ 许慎:《说文解字》,北京:中华书局,1963年,第248页。
⑦ 同上。
⑧ "闲"的核心义为栅栏、马厩等。如"天子十有二闲,马六种。"(孔颖达:《尚书正义》,上海:上海古籍出版社,2007年,第809页。)"舍则守王闲。"(贾公彦:《周礼注疏》,上海:上海古籍出版社,2010年,第1203页。)对引申义项,各略示一例:(1)法度、界限。"大德不逾闲,小德出入可也。"(朱熹:《论语集注》,南京:凤凰传媒集团,凤凰出版社,2005年,第206页。)(2)防范、纠正。"闲邪迁善,莫尚乎律。"(《全梁文》卷53,载《全上古三代秦汉三国六朝文》第4册,北京:中华书局,2009年,第3266页。)(3)空旷。"隐约就闲,迁延辞聘。"(《全宋文》卷38,载《全上古三代秦汉三国六朝文》第3册,北京:中华书局,2009年,第2647页。)(4)闲暇、空闲,与"忙"相对。"闲居而乐,无为而治。"(刘文典:《淮南鸿烈集解》,北京:中华书局,2013年,第563页。)(5)安静、恬静。"澹然闲静。"(张觉:《韩非子校注》,长沙:岳麓书社,2006年,第301页。)(6)熟习。"闲于兵甲,习于战攻。"(张清常、王延栋:《战国策笺注》,天津:南开大学出版社,1994年,第814页。)(7)闲雅。"辞礼闲雅,上甚欢悦。"(班固:《汉书》,北京:中华书局,1962年,第3039页。)(8)良善、美善。"资性闲淑,羽貌鲜丽。"(《全宋文》卷41,载《全上古三代秦汉三国六朝文》第3册,北京:中华书局,2009年,第2667页。)(9)无用、不重要。"闲愁最苦,休去倚危栏。"(徐汉明:《辛弃疾全集校注》,武汉:华中科技大学出版社,2012年,第231页。)

美善三个含义上,"閒"通"闲"[①];在熟练与文雅、美善两个含义上,"娴"通"闲"[②]。"闲"以本义"门遮"、核心义"遮拦"为基础,逐渐过渡到法度、防范、空旷、闲暇、安静等义,最后成为闲雅、良善、美好的象征与熟习某艺的境界。

	本义	核心义	引申义	文化意义
休	人依于木	息止,与"劳"相对。	1.雅、美好 2.不要、不必	表明古人对劳而息的向往,休闲即善、即美,与人心关联。
闲(閑)	即"閑",门中之木,门遮	表"遮拦"(如栅栏、马厩等)	1.法度、界限 2.防范、纠正 3.空旷 4.闲暇、空闲,与"忙"相对 5.安静、恬静 6.熟习 7.闲雅 8.良善,美善 9.无用、不重要	"闲"成为闲雅、良善、美好的象征,熟习某艺的境界,与德性、审美相关。
閒	门缝中的月光	缝隙、空隙	1.空闲、闲暇 2.安静 3.美善	与"闲"通假,与美相关
娴(嫺)	女子处门内(月光)中	熟习、文雅	1.熟习、熟练 2.文雅、雅致、雅正、美善	与"闲"通假,可能经历着由"熟习"到"文雅"的转变。

再看"休闲",西周时期《鄂侯驭方鼎铭文》记载:"王休宴,乃射,驭方会王射。驭方休阑,王宴,咸饮。"此"休阑"即是"休闲",为汉语中"休闲"的最早出处。主要理由有:

其一,在字义上,据《说文》,"闲"与"阑"皆为门中有木(门遮)之

---

① 《说文解字》解释:"閒,隙也,从门从月。"(许慎:《说文解字》,北京:中华书局,1963年,第248页。)"閒"本义为门缝中的月光。核心义为间隙、空间。"閒"通"闲"有三种情况:(1)闲暇。如"怨公子兮怅忘归,君思我兮不得閒。"(崔富章:《诗骚合璧》,杭州:浙江古籍出版社,1995年,第359页。)(2)安静。如"魂魂归来,閒以静只。"(同上,第473页。)(3)美善。如"比德好閒,习以都只。"(同上,第477页。)

② "娴(嫺)"的本义是女子处于门内(月光中)。其核心义有二,一是熟习、熟练,如西汉文献《史记屈原贾生列传》:"娴于辞令。"(司马迁:《史记》,北京:中华书局,1959年,第2481页。)二是文雅、雅致、雅正、美善,如《说文解字》:"娴,雅也。"娴之"雅"义,在汉代较为常见,如司马相如《上林赋》:"若夫青琴、宓妃之徒,绝殊离俗,妖冶娴都。"(萧统:《文选》,海荣、秦克标校,上海:上海古籍出版社,1998年,第55页。)王充《论衡·定贤》:"或骨体娴丽。"(张宗祥:《论衡校注》,上海:上海古籍出版社,2013年,第532页。)我们认为,"娴"的两个核心义存在某种关联,"熟习"可能比"文雅"更为原初、根本,后者或由前者生发而来,如"熟习"指女子在门内月光之中熟练地从事女工,而"文雅"即是对此的描述。

义,"闲,阑也。"二字同义相通。

其二,在音韵学上,据现代学者考证,在上古时期,"阑"为元部来纽字;"闲"为元部匣纽字。元部叠韵。"阑,读为闲。"[1]二字音义皆同,当相通。

其三,从文义上,该铭文中的"休阑"通"休闲",契合语境、语义,记载了周王欢迎鄂侯驭方来朝,一同饮宴并举行射礼的场景:周王停止宴会,举行射礼,驭方与周王一起射箭。驭方射毕休息,周王又举行宴会,一同饮酒。

其四,"阑"、"闲"相通,后代多见,"休阑"通"休闲",后代仍有典型例证。《南齐书·刘祥传》:"祥顷来饮酒无度,言语阑逸,道说朝廷,亦有不逊之语。"[2]此"阑逸"即"闲逸",指闲漫无格。唐元稹《春游》诗:"酒户年年减,山行渐渐难。欲终心懒慢,转恐兴阑散。"[3]此"阑散"即"闲散",为散慢意。《朱子语类》:"精气流通,若生物时阑定。"[4]此"阑定"即"闲定"。上述"阑逸"、"阑散"、"阑定"诸词皆极少见,而"闲逸"、"闲散"、"闲定"皆为常用词,罕见词"休阑"通假常用词"休闲",其理亦然。明代唐龙《中秋赏月时新霁次司空几翁韵四首》之一:"月白天青爽气寒,可留良夜且休阑。看来漫一停杯问,问了仍重把酒看。"[5]此正为"休阑"通假"休闲"的典型例证。

应该指出,此铭文中的"休闲(休阑)"为停止、结束之义,尚未有思想文化上的深义。

在中国古典文献中,"休闲"一词的早期使用情况如下:

---

① 许建伟:《上古汉语词典》,长春:吉林文史出版社,1998 年,第 340 页。
② 萧子显:《南齐书》,北京:中华书局,1972 年,第 642 页。
③ 元稹:《元稹集》,北京:中华书局,1982 年,第 312 页。
④ 朱熹:《朱子语类》,北京:中华书局,1994 年,第 775 页。
⑤ 唐龙:《渔石集》,北京:中华书局,1985 年,第 206 页。

吁嗟此转蓬,居世何独然! 长去本根逝,夙夜无休闲。①

每休闲之际,恒闭门读书。②

优游闲和,云山肆心,松竹怡性。夫如是,可以永安色养,长保休闲。③

及选其用,恳辞以烦,乞遂休闲,克终天寿。④

秩满休闲日,春余景色和。⑤

又固辞年疾,乞就休闲。⑥

休闲等一味,妄想生愧恸。⑦

单从上述唐宋以前的文献看,"休闲"的词性已较为丰富,可为名词,如:"乞就休闲";可为动词,如"遁迹休闲";可为形容词,如"秩满休闲日"。"休闲"也具有丰富的含义:1. 休息,不劳作。如"夙夜无休闲"。2. 退休致仕。如"乞就休闲"。3. 安逸、闲适的生活状态。如"永安色养,长保休闲"。4. 美妙的人生境界。如"休闲等一味,妄想生愧恸。"

综上,休闲有与忙、劳相对的含义,承载着道德与价值的内涵,氤氲着审美、艺术与诗性的气质,蕴有丰富的哲学文化意义,这为从哲学高度分析与诠释"休闲",探讨中国休闲哲学提供了可靠的学理基础。

---

① 赵幼文:《曹植集校注》,北京:人民文学出版社,1984 年,第 382 页。
② 魏收:《魏书》,北京:中华书局,1974 年,第 1798 页。
③ 周绍良、赵超:《唐代墓志汇编续集》,上海:上海古籍出版社,2001 年,第 907 页。
④ 同上,第 955 页。
⑤ 徐鹏:《孟浩然集校注》,北京:人民文学出版社,1998 年,第 121 页。
⑥ 刘昫:《旧唐书》,北京:中华书局,1975 年,第 3982 页。
⑦ 苏轼:《苏东坡全集》,珠海:珠海出版社,1996 年,第 1938 页。

二、哲学意义上的"休闲"：人向道生成的自由状态

在原初意义上，"休闲"描述出人在特定时空境遇中的生命状态。"休"强调人劳作过程的停止，具有明显的时间性，人依木而息的意象又寓意着休闲的空间构造。"闲"作为门中之木围成的界域含蕴着显明的空间意义，它与"忙"相对，又呈现出空闲时间的意蕴。"休"重时间之维，"闲"重空间之维，时空交融成为休闲的基本内涵，而人与木、门中之木的相依关系又隐喻着人与自然、主体与客体的交融和谐。由此，在外观与形式上，休闲成为融贯时空、涵摄物我、包容主客的存在。同时，休闲又具有内在的德性与精神维度，"休"为德之美善的代称，"闲"是闲邪去恶与养善成德的统一；休闲与心、性、神、意等词连义贯，与人的心态、心境等密切关涉，又展示出深厚的价值根基、内在的心性维度与其属人的内在本性（人性）。再者，"休闲等一味"，休闲终成为融德性、精神与审美为一的只能从正向价值上界定与理解的理想人生境界。

休闲以生命为本位，融摄着时空、主客的统一，展现着人德性的饱满与精神的美好，内蕴着深厚的心性根基，浸透着对宇宙自然的体悟与生命境界的沉思，不仅是人的一种特殊存在方式，也是人的一种内在生命状态，更是一种至高至善至美的生命理想。在中国哲学中，唯有最高范畴"道"能因融宇宙本体、价值本体与人生境界为一而涵盖上述多重意蕴，堪为理所当然的休闲本体。道作为休闲得以可能的根本依据与休闲发展的当然之途，召唤着人们不断地向之而在。人生在世，不可避免地面临诸如天命、自然、社会、生死等重重阻碍，休闲的实现要求人自觉地循道而行，发挥自身的力量去涵摄与超脱种种具有束

向道而生

缚性的外在因素而宣示出主体性,展示出不依傍于外的自决性与恬然有受于心的自适性,从而让生命的价值与意义得以自由地表达与绽放,这正是休闲的自由本质,休闲成为人向道生成的自由状态①。以自由为本质的休闲内蕴丰赡:

首先,休闲乃是快意的自适。休闲直接呈现为主体酣畅愉悦的快适感受,是人当下感受得到的生命的美好与世界的和谐,在本质上是"道"在主体呈现时的主观体验,在不同境遇中可展现为道家的逍遥自适,儒家的性命自得与佛家的自由自在等。与所处的环境相勾连,这种自适感常常氤氲扩散,化为独特的自适境遇。其情形有三,一是心随境转,受周边美好景象的激发感染,人潜在的自适之心变得愈发明亮欢快起来,如"北山白云里,隐者自怡悦"②、"晚来天欲雪,能饮一杯无!"③等皆是。二是境由心生,在人开放的闲适之心的照耀下,外在的一切都显示出闲适的色彩。"心远地自偏"④、"我适物自闲"⑤等即为此意。三是与物为春,人在与外物相互熏染中得享快适,如"我看青山多妩媚,料青山见我应如是"⑥,甚至人也能达到物我同化、高度惬意的"物化"之境,所谓"庄周梦蝶难辨蝶周"⑦是也。自适乃休闲之于人生意义的最痛快淋漓的当下实现,是休闲魅力的最切近的展示,也成为人追求休闲的最原初的动力与渴望。

其二,休闲乃是自在的超越。超越意味着人在悠悠自适中能以一种自在无心的方式实现对世俗功名利禄、价值体系、物我、忙闲等的超卓逾越,从而形成新的精神追求与生命气象。就对世俗功名、价值体

---

① 人之向道生成,于自由快乐之外也必有痛苦与焦灼,此方面自非休闲。
② 徐鹏:《孟浩然集校注》,北京:人民文学出版社,1998年,第24页。
③ 朱金城:《白居易集笺校》,上海:上海古籍出版社,1988年,第1075页。
④ 袁行霈:《陶渊明集笺注》,北京:中华书局,2003年,第247页。
⑤ 苏轼:《苏东坡全集》,珠海:珠海出版社,1996年,第1797页。
⑥ 徐汉明:《辛弃疾全集校注》,武汉:华中科技大学出版社,2012年,第43页。
⑦ 陈鼓应:《庄子今注今译》,北京:中华书局,1983年,第92页。

213

第七章　中国传统休闲哲学的思想意蕴

系的超越来说,中国士人或是在功名如幻、尘网羁人的感慨中,或是在捐利心放、忘名趣深的赞美中,或是在富贵勤苦、势利白头的叹悯中,实现一种达观与超脱。就对物我对立的超越来说,他们常常能以一种超越人类中心主义的立场,以欣赏的心态体会"天地与我并生,万物与我为一"①、万物一体的交融境界。就对忙闲对待的超越来说,"闲(娴)习"之义表明若能将工作熟练驾驭并内化于己,即便在繁忙的工作中也可能得到愉快的休闲。休闲的超越性展现出拔于常俗之上的高迈挺立、宽和豁达而又气韵丰满的人格追求,休闲成为人之个性意志与精神伸展的象征,体现出生命之形而上的意蕴,呈现出某种崇高的品性。

其三,休闲又是沉潜的反思。反思意味着人对世界及自身具有反身性的透彻理解,完成对世俗世界的超越,一种空明自由的心境即得以去蔽呈现,人由此可以潜思人生的真义,进入一种反思之境。在中国哲学中,休闲之境常常即是反思之境,道家之修德就闲,儒家之慎独反思、闲居自省,佛家之空观智慧、般若智慧等,都体现着人在休闲中对宇宙人生的省思与对自我生命的关怀。在休闲中,人能更好地明悉怎样的生活才是真正想要的生活,从而避免人生的异化,同时又可为自己的理想而一往无前,让生命产生大生、广生的无限创造力,在改变自身的同时也改变世界,"由休闲焕发起生命盛壮的烈光"②。也应看到,对宇宙人生的反思离不开知识论上的进展,但中国休闲哲学的反思就其主要方面来说,并非省思如何以知识改造世界以得享快适,而是如何化知识为德性、以知识养德性,甚至是离却知识而在纯粹的德性沉思中自得其乐,这又展现出中国哲学的基本特点。

---

① 陈鼓应:《庄子今注今译》,北京:中华书局,1983年,第71页。
② 胡伟希、陈盈盈:《追求生命的超越与融通:儒释道与休闲》,昆明:云南人民出版社,2004年,张立文序。

其四,休闲更是明媚的诗意。休闲在超越去蔽、反思得真以后,其明媚的诗意性即愈发灿然,这表现在以审美的态度对待日常生活,达到生活过程的艺术化与生存境界的审美化,实现人的诗意栖居。休闲的诗意大致有濡染文化与回归自然两个向度,就前者言,美、都、丽、雅等常与休、闲连用,明示出精致高雅的文化追求,琴棋书画、诗词歌赋等更具体体现出休闲对艺术、审美的追求与升华人性的努力。就后者言,自然乃人最原初的生存之境,也是休闲诗意的渊薮,"诗情画意,只在阑杆外,雨露天低生爽气,一片吴山越水。"①回归自然体现着人返朴归真的想望。德国诗人荷尔德林亦有诗云:"如果人生纯属辛劳,人就会仰天而问:难道我所求太多以至无法生存? ……人生充满劳绩,但还诗意地安居于大地之上。"②海德格尔进而强调应以神性与诗意审美的态度寻找人生此在的真义。充满艺术气息与审美诗意的休闲成为人生命意义的重要源泉,"成为一切事物围绕着的枢纽"③。

三、休闲的工夫与境界

作为一个不断向道生成、攀升的实践过程,休闲蕴含着不同的工夫路径与休闲境界。就其工夫路径来说,主要有三种:

首先,是休闲的"减法",这要求立足于生命的内在需求,将人生外缘性的功名利禄、贪欲妄想等过分的欲望及相关而来的疾病、祸患、忧愁等予以去除。对道家而言,即是去甚、去奢、去泰、去骄,不为世俗价

---

① 唐圭璋:《全宋词》,北京:中华书局,1965 年,第 3281 页。
② [德]海德格尔:《人,诗意地安居》,郜元宝译,上海:上海远东出版社,1995 年,93 页。
③ [德]皮珀:《闲暇:文化的基础》,新星出版社,2005 年,第 7 页。

值观念与流言蜚语纠缠,不为五斗米而折腰;对儒家而言,即是要去除各种私心杂念与过分的物欲,保持道德理想,宋明理学曾为此提出"存天理,灭人欲"。佛教强调万法皆空、无著无染,善于放下而得解脱。如唐代龙牙居遁禅师提出"得道无心在处闲"[①],"无心"即去除功利是非计较的澄澈心态,葆有此心则处处休闲。休闲的减法要求人能够淡然物欲,乐观豁达,对世间的功名利禄、祸福得失不系于心,从而避免因随波逐流、沉沦于世而失去自我,其旨在追求生命负累的消解,还人一个健康安泰、轻松自在、随性所欲而充满无限可能性的真身。

其次,是休闲的"加法",这要求人积极修养内在道德与休闲情趣,培养休闲的技能与技艺。儒家希圣希贤,希望以修身养德而达至孔颜之乐,朱熹以"理"为基础提出的"玩物适情"[②],即是通过道德涵养来拥抱休闲。道家主张修德就闲,提出游心、逍遥、无事而心乐、无江海而闲等一系列命题,其旨亦是使人在对自然清虚之道的体认中达到人生的休闲。佛教主张以对慈悲至善的佛性的渐修或顿悟达到自在无碍的休闲之境。在各家思想的浸润下,品茶、饮酒、诗词歌赋、琴棋书画、山林隐逸、赏花、蹴鞠、收藏等种种情趣与技能,构筑起中国士人精致的休闲世界。休闲的加法旨在实现生命内涵的丰盈与休闲能力的建构,与休闲的减法一起,共同指向自我休闲人格的确立,二者皆可谓休闲工夫的为我之方。

再次,是休闲的"接法",这要求以建构起的休闲人格为基础,实现自我与自然、人际的交接圆融。这具体可分为物我之接与人我之接,物我之接即是以审美化、艺术化的眼光审视自然并与之和谐共乐。道家主张道法自然,欣赏天籁、地籁,逍遥自得于山林、皋壤间。儒家以

---

① 《续藏经》第116册,台北:新文丰出版公司,1994年,第922页。
② 朱熹:《朱子语类》,北京:中华书局,1994年,第871页。

216

向道而生

"仁者乐山、智者乐水"的情怀,赞赏舞雩之乐、吟风弄月,追求万物一体的休闲境界。佛教也提出"青青翠竹,尽是法身;郁郁黄花,无非般若"。与大自然相亲而乐乃中国休闲哲学的基本智慧。人我之接要求尊重他人,在良好的人际关系中获得休闲。道家主张人与人慈爱相处,"相忘于道术";儒家主张仁者爱人,立人达人,"己所不欲,勿失于人";佛教主张以慈悲为怀,救世济民,普渡众生,接人得乐之趣所在皆同。休闲的接法是我与物交的实践,是主体之我在不同领域中的自由挥洒与快适呈现。

就减法、加法与接法三种工夫来说,减法为生命负累的卸载,加法为生命内涵的丰盈,二者旨在提升自我生命质量,确立休闲人格;而接法则是推动自我生命与外相接中获得自由与快适,其旨是自我生命意志的自由表达。休闲工夫的落实即是人生休闲境界的呈现。

在中国哲学中,将休闲境界分为身闲、心闲两个层次乃普遍现象。庄子主张人安处天性自然,解除物累,达到"心闲而无事"[①]。陶渊明《自祭文》提出:"勤靡余劳,心有常闲。"[②]唐代司马承祯《服义精气论》有云:"身闲自适,体逸无为。"[③]白居易所论尤多,其《秋池二首》诗云:"身闲无所为,心闲无所思。"[④]宋代学者对休闲境界更加关注,所论也更有文化深度,如南宋李之彦有云:"身闲则为富,心闲则为贵。"[⑤]朱熹就前述陶氏话题评论:"陶云'身有余劳,心有常闲',乃《礼记》'身劳而心闲则为之也'。"[⑥]指明从身、心角度划分休闲境界的儒家根源。明清学者更有精见,明代张萱曾专论之曰:"闲有二:有心闲,有身闲。辞轩

①　陈鼓应:《庄子今注今译》,北京:中华书局,1983 年,第 189 页。
②　袁行霈:《陶渊明集笺注》,北京:中华书局,2003 年,第 556 页。
③　吴受琚:《司马承祯集》,北京:社会科学文献出版社,2013 年,第 66 页。
④　朱金城:《白居易集笺校》,上海:上海古籍出版社,1988 年,第 1492 页。
⑤　李之彦:《东谷所见》,载《说郛》第 6 册,上海:上海古籍出版社,1988 年,第 3427 页。
⑥　朱熹:《朱子语类》,北京:中华书局,1994 年,卷 140。

冕之荣,据林泉之安,此身闲也;脱略势利,超然物表,此心闲也。"①

从理论上,身闲指身体的放松、休息与恢复,偏重生理层面;心闲既指一般思虑、意识的放松,更指人精神、心灵、德性等内在层面的舒畅,境界层次相对较高。最高的休闲境界即是道境,常常亦即独特的心闲之境。一方面,心闲仍不失为得道的功夫与条件。南朝陶弘景《真诰》曰:"心闲逸者,求道之坚梯也。"②宋代张君房《云笈七签》云:"体静心闲,方能观见真理。"③朱熹《西江月》词云:"身老心闲益壮,身癯道胜还肥。"④都指明了心闲对获得宇宙真理、人生至道的重要性。另一方面,心闲更是得道的境界,一旦心闲(得道、自得)则无往而不休闲。王阳明对弟子崇一"寻常意思多忙,有事固忙,无事亦忙,何也"的回答颇为精彩:"天地气机,元无一息之停……若主宰定时,与天运一般不息,虽酬酢万变,常是从容自在,所谓'天君泰然,百体从令'。若无主宰,便只是这气奔放,如何不忙。"⑤认为人能否休闲(从容自在)从根本上取决于心(主宰)境的修养。宋代法演禅师在《送朱大卿》诗云:"但得心闲到处闲,莫拘城市与溪山。"⑥另宋代史守之《赠大慈寺啸翁开士》诗云:"挂锡云飞处,心闲境亦闲。"⑦都清晰表明心闲之境对休闲体验的决定作用。

身闲与心闲在根本上是一致的,在实现身闲之后追求精神与心灵的闲适,德性、境界的层次不断提高,人的肉体与心灵、情感与理性、形

---

① 张萱:《西园闻见录》,载《续修四库全书》第 1168 册,上海:上海古籍出版社,2002年,第 519 页。
② [日]吉川中夫、麦谷邦夫:《真诰校注》,朱越利译,北京:中国社会科学出版社,2006年,第 317 页。
③ 张君房:《云笈七签》,北京:中华书局,2003 年,第 2053 页。
④ 唐圭璋:《全宋词》第 3 册,北京:中华书局,1999 年,第 2164 页。
⑤ 陆九渊、王守仁:《象山语录 阳明传习录》,上海:上海古籍出版社,2000 年,第198 页。
⑥ 法演禅师:《法演禅师语录》,载《大藏经》第 47 册,第 668 页。
⑦ 傅璇琮:《全宋诗》第 52 册,北京:北京大学出版社,1998 年,第 32786 页。

下与形上等也实现平衡和谐。休闲既是一种存在的方式,又是一种生活的态度,更是一种生存的境界与参悟宇宙人生的生命智慧。

四、休闲的思想意蕴

作为人特定的生存方式,休闲是特定文化的表征,不同的休闲文化可能体现出不同的品格,同西方相比,中国休闲哲学具有独特的东方韵质与迷人的思想魅力。

在根本精神上,生命性成为中国休闲文化的根本要义与核心精神。儒家讲"生生之谓易"、"天地之大德曰生",道家讲"生者,德之光也",佛家讲"一切众生皆有佛性",在很大程度上,"中国哲学的中心在生命。"[1]中国传统休闲哲学同样禀赋起深厚的生命本位感,"寂寥天地暮,心与广川闲"[2],努力将宇宙、自然与社会视为统一的大生命,并将之落实到人切己的生命过程中,尤其是以审美的眼光把自然之美、社会之规与人的心灵世界相融为一。"江山风月,本无常主,闲者便是主人。"[3]葆有休闲之心成为人接纳统摄生命万有的重要途径。人之休闲之心在天与人、心内与体外、形上与形下等多重维度中不断呈露,展现出具有浓厚休闲色彩的生命一体感,"鹰击长空,鱼翔浅底,万类霜天竞自由"。相比西方,中国人的休闲"更注重人与人之间的相互关系,更注重生命的完整性,而不像西方文化那样倾向于把生活的不同方面分离开来。"[4]中国休闲哲学还贯通着民胞物与、万物一体、上善若水、

---

① 方东美:《方东美先生演讲集》,台北:台湾黎明文化事业公司,1980 年,第 79 页。

② 彭定求:《全唐诗》,北京:中华书局,1960 年,第 1279 页。

③ 陈继儒:《小窗幽记》,上海:上海古籍出版社,2000 年版,第 77 页。

④ [美]约翰·凯利:《走向自由——休闲社会学新论》,昆明:云南人民出版社,2000 年,中文版自序。

219

第七章　中国传统休闲哲学的思想意蕴

慈悲普渡等思想,高度重视对生命的尊重与养护。中国休闲哲学是关于人生的哲学,更是关于宇宙大生命的哲学,生命情怀成为最温暖、最鲜亮也最动人的基色。

在基本特征上,中国传统休闲体现出重静轻动、重内轻外、重精神轻物质的典型品格。就词义来说,"休"强调人对树木的偎依、对自然的依赖,"闲"强调人在室内获得内向性、静态化的安适,而非外向求索、动态拓展中的快适,皆是对中国休闲特征的隐喻。中国传统休闲大多安静舒缓、悠然恬适而绝少剧烈之感,东篱采菊、花间饮酒、在山水田园中逍遥,在琴棋书画中涵泳,在诗酒悠游中乐适成为经典方式。中国士人一般不会为欣赏山水而犯难涉险,而似乎更愿在山水间轻松流连,甚至在家中开辟园林徜徉其中,或索性于书斋内体味画里山水。他们宁静内敛、淡然物欲,注重内在精神生命的丰茂而疏于外在感官肉欲之乐,孔颜乐处、适性逍遥、随缘放旷等成为理想的休闲境界。他们也很少谋求社会变革,即便与时不合,也更倾向于以隐逸林泉、高栖远遁的方式来展现心志。这些都使得中国人的休闲略显消极而"不像西方人那样强调积极的活动"①。中国休闲哲学追求的是清新、淡雅、精致、超然的诗意感受,缔造出的是丰富细腻而又精致绝伦的精神世界。

在价值追求上,中国休闲哲学是儒家道德价值、道家自然情性与佛家超然空灵之境的统一。中国休闲哲学是讲价值的哲学,作为人向道生成的自由状态,休闲之道、休闲之自由都是一种价值取向的宣示。儒家以道德仁爱为本位,高度重视人在休闲中的道德自省,认为唯其无害于人的善行善念才堪称休闲,为休闲确立起不可移易的价值基准

---

① [美]约翰·凯利:《走向自由——休闲社会学新论》,昆明:云南人民出版社,2000年,中文版自序。

与德性维度。道家以"道法自然"为圭臬,提倡顺应自我本真性情,努力破除束缚性情自由的名利制度枷锁,主张过一种自由无羁、适性逍遥的生活,与儒家名教规范形成了一定张力,这使得中国人的休闲须在葆有基本德性规范的前提下也能尽情展示自己的个性、才情与风采。佛家倡导"万法皆空"、法我无执,破除各种世间染著,这导向了对名利、物欲的进一步捐弃,并引导人们在日常生活中寻求超越意义,追求空灵远淡的休闲审美情趣与超然物外的休闲人生境界,使中国传统休闲文化在德性规范与自然逍遥的双重基质上更加具备了浓郁的艺术气息与美学韵味。儒释道合一的价值结构集中体现出中国休闲哲学独特的东方文化韵致。

在终极关怀上,中国休闲哲学以现实性、日常性的品格为人生命意义的终极安顿开辟出宗教信仰之外的落地生根之途。西方传统休闲理论将工作与休闲二分,认为休闲是工作本位的附属品,是工作的对待物和为工作恢复体力、精力的手段,缺乏独立的内在价值,更遑论对人生终极意义的关怀。中国传统休闲以道为本源性根据,彻底超越了工作与休闲二分的致思模式,在中国士人看来,"醉饱高眠真事业,此生有味在三余。"[1]日常化的休闲生活正体现着人生的真义,休闲成为富有意义的独立存在。就对生命意义的终极安顿来说,中国人并未走上西方基督教意义上的宗教信仰之途,而是倾向于在俗常世界中追寻心理的宁静安适。"休闲等一味,妄想生愧恨",最高远的人生意义正可寓于休闲之中,"且陶陶,乐尽天真,几时归去,做个闲人"。[2] 作为平和美好的天真之境,休闲为中国人提供出一种不必依宗教而有信仰、而得安顿的现实路径。人们在休闲中,静思宇宙人生的真义,感受

---

① 苏轼:《苏东坡全集》,珠海:珠海出版社,1996 年,1796 页。
② 苏轼:《苏东坡全集·苏东坡词集》,珠海:珠海出版社,1996 年,第 38 页。

生命的美好,实现人性的提升,从而使人更成为人。

五、休闲的当代价值

休闲具有强烈的现实品格,在日常生活世界,它常常是与忙碌、工作、无聊①等相对出现的。人之在世,休闲与非休闲成为其两种最基本的存在状态,休闲状态有三种基本形式。

就工作闲习状态讲,无论是将工作驾驭并使之内化为本己性的愿望与需求,还是能以休闲之心对待工作,工作都完全可能因达到了自由之境而成为休闲(同时兼有必须的性质)。庖丁解牛般的技术操作,周瑜赤壁之战中的谈笑间樯橹灰飞烟灭,革命家在战争中的胜似闲庭信步,艺术家的醉心创作等,都具有"得心应手"、即工作即休闲的性质。建基于主体雄厚的实力涵养之上,工作闲习状态实现了工作与主体的高度契合,往往展现出高超的境界,磅礴的气象、迷人的魅力与震撼人心的力量。

就休闲活动状态讲,它指人在从事必须的工作之外,从事诸如运动、娱乐、游戏、旅游、购物、唱歌、跳舞、吟诗、饮酒、垂钓、餐饮等休闲活动的状态,这些活动一般都以人的愉悦、自适、自由为直接目的,可称为通常意义上的休闲方式或休闲活动。人在从事这些活动时往往意味着处于休闲之中。

就无事闲静状态讲,它是指人既不工作也不参加休闲活动却又无事自闲的情形,如静静地欣赏窗外的风景,或是倾听那帘外细雨潺潺,

---

① 此"工作"取宽泛意义,泛指为了人基本生存需要而从事的活动,不涉及它是否具有合法性(合于法律)与正当性(合于道德)。

或是默默回首如歌往事，或是静静而愉悦地发呆，甚至干脆倒头大睡而不知时光流逝等，在这些时刻，人都处于一种放松、愉悦的闲静状态，心有所养，无事而闲。

就非休闲状态而言，它表现为两种形式：从事工作的烦忙（劳作）状态与不从事工作的无聊状态。就烦忙[①]状态来说，这既包括那些让人产生被动感、压力感与被宰制感的工作，现实中大多数不能让人从中得到快乐甚至让人感到厌烦的工作（普通劳作）都属此类；也包括那些具有功利性的"恶"（违反法律与道德）的"工作（作恶劳作）"，如偷窃、抢劫、诈骗、贩毒、卖淫、赌博等。

就无聊状态来说，是指人在空闲时间内无所事事，游手好闲，空虚寂寞，"闲"得难受的状态。如吸毒、酗酒、无功利的淫乱色情活动等皆属此类。当今"哥抽的不是烟，是寂寞"，"姐喝的不是酒，是郁闷"等诸如此类也皆为无聊状态的表达。无聊之所以不是休闲，其根本原因乃是心无所寄，无道（主宰、道德、意义）以聊赖（支撑、充实、慰籍）。

基于"工作与休闲"的视角，对人的生命存在状态作具体分类，可参见下表。

综上，休闲乃人向道生成的自由状态，是否合道从根本上决定着休闲是否具有合理性、合法性与可能性。由此我们可以超越传统意义上工作与休闲的二分，为人们实现"得心应手"的休闲提供理论依据。在当下，大多数人"得心应手"的休闲还很难实现，但着眼于人向道生成的理想，我们认为，在政府与社会层面，应逐步增大各类职业的自由度与可进入性、出台引导大众休闲的政策举措、提供高品质的休闲服务与休闲教育供给、改善工作环境、减轻工作强度、增加闲暇时间、加

---

① 烦忙，不等于繁忙。繁忙指一种事情"繁多"而"忙"的状态，完全可能因有道的贯注而得心应手，既忙且乐，具备休闲的性质。而烦忙则不仅具有"忙"的客观性质，而且具有"烦"的主观性质，不能契于主体内在需求，从而难称休闲。

强社会保障、发展休闲旅游事业等,为民众提供良好休闲环境。在个人层面,人们应积极面对生活,提升个人的业务兴趣与工作能力,为人生的自立奠定基础,同时更要自觉关怀德性修养的提升与生命意义的建构,培养对生活的情趣与好奇心,培养休闲兴趣、爱好与技能,避免在空闲之中走向空虚无聊。总之,休闲具有哲学文化上的形上品性,也是哲学走向生活的理想载体,含蕴着强烈的现实关怀,对催育社会幸福生活,提升个人生命品质具有重要意义。

	二分法	三分法	四分法	五分法	六分法	现实相关因素
人的生命存在状态	休闲状态	休闲状态	工作闲习状态	工作闲习状态	工作闲习状态	社会职业进入的自由度;个人的业务兴趣与能力
			非工作休闲状态	休闲活动状态	休闲活动状态	公共休闲供给数量、质量与政策引导;个人的收入、闲暇时间、兴趣与技能
				闲静状态	闲静状态	客观上无后顾之忧;个人休闲心态
	非休闲状态	劳作状态(烦忙)	劳作状态(烦忙)	劳作状态(烦忙)	普通劳作状态	工作时间、环境、强度;个人的调适能力
					作恶劳作状态	政府社会规约;人际关系环境;个人修养、情趣
		无聊状态	无聊状态	无聊状态	无聊状态	政府社会引导;人际关系环境;个人修养、情趣

　　面对现代社会的各种压力,大力发展休闲文化事业成为时势所需,中国传统休闲哲学开示出关照身心、安身立命的宝贵实践智慧,必将在新的时代境遇中焕发出炫丽的光彩。

第八章
儒家生态休闲哲学智慧

儒家思想是一门关于生命的生态之学,它不仅有自然的人化方面,亦有人的自然化方面。儒家人的自然化思想有着丰富的生态休闲哲学智慧。舞雩之乐与孔颜乐处是孔子生态休闲哲学智慧的两个方面,前者从人的自然情感欲求出发,寻求洒落适性的人生道路,倡导在山水游玩之中实现人的自我价值,强调人在自然山水中的休闲,体现出人的自然化之面向大自然的视角,是一种偏重自然生态的休闲;后者旨在以休闲的生活与心态超越人生的苦难,无论是遭遇困境还是享有富贵,都要随遇而安,保持快乐的心境,体现出人的自然化之面向仁义本性的视角,是一种偏重精神生态的休闲。儒家注重自然生态与精神生态的休闲智慧是中国传统休闲文化中的宝贵思想资源。

一、人的自然化:儒家思想中的生态休闲哲学

从宏大的视角来说,儒家思想是一门有关生态生命的学问。儒家将整个宇宙与人生视为生态有机、和谐统一的整体,如北宋五子之一

张载的一段名言即是典型概括：

> 乾称父，坤称母。予兹藐焉，乃混然中处。故天地之塞，吾其
> 体；天地之帅，吾其性。民，吾同胞；物，吾与也。(《西铭》)

人以天地为父母，作为一个小小的生灵，与自然和谐相处，充满宇宙者乃是我的身体，统帅宇宙者乃是我的性情，天下百姓都是我的同胞手足，天下万物都是我的知心朋友，这初步确立起了将天地自然视为与人为和谐统一整体的大生态生命的基本思想。

王阳明在《大学问》中进一步明确提出了"以天地万物为一体"的生态生命的思想：

> 大人者，以天地万物为一体者也：其视天下犹一家，中国犹一
> 人焉。若夫间形骸而分尔我者，小人矣！大人之能以天地万物为
> 一体也，非意之也，其心之仁本若是其与天地万物而为一也。岂
> 惟大人，虽小人之心亦莫不然，彼顾自小之耳。是故见孺子之入
> 井，而必有怵惕恻隐之心焉，是其仁之与孺子而为一体也；孺子犹
> 同类者也，见鸟兽之哀鸣觳觫，而必有不忍之心焉，是其仁之与鸟
> 兽而为一体也；鸟兽犹有知觉者也，见草木之摧折而必有悯恤之
> 心焉，是其仁之与草木而为一体也；草木犹有生意者也，见瓦石之
> 毁坏而必有顾惜之心焉，是其仁之与瓦石而为一体也。是其一体
> 之仁也，虽小人之心亦必有之。是乃根于天命之性、而自然灵昭
> 不昧者也，是故谓之"明德"。

王阳明指出，儒家的理想人物("大人")应该将自然中的天地万物、社会中的各类成员都视为具有生命气息的生态化的统一整体，并认为这种理想乃是一种天命之性，一种自然而然、灵昭不昧的光明德性("明德")。应该说儒家的这种整体有机的生态宇宙观奠定了儒家哲学乃为生命之学、生态之学的基本框架。

同时,儒家也十分重视人的生态化的自我生命,将人的身心视为有机、生态、和谐的一体。《论语·泰伯》载:

> 子有疾,召门弟子曰:"启予足! 启予手!《诗》云:'战战兢兢,如临深渊,如履薄冰。'而今而后,吾知免夫! 小子!"

《论语·泰伯》还载:

> 曾子有疾,孟敬子问之。曾子言曰:"鸟之将死,其鸣也哀;人之将死,其言也善。君子所贵乎道者三:动容貌,斯远暴慢矣;正颜色,斯近信矣;出辞气,斯远鄙倍矣。"

在此,我们不能仅将孔子与曾子对身体的爱惜视为一种对肉体生命的爱护,而应看到,这是对包括人的自然生命与精神生命在内的人之普遍生命价值的尊重,所展现出的是一种身心、内外一体的生态生命观念。孟子也明确将人之心性生命与肉体生命视为和谐统一的生态整体:

> 君子所性,仁义礼智根于心。其生色也,睟然见于面,盎于背,施于四体,四体不言而喻。(《孟子·尽心上》)

儒家这种身心一如的生态生命观念在《易经》中也有明确说明:

> 君子黄中通理,正位居体,美在其中,畅于四肢,发于事业。(《文言》)

在儒家的生命观中,人的德性生命、精神生命显然处于更加重要的主导地位。如《论语》:

> 志士仁人,无求生以害仁,有杀身以成仁。(《卫灵公》)

《孟子》也有一脉相承的表达:

> 生,亦我所欲也;义,亦我所欲也。二者不可得兼,舍生而取

227

义者也。(《告子上》)

上述两则材料充分说明，儒家认为，在仁义德性生命与肉体生命不可兼得时，应持杀生成仁、舍身取义的原则立场。在儒学后来的发展中，这种思想更为明显，如王阳明在《大学问》即直接指明了德性之心对身体的主宰作用：

> 何谓身心之形体？运用之谓也。何谓心身之灵明？主宰之谓也。(《大学问》)

由上可见，在儒家看来，肉体生命与德性生命相统一，而以德性生命为主宰，这成为其生态生命观在自我生命之域的基本观点。儒家以生态生命为中心的人生哲学，为其生态休闲的实现奠定了具有本源性的学理基础。在很大程度上可以说，儒家的休闲哲学正体现于儒家以生态生命为基础的"人的自然化"上。

何谓人的自然化①？学界已多有所论。从理论上说，人的自然化是与自然的人化相对应的过程。这里的"人"一般地被理解成"理性的人"，理性人的特征是知识论以及道德论范畴下的人，也就是通常意义下的"文化人"。如此，"自然的人化"即体现为人的社会性的塑造，亦即人对内在自然与外在自然进行"文化"；而"人的自然化"则是将人回归到其自然状态，回归到自然情感与个体自身生命体验上来，也即回到人的自然生活与感性经验上来。应该注意，理想化的回到自然生活与感性经验上来并非要回到动物的水平，而是要回到整体的人、本真的人的生存状态。这种回到自然生活与感性经验上来也不是不要理性，而是纠正过往以理性人那种纯粹以理性为中心，压抑自然生活与

---

① "人的自然化"这一哲学命题是李泽厚最初在《美学四讲》中提出的，是自然人化的一个反向调节。他在《历史本体论·己卯五说》中进一步总结了"自然人化"和"人自然化"是"儒学四期"说的天人新义，即对作为传统儒学以至整个中华文化核心命题的"天人合一"所作的一种新的解释。他认为儒道互补正对应于自然人化与人自然化之互补。

感性经验,并以理性为最终归宿的片面人的现象。回到人的自然生活与情感经验,不是以理性压制情感,也不是情感排斥理性,而是在情感为本的状态下,寻求情理间的平衡,寻求人的自然的生态的休闲的生活。可以说,儒家人的自然化实际上正体现了儒家的生态休闲与诗意栖居的生活理想。

进一步而论,儒家人的自然化可有两个层次,一个层次是人化于外界的自然,即人能够回归自然山水,同大自然和谐共处,主动地去欣赏自然并游嬉于自然之中,实现人在生态化的自然山水中的休闲。另一个层次是人化于人自身的自然本性之中,即人摆脱物的束缚与异化而回到自我生命的本真性情上来,在人的本真的生态化的自然性情中获得休闲。以自我生命为目的去实现生命的价值,而非以自我生命为手段实现物的价值。儒家人的自然化之第一层次很明显属于人类休闲活动的重要内容,即自然休闲。而另一层次人对自然本性的回归更是休闲活动之内在特征。两者之共同特点都是以生态的生活为旨趣,儒家人的自然化的根本要旨乃是实现人的生态化的休闲生存状态。著名休闲学研究专家杰弗瑞·戈比认为休闲是"从文化环境和物质环境的外在压力中解脱出来的一种相对自由的生活,它使个体能够以自己所喜爱的、本能地感到有价值的方式,在内心之爱的驱动下行动,并为信仰提供一个基础"[①]。休闲与"解脱"、"自由"等概念的必然联系,可以说明休闲是人向自然生活、自然本性回归的生态化的活动。

有必要说明,儒家的思想一般被认为是体现了"自然的人化"。这一方面是"非礼勿视,非礼勿听,非礼勿言,非礼勿动"(《论语·颜渊》),是以仁义道德来使人的生命存在"人"化,即道德化;另一方面又

---

① 杰弗瑞·戈比:《你生命中的休闲》,康筝译,昆明:云南人民出版社,2000 年,第 14 页。

体现为"学而优则仕","邦有道,则仕"的个体生命的社会化。在某种程度上来说,这种道德化与社会化的结果是造成儒家的"无我",即个体之我的消失,而成就一个集体之我、国家之我、社会之我、历史之我。这也即是安乐哲所谓"无我的自我"①。李泽厚认为孔子的仁是体现了一种个体人格的主动性与独立性,并举"己欲立而立人,己欲达而达人""我欲仁,斯仁至矣"②,但这种"非道弘人,而人能弘道"的个体人格,毋宁说更是具有了很强的历史责任性。我们认为孔子所强调的这种个体人格是服从于作为"士"的历史责任感的,或者说这种个体人格是体现于对历史与社会责任的双重承担上,从休闲学的视角来看,这种自然的人化恰恰是对个体自我的消解③。

自我的道德化与社会化常常会使人脱离了自然平和的安闲状态,而处于一种紧张与忙碌之中,这从孔子一生的生命实践中即可看出,所谓君子"无终食之间违仁。"(《论语·里仁》)孔子栖栖遑遑奔走一生,知其不可为而为之,可谓典型。另外,自我的道德化即成己,社会化则为成物。成己成物的人生路向,纵然高蹈,但其践履却甚是辛苦。就孔子来说,其从十五志于学,至七十岁随心所欲不逾矩,将近一生都在道德的自我约束与社会化的自我营谋中度过。实际上,在崇尚自然的道家代表人物的眼中,孔子即被刻画成终生奔走劳苦,却劳而少功

---

① 安乐哲:《自我的圆成:中西互镜下的古典儒学与道家》,彭国翔编译,石家庄:河北人民出版社,2006年,第312页。

② 李泽厚:《中国古代思想史论》,北京:人民出版社,1985年,第26页。

③ 《中庸》:"天命之谓性,率性之谓道,修道之谓教",其中"教"集中体现了儒家的教化思想以及"自然人化"的理论品格。伽达默尔于《真理与方法》一书中对人类的"教化"活动作如此说:"教化作为向普遍性的提升,乃是人类的一项使命。它要求为了普遍性而舍弃特殊性。但是舍弃特殊性乃是否定性的,即是对欲望的抑制,以及由此摆脱欲望对象和自由地驾驭欲望对象的客观性。"(伽达默尔:《真理与方法》,洪汉鼎译,上海:上海译文出版社,1994年,第14页)由此我们也可认为,起码在学理上,儒家的教化思想(即人的道德化、社会化)可能最终导致宋明理学所谓的"存天理、灭人欲",舍弃个体自我原则,舍弃快乐原则,而抑制欲望。

向道而生

这样一个形象。司马谈在《论六家要旨》中就这样评价孔学:

> 夫儒者以六艺为法。六艺经传以千万数,累世不能通其学,当年不能究其礼,故曰"博而寡要,劳而少功"。(《史记·太史公自序》)

不仅治学是劳而少功,在当时的社会历史条件下,孔子奔走一生兜售其政治哲学的努力也并没有得到实现。其"老者安之,朋友信之,少者怀之"的社会政治构想也成为了一种理想。然而在面对隐逸者的嘲讽与规劝时,孔子及其弟子是这样回答的:

> 夫子怃然曰:"鸟兽不可与同群,吾非斯人之徒与而谁与?天下有道,丘不与易也。"子曰:"隐者也。"使子路反见之。至则行矣。子路曰:"不仕无义。长幼之节,不可废也;君臣之义,如之何其废之?欲洁其身,而乱大伦。君子之仕也,行其义也。道之不行,已知之矣。"(《论语·微子》)

隐者即"辟世之士",即对社会空间的主动退避,而固守个人空间。而孔子是不轻言放弃的,程颐对此解释为"圣人不敢有忘天下之心,故其言如此也"。张载也如是解释:"圣人之仁,不以无道必天下而弃之也。"康有为更是直接指出孔子"宁知乱世浑浊而救之,非以其福乐而来之也……恻隐之心,悲悯之怀,周流之苦,不厌不舍"。[①] 总的来说,儒家对成人、成物的追求,也就是在使自我实现道德化与社会化的过程中,体现出了明显的"自然的人化"的追求,在展现出其人生理想的同时,也不可避免地脱离了人生本来的自然、安闲的状态,在某种程度上处于一种忙乱之中。尊重自然、实现人生的生态化的休闲,必然又成为儒家思想的内在要求。

---

① 康有为:《论语注》,楼宇烈整理,北京:中华书局,1984 年,第 280 页。

事实上,儒家思想不仅具有深刻的"自然的人化"的倾向,同时也有较为明显的"人的自然化"倾向。就人生哲学来讲,自然的人化与人的自然化是人生进路的两极,是不同的路向。概略地说,前者是一个人社会化的过程,是个体生命公共空间的赢取与占有,即所谓的"立德、立功、立名"之三不朽;而后者则是一个人自然化的过程,自然化即自我本色化与性情化,它是个体生命私人空间的占有,本质上是向本真自我、自然之我的回归。现实生活中,公共空间的赢取其代价往往是个体生命在众多社会"关系"与外界事物中沉溺而不能自拔,即孟子所谓"陷溺其心"。即使从养生的角度看来,公共空间往往是受公共秩序法则、客观命运法则的左右,很容易对个体生命意志、生命需求造成漠视,乃至戕害个体生命。康有为说孔子"特入地狱而救众生",海德格尔讲人可能在他者之中陷入沉沦,萨特言他人即地狱,于此我们可以说外在性、公共性的社会空间极有可能成为压迫乃至戕害人的自然而安适的生命过程的空间。在孔子那个时代,社会空间确实不足以让人期待了,如楚狂接舆歌而过孔丘:

> 凤兮凤兮,何德之衰;往者不可谏,来者犹可追。已而已而,今之从政者殆而!(《论语·微子》)

对此,孔子听后亦"欲与之言",可见其深有感触。政治环境使如孔子一样的从政者"殆而",表明了当时政治空间,即公共领域已经充满对个体生命的危害,已经不值得让人留恋。于是歌者欲劝孔子停下奔劳而归于休止,朱熹注解此段时说:

> 来者可追,言及今尚可隐去。已,止也。

应该说,儒家的人生思想是富有张力的。"有道则见,无道则隐"(《论语·泰伯》)其实也是孔子所认同的人生哲学,所以孔子强调"君子绝四:毋意、必、固、我"(《论语·子罕》),孟子说孔子乃"圣之时者也"(《孟子·万章下》)。孔子虽然执著于士之历史责任意识,但在现实的具体行为上,孔子则从"权"。儒家思想因此体现出较为强烈的通权达变的实用理性,"道不行,乘桴浮于海"。可见,孔子并不是非要执著于在公共的社会空间中实现自我生命价值,他的"时进时止",其实就是在公共领域与私人领域自由出入的精神,并不凝滞于一隅。而这种"邦无道则卷而怀之"的归隐意识,即被认为是儒道相通之处,也是我们切入孔子以尊重生命自然为主旨的生态休闲哲学的关键。

在中国的哲学传统中,"休止"、"隐逸"常常被看作是人从纷扰杂乱的公共领域向相对自然安闲的私人领域的回归,向私人领域的回归即是由外在社会向内在生命的回归,亦即是人的自然化的开始。对于儒家而言,当社会的公共空间不能容纳自我价值的实现时,儒家知识分子会很自然地将自我价值的外向实现转向个体自我道德的内向成长,即转向成己或"内圣"上来。这种内圣的过程表面看来是"自然的人化"。但在儒家看来,内圣是很自然的事情,所谓"我欲仁,斯仁至矣"。内圣是建立在人的自然情感(本真自然之"情"与"欲")之上,容不得丝毫的虚伪。所以孔子才说"巧言令色鲜矣仁","未见好德如好色者",此一方面言好德者鲜见,一方面言好德应如好色一样成为情感自然之投射。践履仁道不是从外在的道德法则或圣人权威或神的超绝之意志出发,而是从人的最基本的心理情感出发。如三年之丧要建立在"心安"的基础上,礼乐制度要建立在"仁"的基础上,国家政治的宏大安排要以充满血缘亲情关系的家为蓝本等。而且,对儒家具有根本性的道德仁义之据守最终还是要通过"游于艺""成于乐"的"游乐"境界自然而然地显示出来①,这一切都突出地说明了儒家思想中"人的

---

① 朱熹注解"游于艺"谓"游,玩物适情之谓",此即明确指出了君子成仁成德过程中休闲的价值。

第八章 儒家生态休闲哲学智慧

自然化"之一面,说明了儒家的"自然的人化"确乎有着对人性自然的深刻理解,仁义之性乃发乎自然,在某种意义上,儒家"自然的人化"是以"人的自然化"为根基的。

在儒家看来,与"人的自然化"息息相关的个体私人领域既是一个道德修养的重要场所,又是实现人的休闲生活的重要场所。儒家认为,对人来说,内圣的过程即是为仁的过程。孔子认为这一过程完全是个体自我一己之事,而非关天命、人事。"不怨天,不尤人,下学而上达。知我者其天乎!""为仁由己,而由人乎哉?",这种对自我内在意识的觉悟实际上是对个体私人领域的重视。孔子认为私人领域虽非关人事,却正因此成为个体人格完整如一的重要场所。"慎独"由子思提出,也体现出儒家一贯的思想。曾子"三省吾身",即言其在闲暇之余回到个人领域以便省思自己之言行。而孔子也是非常重视人对闲暇的利用的:

> 子曰:"弟子入则孝,出则弟,谨而信,泛爱众,而亲仁。行有余力,则以学文。"(《论语·学而》)

这里孝悌、爱众、亲仁,都是在社会空间中实现,而一旦闲暇而有余力,则"学文"。学文,即"游于艺"之谓。闲暇即意味着时空向自我展开,这时人最容易放荡,也最容易无所事事。因此,闲暇对于一个人的成长显得尤为重要,孔子也意识到了这点。于是他说:

> 饱食终日,无所用心,难矣哉! 不有博弈者乎,为之犹贤乎已。(《论语·阳货》)

饱食终日与博弈其实都是属于私人领域的休闲之事,因为都不用去关心公共事务。但两者对于一个人的成长显然判若云泥。饱食终日容易使心流荡不归,而博弈下棋虽为小道,但也"必有可观者焉"。孔子认为无所事事地度过余暇,还不如专心于一些休闲的活动上来。

孔子虽然终生奔忙，但亦有闲暇无事之时，此之谓"闲居"。子思言闲居须"慎独"，表现出如履薄冰的谨慎敬畏感。但在孔子，闲居则显得更加从容宴然：

> 子之燕居，申申如也，夭夭如也。（《论语·述而》）

何以能至此境界？孔子曾说过"君子坦荡荡，小人常戚戚"，君子乐道，以道自守，而不为忧患得失搅扰其心，故亦言"仁者不忧""仁者乐"，小人则反是。

以乐道自守，人其实获得的是一颗"闲心"。《史记·孔子世家》言孔子困于陈蔡之间，绝粮"从者病，莫能兴。孔子讲诵弦歌不衰，子路愠见曰：'君子亦有穷乎？'子曰：'君子固穷，小人穷斯滥矣。'"程子注解曰：

> "固穷者，固守其穷。"亦通。愚谓圣人当行而行，无所顾虑。处困而亨，无所怨悔。于此可见，学者宜深味之。

我们认为此即孔子闲心之表现。这种在困境中犹能悠然自得的境界，对后世儒者起到了很好的示范作用。如朱熹一生有繁多的从容于自然山水的休闲活动，正是消解其因党祸而遭迫害之利器。而这一切，我们都可以认为是儒家以人的自然化消解自然人化过程中所带来的异化现象，是以休闲来战胜人生困难的表现。

总之，"自然的人化"与"人的自然化"乃是理解以孔子为代表的儒家思想的两个基本视角。以"自然的人化"言儒家之学，主要是指人在公共领域中的成己成物，尤其指向为仁向善的德性生活理想与"修齐治平"的社会政治理想，最终落实为一种政治的道德的文化的生活；而若言儒家之学之"人的自然化"，则主要是指儒家对人之自然性情、自然生活状态的关注，尤其指向回归自然、回归闲适的私人领域的生活，最终落实为一种自然的生态的休闲的生活。要想深入理解儒家"人的

235

自然化"对于个人充满自然意味与生态意味的休闲生活的影响,则必须言及"舞雩风流"和"孔颜乐处",这两个命题正是以孔子为代表的儒家生态休闲哲学的集中体现。

二、舞雩风流:自然生态中的休闲

《论语·先进》最后一章记录了孔子与四位弟子的一段谈话。当时曾点在鼓瑟,孔子问子路、冉有、公西华以及曾点四人的志向。子路说可以去治理好一个大国,冉有说可以治理小国,公西华有些谦虚,说只能做一国小相。孔子对这三人所答皆未置可否。问及曾点:

> 鼓瑟希,铿尔,舍瑟而作。对曰:"异乎三子者之撰。"子曰:"何伤乎? 亦各言其志也。"曰:"莫春者,春服既成。冠者五六人,童子六七人,浴乎沂,风乎舞雩,咏而归。"夫子喟然叹曰:"吾与点也!"

这一段向来被注释家所重视,但又都异议纷呈,莫衷一是。由于曾晳点明游玩沂水的时间是"暮春",即夏历三月,很多注解都谓北方之暮春尚为寒冷,因此浴乎沂不应该是在河水里游泳洗澡,钱穆解此段为"遇到暮春三月的天气,新缝的单夹衣上了身,约着五六个成年六七个童子,结队往沂水边,盥洗面手,一路吟风披凉,直到舞雩台下,歌咏一番,然后取道回家"。而王充更是认为"浴乎沂",乃"涉沂水也,象龙从水中出也"。他以当时舞雩之古俗认为,曾点所言并非一次游玩活动,而是一次舞雩之祭祀活动,时间是在"正岁二月"。王充驳斥了"风,干身"的说法,认为"尚寒,安得浴而风干身?"他认为"风,歌也",把"咏而归"解释成"咏而馈,歌咏而祭也"。王充认为孔子赞同曾点,是因为"曾点之言,欲以雩祭调和阴阳,故与之"(《论衡·明雩》)。王充的这一诠释被认为对舞雩风流之事的本源解释①。《论语正义》又引宋氏凤翔的言论称王充的解释最为允当,但他认为王充将舞雩的时间定为正岁二月是不对的,应是即将四月,时天气已转暖。虽转暖,但尚不至于在水里洗澡,故他基本上认同王充之论。对于王充与宋氏之言论,我们不取,因为《论语》中记载曾点乃一孔门狂士②,并无意于世,休闲性情浓厚。且从上下文语境中,"铿尔,舍瑟而作",亦可见曾点性情之处。以祭祀言舞雩风流不免大煞风景。

而朱熹则认为当地或许有温泉,他认为浴,是盥洗的意思,近被除之风俗。风,朱熹解释为乘凉。可见,钱穆之解释即取自朱熹。朱熹认为:

> 曾点之学,盖有以见夫人欲尽处,天理流行,随处充满,无少欠阙。故其动静之际,从容如此。而其言志,则又不过即其所居之位,乐其日用之常,初无舍己为人之意。而其胸次悠然,直与天地万物上下同流,各得其所之妙,隐然自见于言外。视三子之规规于事为之末者,其气象不侔矣。③

此以天地气象解读曾点,乃继承程颐之说,固然比王充之解为胜,但如钱穆所言"此实深染禅味"。④

至此,从王充至钱穆,虽解释各异,但一以为舞雩乃祭祀之行为,一以为被除之风俗,实乃大同小异,即无论祭祀活动,还是民间之风俗,都是略显矜庄,与曾点之狂放形象不侔。至少祭祀与被除皆为功利旨向极为明显的活动,前者为求雨除旱,后者则为攘除灾邪。若以

---

① 赵树功:《闲意悠长》,石家庄:河北人民出版社,2005年,第158页。
② 《四书集注》载程颐之言曰"曾点,狂者也。"
③ 朱熹:《四书集注》,北京:中华书局,1983年,第130页。
④ 钱穆:《论语新解》,成都:巴蜀书社,1985年,第280页。

此而言其为天地境界尧舜气象,则不符曾点之情,明矣!

而李泽厚之解似乎更显不同,他是这样解释的:"曾点说,暮春季节,春装做好了,和五六个青年,六七个少年,在沂水边想洗澡游泳,在祭坛下乘凉,唱着歌回家"。[①] 这种解释完全是从字面解释,也许更能接近曾点之原意。其实在王充的解释中还有这么一句:"鲁论之家,以为浴者,浴沂水中也,风,干也。"这就意味着李泽厚的解释与鲁论是近似的。这里的关键其实是在暮春季节究竟能否入水洗澡的问题。因为无论祭祀,还是祓除之风俗,都没有提到可以在水中洗澡。涉水、盥洗皆为较为矜持之行为,此正可以与祭祀、祓除相对应。但曾点乃狂者,以单纯之涉水、盥洗来描述其这次春游之行为,似显不当。且于咏歌之行为不侔。再者,如果以天气寒冷便言不能洗澡,则以足涉水、或以河水盥洗,似乎也是不可耐之事。而一群人水中洗澡,唱着歌回家,此明显为一游乐纵欢之行为,此则差近曾点狂放之气象。

其实孔子所生活的年代之气候与后代皆有不同,竺可桢在其名作《中国近五千年来气候变迁的初步研究》中早已指出,春秋与战国时期北方属于亚热带气候,气温明显地高于后世。例如其在论文中提到"《春秋》提到,山东鲁国过冬,冰房得不到冰;公元前698,前590和前545年尤其如此。"又说"到战国时代(公元前480—前222年)温暖气候依然延续"。[②] 而孔子生活的年代恰好是公元前551年和公元前479年。由此可见,我们虽然不能知道孔子时代暮春四月的具体温度,但在气候尚处于亚热带气候的四月,其温暖程度应该可想而知。如果天气晴朗,又在中午时分,天气应该更为温暖,在水中洗澡当不为过。洗澡游玩至傍晚,唱着歌回去,此亦人情之自然而然之事,并无丝毫勉

---

① 李泽厚:《论语今读》,合肥:安徽文艺出版社,1998年,第270页。

① 李泽厚:《论语今读》,合肥:安徽文艺出版社,1998年,第270页。
② 竺可桢:《中国近五千年来气候变迁的初步研究》,载《考古学报》,1972年第1期。

强。我们认为孔子赞赏曾点，也是因其能在适当的时令，不受拘于公共事务的萦绕而能随性所适，且度过一段悠然畅快的下午，这也是人本性的自然呈现。

另外，对于其他三个人以从事公共事务为志向，孔子当然并不反对。且孔子自己也多次表白过有从仕之意，如："富而可求也，虽执鞭之士，吾亦为之"（《论语·述而》）。孔子的思想主要体现为自然的人化，是对外向空间的拓取。然而孔子并非执著于此，当"邦无道"，政治社会环境变得狭隘，不足以实现士人君子的抱负时，孔子也并非即如隐士所言"知其不可为而为之"的。对于孔子来说士人最重要的是人格的自由，只要秉承道义在身，自由的人格是无所执拗的，也就是"毋意、毋必、毋固、毋我"。所以，孔子在上句话之后接着就说"如不可求，从吾所好"。"从吾"，即意味着既然公共事务不足以为之，那么索性退回到个人的私人领域，也即苏轼所言"勾当自家事"。[①]"所好"何事？钱穆注解为"所好惟道"[②]，其实不只是道，个人兴趣所在，情性自然所至都可以理解为"所好"。当时孔子所处之环境，富贵已然不可求，"吾不复梦见周公久矣"，曾点"舞雩风流"正是"从吾所好"之应有之义，故对于四个弟子的志向，孔子更倾向于曾点，就不足为怪了。

至于程朱以天地境界、尧舜气象来解读舞雩风流，程朱后学更是汩其泥而扬其波，如与阳明同时的夏东岩即言"孔门沂水春风景，不出虞廷敬畏情"[③]，这已经从很大程度上抹煞了舞雩风流的休闲审美情调。而王阳明以"无入而不自得""不器"言曾点，则有些近似。阳明曾多次表明曾点是其追慕之对象。其赠夏东岩诗云："铿然舍瑟春风里，

---

① 孔凡礼：《苏轼年谱》，北京：北京古籍出版社，2004 年，第 1849 页。
② 钱穆：《论语新解》，成都：巴蜀书社，1985 年，第 164 页。
③ 黄宗羲：《明儒学案》钦定四库全书本，卷七。

239

第八章 儒家生态休闲哲学智慧

点也虽狂得我情。"①这里的情,已经不是程朱理学所谓的"性情",而是"情性",即人的自然欲情。正因此,李泽厚指出阳明心学及其后学之人性论实际上"走向或靠近了近代资产阶级的自然人性论:人性即自然的情欲、需求、欲望"。②

曾点之舞雩实乃儒家人的自然化思想之现实体现,它从人的自然情感欲求出发,寻求洒落适性的生活方式,甚至可以说休闲游玩正是这一生活方式的典型实践。从休闲哲学的视角看,"舞雩风流"具有较为典型的特征,它是以暮春时节的沂水、春风、旷野为总体背景,所勾勒出的场景是一幅逍遥放旷于自然天地之间的美好休闲景象,一种人顺应本真性情彻底回归自然的休闲景象,在这里,所呈现出的是一种休闲的自然本真之境。一方面,人的自然本真的性情欲望得以尽情表达,另一方面,天地自然也呈现出了适宜休闲的属性,人以自然的人性回归到自然的境遇,从而获得了休闲的自由。应该说,人的自然的情欲与需求,乃是人在切身所处的自然环境中长期发展形成的,舞雩之乐体现出人与自然的一种亲近感与融合感,体现出人在大自然中的惬意与愉悦,是与"仁者乐山、智者乐水"的儒家山水之乐相辅相成的。在这里,自然成为儒家获得休闲的重要源泉,曾点舞雩风流正成为儒家表达在自然山水中获得生态休闲的典型命题。

三、孔颜乐处:精神生态的休闲

从休闲哲学的角度,如果说"舞雩风流"侧重的是人的自然化中个

---

① 王阳明:《王文成全书》钦定四库全书本,卷三十四。
② 李泽厚:《中国古代思想史论》,北京:人民出版社,1985年,第248页。

体性与自由性,是回归天地自然界的面向,是追求一般意义上的自然生态境遇中的休闲的话,那么孔颜乐处则主要是一个精神超越的问题,体现的是回归精神完善之境的面向,所追求的也是一种超越意义上的精神生态境遇中的休闲。就后者而言,惟有充分认识到个体自我生命的重要性,惟有积极去追寻一种自由的精神体验,人才会认识到休闲的价值。而个体生命的自由体验本质上指向的就是一种超越的境界。

从理论上,儒家的超越境界体现在两个方面,一个是外向的超越,即成物;一个是内向的超越即成己。所谓外向的超越是一己融汇于家庭、社会、国家、天下,主要体现为事功拓取,是人的社会价值的实现;内向的超越①,是一个人内在人格境界的修养,体现为心性的成长,是人的自我价值的实现。前者是横向的超越,后者是纵向的超越。就休闲来讲,其个体性与自由性的特征决定了人的休闲思想与实践,属于内向的超越在生活中的体现。当然,内向的超越并不一定体现为休闲,但休闲却一定是在内向超越的过程中实现的。没有内向的超越活动,就不会有休闲的发生。孔子开创的儒家哲学的品格一开始是内外超越皆有,但至宋以下②,尤其是到了阳明心学之后,外向的超越随着外在客观环境的制约而发生了内向转移,其内向超越的理论品格占了上风,而内向超越往往鲜明地指向人的精神之域。

就孔颜乐处来说,我们认为主要是反映了孔颜的内向超越的精神境界,它指向一种偏重精神性的休闲的人生观与生活方式。试着分析

---

① 笔者所言儒家之"内向超越"并不同于现代新儒家所谓的"内在超越"。后者是相对于西方文化中外在超越而言儒家哲学之特质,而我们所说的"内向超越"则指儒家思想内部两种理论指向。如果说儒家理论结构含有内圣外王两个方向,而圣与王都是个体自我的超越完成,那么内圣即是一种内向超越,而外王则是外向超越。

② 可参看(美)刘子健:《中国转向内在——两宋之际的文化内向》,赵冬梅译,南京:江苏人民出版社,2002 年。

如下。

> 子曰："贤哉，回也！一箪食，一瓢饮，在陋巷。人不堪其忧，回也不改其乐。贤哉，回也！"（《论语·雍也》）

此段从字面意思看很是晓畅，简单地说即是孔子赞叹颜回能在非常穷困的生活环境下而不改其乐。另一处孔子自道：

> 子曰：饭疏食，饮水，曲肱而枕之，乐亦在其中矣。不义而富且贵，于我如浮云。（《论语·述而》）

孔颜之同，在于"食"与"饮"皆极简陋，意指生活于贫贱之中，与富贵生活相对。孔子常言"富贵在天"，此处甘于贫穷，可以证实孔子当时客观环境决定了其与富贵已然无缘，故能"各正性命"而内心安乐。一般人面对贫困、简陋的生活，能做到"无谄""无怨"就已经很不错了，这里孔颜于贫困中乐处，即超越之意。

贫困而乐，所乐者何？这里应先排除"乐道"，更不是"乐贫"。后者不必申说，就乐道而言，程朱早已予以驳斥：

> "颜子在陋巷不改其乐，不知所乐者何事？"先生（指程颐）曰："寻常道颜子所乐者何？"侁曰："不过是说所乐者道。"先生曰"若有道可乐，不是颜子"。

但孔颜所乐者何？这一问题成为孔颜乐处的关键，如二程说："箪瓢陋巷非可乐，盖自有其乐尔。其字当玩味，自有深意。"朱熹跟着道："程子之言，引而不发，盖欲学者深思而自得之。今亦不敢妄为之说"。

我们认为"所乐何事"之提法是基于一种认识论的视角，而"乐"作为人的一种对当下生存境遇的体验，是存在论的。以认识论的视角去回答一个存在论的问题，显然总是不能让人满意。我们只有把孔颜乐处还原到孔颜的生活处境中，才有可能揭开其"乐"之源。

颜回虽短命早夭,却天资甚高,其德行在孔子弟子中堪称最优。孔门弟子德行科之首便是颜渊,可见其一生精力都用在心性之修养上。在孔子的众多弟子之中,颜渊算得是"内向超越"的代表。但就是这样一个人物却一生未仕,"身居陋巷",隐而不出,他并不像其他弟子一样汲汲于外向的超越,对治国平天下的外王之志孜孜以求。在《韩诗外传》中颜渊的执政理想乃无为而治①,他认为当每一个人都返回到内向的超越,修养各自德行,国家自然就治理好了。

崇尚无为,并不意味着就是道家的思想,儒家的内向超越即表现出"无为"②特征。"无为"的思想毋宁是儒道互补的纽结之处,是二者共有的特点。但有学者指出庄子之学实源于颜渊③,而庄子一书中频频出现颜回的故事,其中有一条颇有助于我们了解颜回日常生活之境况:

> 孔子谓颜回曰:"回,来! 家贫居卑,胡不仕乎?"颜回对曰:"不愿仕。回有郭外之田五十亩,足以给飦粥;郭内之田四十亩,足以为丝麻;鼓琴足以自娱,所学夫子之道者足以自乐也。回不愿仕。"孔子愀然变容曰:"善哉,回之意! 丘闻之:'知足者不以利自累也,审自得者失之而不惧;行修于内者无位而不怍。'丘诵之久矣,今于回而后见之,是丘之得也。"(《庄子·让王》)

---

① 见《韩诗外传》卷七"各乐其性,进贤使能,各任其事,于是君绥于上,臣和于下,垂拱无为,动作中道,从容得礼。""无为而治"实乃被孔子称赞,"子曰:无为而治者,其舜也与? 夫何为哉,恭己正南面而已矣。"(《论语·卫灵公》)

② 我们认为儒家"独善其身"的思想,便是其"内向超越"即无为之一面。无为指的是不要人为地去涉足、干涉公共事务。

③ 吴冠宏提出庄子源于颜渊的论据有五:(1)注意到庄子喜欢以征引孔颜之对话来立论的现象,并视此为颜庄关系的重要线索。(2)认为颜子为"隐居避世"之人,并从此观点建立颜庄之关系。(3)从"生命型态"如"清且如愚"处着眼,或于境界上"道德与艺术"的共感之角度来综合颜子与庄子的关系。(4)立足于内倾的修养论,认为颜庄在修养论上有其血脉相连相通之处。(5)从后代文献中,颜渊与道家的微妙关系来逆推以证成先秦儒(颜)道(庄)之关系。(参见吴冠宏:《圣贤典型的儒道义蕴试诠》,台北:里仁书局,2000 年,第 163—201 页。)

这一段或可视为《论语》中"孔颜乐处"的很好注脚。颜回面对孔子的质疑,表示了一种对外向超越的回避姿态。然后他描述了一种自足自乐的生活状态,俨然是对休闲生活的陶醉。接连四个"足以"并不因其外在物质生活的富足,而是源于一种内在精神的自我超越:知足、自得、行修于内。当人以自我的内在超越为其人生价值意义所在时,便不会在意外在环境的变化。这样一种人生境界即是审美的境界,也就是休闲的境界。李泽厚在评价孔颜之乐时说:"乐是什么?某种准宗教的心理情感状态也……它高于任何物质生活和境遇本身,超乎富贵贫贱之上"。[1] 钱穆认为颜回之乐:"乐从好来。寻其所好,斯得其所乐"[2],好即兴趣所在,也就是"以欣然之态做欣然之事",此虽是言休闲,也是言乐。

外在的物质环境,受制于客观的法则,所谓"天有不测风云,人有旦夕祸福",人并不能控制,如果人的欲望完全激发运用于对外在客观之物的索取与满足上,即庄子所谓"驰荡而不得,逐万物而不反",那么这种人生便是一种忙碌的状态:"世人嗜好苦不常,纷纷逐物何颠狂"。[3] 外向超越即自然的人化,然而自然的人化往往成为一厢情愿,其结果容易流于一种异化。相反地,人若能从内向超越的自我精神出发,做到知足、自得、自娱,就能无论处于何种境遇,都一往而乐。内向超越即人的自然化,它超越的是人的物质性存在,自我成为自然的"主人"[4],这就是孔颜乐处中乐的真义。

知足、自得、自娱的内向超越的生活不就是休闲的生活吗?"知足者不以利自累",这样可以令身闲;"审自得者失之而不惧",如此可以

---

① 李泽厚:《论语今读》,合肥:安徽文艺出版社,1998年,第180页。
② 钱穆:《论语新解》,成都:巴蜀书社,1985年,第164页。
③ 吴承恩:《吴承恩诗文集》,北京:古典文学出版社,1958年,第11页。
④ 苏轼:"江山风月,本无常主,闲者便是主人",言其为"主人",并非有丝毫的主宰意,而是人与自然亲密无间,相通无碍的表现。

使心闲；"无位"者，身心可以俱闲。林安梧说："颜回之居陋巷，一箪食，一瓢饮，这是不得已的，……他是以一种无执著的方式，让自己在没有挂搭的情况之下，长养他自己的胸襟与志气。"①这种"无执著"的休闲观并非由于真懒，也不是一种"精神胜利法"，而是孔颜在当时既定的生存境遇中对个体自我意义与价值进行深刻体悟后所做出的选择。苦中作乐，即在困境中得休闲之乐，"在当时社会动荡物质贫乏的状况下，孔子为人们提供了一种依然可以让心灵宁静愉悦的生活态度和生活方式"②，这实际上也体现出休闲作为人类的一种生活方式或生活态度所具有的深刻的人生智慧，这也是达观者的姿态，是人类面对困苦人生的一种超拔。

孔颜乐处的意义在于让人超越物质环境的制约，无论是遭遇困境或是享有富贵，都要随遇而安，保持快乐的心境。相较曾点舞雩之乐之在大自然中来寻找休闲之乐来说，孔颜乐处更注重在超越世俗功利物质环境之后在精神中寻找休闲之乐；如果说舞雩之乐更多的是儒家所主张的一种合于自然生态的休闲，那么孔颜乐处则更多的是儒家所主张的一种合于精神生态的休闲。这两种休闲所通达的都是人在现实生活世界中真实、普通的快乐。中国哲学的重心乃是关于人生的哲学，人生的哲学就是旨在寻求生命的安适，而安适即是乐。寻求乐是人的本能，人皆有趋乐避苦之心。舞雩风流告诉我们人应该积极地顺应本心，回归到广袤的大自然中去寻求生命的快乐，达至一种自然生态的休闲，体现出的是一种外向拓展的精神；孔颜乐处告诉我们如何在苦中依然能作乐，如何在人的精神世界中获得生命的快乐，达至一种精神生态的休闲，这种苦中作乐体现出的乃是人的一种内向超越精

---

① 林安梧：《问心：我读孟子》，台北：汉艺色研，1991 年，第 138 页。
② 马秋丽：《〈论语〉中的体闲理论初探》，载《山东大学学报》，2006 年第 5 期。

神与境界。而休闲是乐的情感在现实经验中的集中体现,在休闲中人无疑感受到的是最自然、最本真的乐。

四、以自然为中心的生态休闲观的文化意蕴

如上所论,在儒家思想中,存在着较为深刻而丰富的生态化的休闲哲学,其中"自然"是其最有特色的要素,下面尝试在中国文化的整体视域中对以自然为中心的生态休闲观进行一系统说明,并初步揭示出其对中国人日常生活的影响。

何谓自然? 自然至少有三义,一是大自然(即外在的自然,事实的自然,包括人的身体。)二是自然而然的性质(内在的自然,心灵的自然,包括流行于宇宙间的自然而然的性质)。三即自然法与自然法则。由此,自然化也就存在三个维度,一是向大自然而"化",二是向自然而然的性质而"化",三是化客观必然的规律法则或道德法则为自由的运用。第一个"化"是亲近的过程;第二个"化"是成为的过程;第三个化是掌握"度"的过程。这三个层面的自然及自然化,构成了一种新的自然主义的生态休闲哲学。在某种意义上,如何实现人的生活的自然化乃是人类要获得休闲必须面对的问题。依据"自然"的上述三层含义,自然主义的生态休闲哲学包含着三重维度:

一是人类回归自然生态,将人类个体及整个人类的一切发展、成长自觉融入自然的生态发展过程之中,使人类的发展本身即成为一种生态的发展,而绝不能以牺牲自然生态的平衡为代价。作为自然进化链条中的一个当然环节,人主动亲近大自然,在自然山水中流连忘返,在花草树木动物中觅得活泼生意,将人类自身等同于大自然的一份子,人在真切体验到回归自然的状态时,能够获得身心上的休憩与调

整。在自然的环境中,人的生命节奏放慢下来,感官变得灵敏,心灵变得安静,有一种回归到母体的感觉,生态化的大自然成为人休闲得以发生的原初而又基本的境遇。

二是人类回归自然的本性。在人类文化发展的过程中,人很容易被理性的精神法则所强迫,甚至让贪婪、虚伪、矫饰、占有欲等日益吞噬了人性的纯洁,人由此越来越远离自然的本性。在休闲中使人性反本复初,返归自然即显得十分重要。对于个体而言,是自然造化赋予人肉体生命,此即自身具有的"自然",生命的生成、生长、消亡也是极为自然的现象,我们每个人理应对生命持珍视、爱惜、欣赏的态度。这就需要人要及时发现身体的价值,注意爱惜和保养自己的身体,并尤其注重发现、塑造精神生命之美。在自然与社会的生存环境中,能以一种质朴、纯真、友善、快乐的心灵在大自然中嬉戏,在社会中生存,避免因过度的欲望而损害原本美好的人性。使人性回归自然,体现着休闲具有内在性的自然化的维度,昭示了一种使人性返朴归真的休闲理想。

三是把握、熟练并虔诚地遵守自然法则,将自身的理念与自然的法则统一在一起,做到由技到艺,由艺到道的不断提升,最终使人通过自由地运用自然法则而达至休闲之途。广义上说,不仅一般的自然界,而且我们的社会、人类生命都是自然进化演变的产物,都是自然。由此,无论是狭义的自然领域,还是社会领域,乃至人的身心领域,都存在着固有的必须遵循的"自然"法则。而真正的休闲,并非完全消极地龟缩于自己的心灵一隅作缥缈无根的精神逃避,而是有着积极进取、生机勃勃的一个基本面向,这就要求人在自己所处身其中的世界中积极探索与把握自然界的法则、社会的规则与心灵的律则,实现人因熟练、娴熟而达到对之的内化,从而达到一种"随心所欲不逾矩"的休闲境界。由此可见,由熟练驾驭自然法则而得的休闲哲学实是一种积极的人生哲学，是人在更广视界更高层次上的回归自然、反本复初。

就中国文化思想的总体面貌来看，自然主义在中国有较为深远的传统。一般认为，先秦自然主义特征最为明显的当推老庄。李泽厚曾认为道家思想是一种人的自然化理论。道家以道为核心，而崇尚自然，其主要表现即是主张自然无为的生命哲学。如《庄子》曾提出"莫之为而常自然"；"无为为之之谓天，无为言之之谓德"。"夫恬淡寂寞，虚无无为，此天地之事，而道德之质也，故圣人休焉"。道家哲学是主张人的自然化的哲学，也是关于人的休闲的哲学。道家哲学是中国传统休闲理论的重要奠基者。

相较来说，儒家思想更多地呈现为一种积极入世（"学而优则仕"）的工作哲学以及道德修养的伦理哲学（修身养性、格物致知），李泽厚称之为"自然的人化"。而实际上，儒家也有着深刻的以"自然"为旨趣的休闲思想。儒家对伦理自由境界的描述（"随心所欲不逾矩"、孔颜乐处）以及注重在天地自然中体察天道流行的修行工夫（"万物皆备于我"、"民胞物与"、"舞雩风流、鸢飞鱼跃等）、还有对无为政治的追求（"天何言哉，我无为而民自化，我好静而民自正"）等，无不体现了儒家在追求自然的人化同时，也注意以回归自然天道、回归人性之自然至善的理想追求。人的自然化思想固然不是儒家的主要理论特色，但至少也是儒家思想中不可或缺的一个维度。儒家的这些"人的自然化"思想在一定程度上与道家思想中的自然化形成了一定的张力，同时也是自身理论寻求自洽的努力。同时因为儒家十分注重自然化的道德伦理内涵，因此也对古代休闲理论的构建有着重要的作用。

受中国儒、道两家思想影响，后来的佛教亦十分重视"自然"。就作为性质的自然而言，佛教中有"自尔""法尔""自然法尔"，乃至《无量寿经》中有"天道自然"、"无为自然"等概念。至六祖慧能，禅宗就将"自然"作为一个非常重要的概念，以般若的无相来贯通本净的心性，认为具有真实性的自心佛性就体现在念念不断的无执著心之中,是众生心不起妄念的一种自然状态。正是对这种佛性自然的规定,我们也可以将佛教思想看做是一种宗教的自然主义。而佛徒多以自然证悟,云游名山胜水之间为高,遂有"天下名山僧占多"之说。永嘉玄觉在《证道歌》中描述其对山林休闲生活方式的衷情:"入深山,住兰若,岑崟幽邃长松下,优游静坐野僧家,阒寂安居实潇洒。"另外如洞山良价禅师也说:"众生诸佛不相侵,山自高兮水自深。万别千差明底事,鹧鸪啼处百花新。"如禅宗的随缘任性、性即自然的思想,都使得禅僧的生活方式与人生境界导向了休闲。

受此三教之自然主义的生态休闲观的影响,中国古代士人成为特别会休闲的群体。休闲被认作是返璞归真、塑造和张扬本真人性的生活方式。无论是逍遥山水之滨的隐士,还是身居魏阙、心怀山林的吏士,或是游学四方的文人学士,无不倾心于闲暇的交游与玩赏。席勒曾言:"人只有在游戏的时候,才是真正意义上的人。人只有真正是人的时候,他才游戏。"游戏、休闲乃是人性中最原初、最真实、最自然的追求。马克思也曾深刻而又辩证地指出:"真正的自然主义是人道主义,真正的人道主义是自然主义。"应该说,休闲让人回归自然、回归本真,而回归自然又是人生休闲的要旨,也是生命本身的精义。通过休闲,人不仅摆脱了物质自然给人的束缚,同时也摆脱了社会、文化给人造成的压力,从而进入一种感性理性圆融自在、无入而不自得的自由之境,真正呈现出生命的意义。当下时代,正值积极建构生态休闲文化、发展生态休闲事业之际,我们积极回归中国传统以自然主义为旨趣的生态休闲哲学智慧,无疑具有重要的理论价值与实践意义。

第九章
道家休闲思想及其现代
价值——以庄子为中心

渴望生存的愉悦,追求生命的快乐,是人的天性,也是人的权利。但在现代生活中,人们却承受着经济胁迫、生存竞争、观念冲突、社会变动等各种因素所造成的压力,精神极度紧张,备受苦闷折磨。人们虽然拥有了比较丰富的物质和闲暇,却往往难以从中寻找到自身存在的意义,无法解除精神上的苦闷。为了获取精神的幸福和心灵的安宁,为了重新思考和寻找人的基点,人们开始将目光投向"休闲"。先秦哲人庄子对于个体生命的关注,对"自然"、"个体"、"自由"、"超越"等休闲价值的追求,正能为当代社会摆脱休闲异化的困境提供多种启示。

一、休闲及现代休闲的困境

从哲学层面出发,休闲关乎个体的生存状态与生命意义翰·凯利提出:"休闲应被理解为一种'成为人的过程',而'成为人'意味着摆脱

向道而生

'必需'后的自由;探索和谐与美的原则;承认生活理性和感性、物质和精神层面的统一;与他人一起行动,使生活内容充满朝气并促进自由和自我创造。"①戈比也认为休闲与人的生命质量与人性的完善息息相关,它"是一种自我超越的状态,因为正是在休闲中,人性在潜在的转变中体现出对人的自我完善的引导"②。瑞典天主教哲学家皮普尔也提出,"休闲是身体、心理、灵魂的自我开发机会,它不是外部因素作用的结果,也不是空闲时间和游手好闲的必然产物,是一种思想和精神态度,即人们以一种平和宁静的态度,去感受生命快乐、幸福和价值。"③历史地来看,休闲的含义应该是宁静、平和和永恒,人们在休闲中追寻的是生活的意义、生命的自由,是人成为人的过程。

然而,休闲的这些特征"在当今时代不仅已经丧失,而且与休闲现在的特征正好相反"。④ 这是因为,休闲的主体是人,在其所处的社会背景之下,受到政治意识形态、商品意识形态等的控制,进行着被符号化了的休闲活动。而人们对于休闲的理解也发生了偏差,将它等同于无所事事、游手好闲,或者认为它离不开金钱的支出和物质的消耗。这使得休闲越来越背离其原本的目的,逐渐形成了一种"异化的休闲"。"异化休闲剥夺了人们在这个相对开放的空间里自我实现的可能性,休闲变成了社会工具而不是真正的人类活动,休闲退化为经济系统的附属品。"⑤

休闲的主体为人,因此,休闲异化的根源在于人的异化,涉及的其

① 约翰・凯利:《走向自由——休闲社会学新论》,昆明:云南人民出版社,2000年,编者的话,第5页。
② 托马斯・古德尔,杰弗瑞・戈比:《人类思想史中的休闲》,昆明:云南人民出版社,2000年,导言第1页。
③ 转引自李仲广、卢昌崇:《基础休闲学》,北京:社会科学文献出版社,2004年,第90—91页。
④ 托马斯・古德尔,杰弗瑞・戈比:《人类思想史中的休闲》,第146页。
⑤ 约翰・凯利:《走向自由——休闲社会学新论》,昆明:云南人民出版社,2000年,编者的话,第5页。

实是现代人的生存困境。马尔库塞认为,现代资本主义文明在政治、经济、文化、自然等各个方面造成对人的过度压抑,导致人的全面异化。在资本主义大生产体系的背景下,科学技术不断发展,并逐步取代了人的体力和智能,使得人作为主体存在的创造性和能动性丧失。人被物所规定、制约和支配,成为了生产工具的某个部分,沦为科技的奴隶。"在借助于物而存活的时代,精神不过是物的暴虐统治的见证"[1],"在技术的控制下,欲望主义、虚无主义到处蔓延;人们看不到存在的意义,感到无家可归。"[2]在这样的境况下,人的价值迷失了,人们眼中只能看到金钱和利益,因为借由这两者,人们才能稍稍感受到自己的存在。于是"人们为了一己的私利,将原来相安无事的世界变成空前激烈的战场,人人都怀着损人利己之心,在社会这个战场中相互竞争、相互倾轧"[3],而人与人之间的情感也日益淡漠。罗素也曾说,"现代文明所造就的人类之心,很容易倾向仇恨,而不是倾向友谊。人心之所以倾向仇恨,是因为它深深地,或下意识地觉得错失了许多人生的意义。"[4]人们忧惧于生死、受制于物,为自己的欲望所掌控,而迷失了自己存在的意义。处于如此困境中休闲主体,显然不能从休闲活动中获得休闲的真谛。

然而,要消除物对人的压迫并不是在短期内能够完成的,因为我们很难舍弃物品带给我们的具有积极意义的东西。因此要回归人性,不在于将物的世界一举消灭,而要重新审视能够使人的生存更富有意义的重要条件。这种条件并非是毫无节制地去生产被认为是必需的

---

① 季斌:《休闲:洞察人的生存意义》,《自然辩证法研究》,2001年第5期。

② 伍永忠:《劳动异化与技术异化——马克思与海德格尔关于人的异化理论比较》,《衡阳师范学院学报》,2008年第2期。

③ 卢梭:《论人类不平等的起源》,上海:上海三联书店,2009年,第59页。卢梭认为私有制出现和不平等发展的必然结果一方面导致竞争和对抗,另一方面导致人们之间的利益冲突,人人暗藏损人利己之心。

④ 伯兰特·罗素:《快乐哲学》,北京:中国工人出版社,1993年,第59页。

物,而是人对自身命运的深思。① 如果缺乏这种深思,那么人的存在本身就会变成物品,那将是无限悲哀的。休闲本是克服异化的一种途径,而如上所述,现代休闲的发展却在背离这条道路,加剧了异化的盛行。因此,现代休闲需要回归到对人的生命的沉思中去,是对意义世界的创造和追求。

而在遥远的中国先秦时期,自由的哲人庄子也观察到了他那个时代人的生存境遇,他不仅具体描述了当时人们所处的自然和生活环境及其生活境况,也深刻觉察到了人所难以逾越的界限,这些界限制约着人的存在和自由,使人在现实生活中逐渐失去了"真我",而成为社会、政治的附庸。这与现代人的生存困境无疑有相通之处,只不过庄子笔下的生存困境是以"生死"、"时命"、"情欲"之限展现在我们眼前。针对当时人们的生存困境,《庄子》通篇展现了庄子对于个体生命的深刻思考和终极关怀。他从老子继承而来的"无为"思想和其独特的"逍遥"理念,或许能够对化解现代休闲所面临的异化困境给出独特的启示。所谓"无为",是对人自身欲望的限制,在分科日益精细、节奏日益加快、竞争日益激烈的现代化社会中,庄子那种强调退让、克制,减少对外物的征服心、使役心、斗争心的主张,对于现代人的内心生活有着某种补充和平衡的意义,而这也是获得真正休闲的内在心理基础。而"逍遥",是"无为"之后的潇洒生存状态,主要是人的内心精神自由的实现,超脱于现实烦扰,在心中修篱种菊。庄子的逍遥,更是一种悠闲自得的人生状态,是"心闲"。方东美曾论断:"'逍遥游于无限之中,遍历层层生命境界'之旨,乃是庄子主张于现实生活中求精神上彻底解脱之人生哲学全部精义之所在。"②庄子的"逍遥",是对主客观束缚和

---

① 季斌:《休闲:洞察人的生存意义》,《自然辩证法研究》,2001 年第 5 期。
② 转引自陈鼓应:《庄子今注今译》,北京:中华书局,1983 年,第 4 页。

限制的挣脱,去追求实现真正的精神自由,是一种精神状态,是精神的自我完成,是精神自由的巅峰化、高端化。因此,对庄子"逍遥之境"进行解读,或许有利于我们找寻现代休闲回归的路径。

二、庄子的"逍遥之境"

(一) 与自然之亲密无间

人要在现实生活中获得休闲,就必然要与自然相融,与万物和谐相处。老子曾曰"人法地,地法天,天法道,道法自然"[①],在他看来,万物的生存都离不开自然,天地都遵循自然,而人作为万物中的一员,也应该尊崇自然之道。庄子继承了老子"道法自然"的思想,在人与自然的关系上坚持两者的和睦共处,他对于自然的态度是要顺应,一切都听其自然,反对对自然进行人为改造,而将天地运行的规律作为人类社会应当遵循的原则。而他笔下的"逍遥之境",首先就表现为与自然的亲近,这主要表现在:

1. 江海避世而闲

庄子所处的时代,是一个战争不断、祸患连绵的特殊时期,也就是在这种特殊的时代背景中,他酝酿出了自己的避世思想:"就薮泽,处闲旷,钓鱼闲处,无为而已矣;此江海之士,避世之人,闲暇者之所好也。"[②]相比儒家的"乘桴浮于海",庄子的避世更突出一个"闲"字,是一

---

① 《老子》第二十五章。本文《老子》原文皆引自陈鼓应《老子今注今译》,北京:商务印书馆,2003 年。

② 《庄子·刻意》。本文《庄子》原文皆引自陈鼓应:《庄子今注今译》,北京:中华书局,1983 年。

种在和自然的接触当中修养个人生命的美好追求。庄子讲有道之人因顺自然，"冬则擢鳖于江，夏则休乎山樊"（《庄子·则阳》），体现的就是依照自然之道全生养性、在大自然中自得其乐的生活情致。

2. 技进道而闲

身为道家的代表，老、庄都善于在自然之中发现深沉的意蕴。老子曾以"朴"等概念喻示大道，而庄子则是提出自然中蕴含着的内在条理、法则，人应该以"观"的态度对待自然，依顺自然之理，由此体察天地自然的大美大乐。"天地有大美而不言，四时有明法而不议，万物有万理而不说。圣人者安，原天地之美而达万物之理，是故至人无为，大圣不作，观于天地之谓也。"（《庄子·知北游》）以顺任自然之理为前提，庄子认为，如果技术的操作能够合于自然之道，那么人也很有可能通过这种技术而获得美好的休闲享受，这就叫"技进道而闲"。而在《庄子》一书中比较典型的例子就有"梓庆制鐻"。

> 梓庆削木为鐻，鐻成，见者惊犹鬼神。鲁侯见而问焉，曰："子何术以为焉?"对曰："臣工人，何术之有! 虽然，有一焉。臣将为鐻，未尝敢以耗气也，必斋以静心。齐三日，而不怀庆赏爵禄；齐五日，不敢怀非誉巧拙；齐七日，辄然忘吾有四枝形体也。当是时也，无公朝，其巧专而外滑消，然后入山林，观天性；形躯至矣，然后成见鐻，然后加手焉；不然则已。则以天合天，器之所以疑神者，其由是与!"（《庄子·达生》）

可见梓庆在斋戒静心之后，就可以观树木之天性、认识其天性发展的内在趋向，在脑海中浮现鐻完成后的模样，然后再动手制作，整个过程是依照树木的自然生长之理来进行的。而在制鐻的过程中，梓庆通过多日的斋戒来实现自身精神的纯洁、专一，抛却外在的"庆赏爵禄"、"非誉巧拙"，忘却自身的四肢形体，返回到自然而天真的状态，提高了自身的主体境界。而同时,梓庆娴熟的技术也"促成了大树生命发展潜能的灿烂绽放,使自然界的潜在秩序彰显为现实形态"。① 这种技术"顺之以天理,应之以自然",因此也是对生命的尊重,是对自然固有规律的顺应,是在自然之道中获得心灵境界的提升,以达到休闲。

类似这样的例子在《庄子》一书中并不少见,这体现出庄子对技术的积极价值予以肯定的面向,同时,他也提出了技术可能会违背自然之理、伤害物性的观点。他认为,如果对自然不加敬畏,任意破坏,也会反过来使人遭受磨难,而异化的技术必然会束缚劳累人的身心,"胥易技系,劳形怵心者也"(《庄子·应帝王》)说的就是这个道理。"有机械者必有机事,有机事者必有机心。机心存于胸中,则纯白不备;纯白不备,则神生不定;神生不定者,道之所不载也。"(《庄子·天地》)由此可见,技术的滥用终将损毁人原本真实、淳朴、美善的天性,是自然大道所不容的。因此"技进道而闲"的前提,是技术本身需要符合自然之理。

总之,在自然之域中,庄子主张人与自然的和谐相处,在遵从自然之理的同时,提升人的主体境界,以达到"天地与我并生,而万物与我为一"的状态。而与自然共生共荣,也是休闲在庄子哲学中得以实现的一大基点。

(二)与社会之和谐治世

现如今,我们在研究休闲时,总少不了提及休闲的功能,这种功能是与人们的经济参与活动及社会体系的维持活动密切相关的,无论是

---

① 赵玉强:《庄子生命本位技术哲学的基本面向与内在理路探赜》,《云南社会科学》,2011 年第 4 期。

向道而生

休闲活动的环境还是休闲的目的,都被认为是具有一定的社会性的。因此,休闲本身是存在于一种个体生存与社会结构的关系之中的,休闲不是毫无约束的自由与选择,也不仅仅是普遍性规范的体现和整合社会系统的需要①,休闲让人不仅在个体生存层面上,也在社会层面上保持其真实的存在。也就是说,休闲的获得,需要一种社会建制来支撑,而庄子在其学说中对实现休闲所需要的理想社会,及人在现世社会中如何获得休闲提出了他的看法。

1. 至德之世与建德之国

关于理想的休闲社会形态,老子给出了"邻国相望,鸡犬之声相闻,民至老死,不相往来"(《老子》第八十章)的"小国寡民"的治世图景,而庄子则有他认为的"至德之世"。《庄子·马蹄》说:"彼民有常性,织而衣,耕而食,是谓同德;一而不党,命曰天放。故至德之世,其行填填,其视颠颠。当是时也,山无蹊隧,泽无舟梁;万物群生,连属其乡;禽兽成群,草木遂长。是故禽兽可系羁而游,乌鹊之巢可攀缘而窥。夫至德之世,同与禽兽居,族与万物并,恶乎知君子小人哉。"《庄子·让王》又进一步说明当时社会中的人"立于宇宙之中,冬日衣皮毛,夏日衣葛绦。春耕种,形足以劳动;秋收敛,身足以休食。日出而作,日入而息,逍遥乎天地之间而心意自得。"

可见,在至德之世,生活是简单、节俭、朴素而自然的。禽兽草木按其本性自然生长,而人与万物同生,与野兽同处,与自然保持着最纯真的关系。人依靠劳动得以温饱,通过耕作活动筋骨;日出而作、日落而息,春耕秋收、冬休夏养。人立身于天地之间,没有欲望,没有政治,没有任何的心理压力,和树枝一样自然舒放,和婴孩一样淳朴自得。②

① 约翰·凯利:《走向自由——休闲社会学新论》,第 19 页。
② 孔令宏、曹仁海:《道家、道教的生态美》,《自然辩证法通讯》,2009 年第 4 期。

在这样淳朴自然的社会生活当中,不存在人与自然的对立,人与人之间也是完全平等的,没有统治者和被统治者的对立,不存在高低、贵贱、贫富、善恶等差别。在这样的社会中,人的自然本性得到了充分的发挥和体现。

除"至德之世"之外,还有另外一种表述也同样体现庄子的理想社会,即"建德之国"。"南越有邑焉,名为建德之国。其民愚而朴,少私而寡欲;知作而不知藏,与而不求其报;不知义之所适,不知礼之所将;猖狂妄行,乃蹈乎大方;其生可乐,其死可葬。"(《庄子·山木》)"建德之国"与"至德之世"的社会目标是相同的,他们都追求没有道德规范约束的自由,以及没有相互倾轧的安闲生活。但相比"至德之世"对与禽兽共处于草木共生等原始性生活状态的描述,"建德之国"更注重描述精神层面的描述,它所向往的是一个以愚朴寡欲为精神道德特征的社会,表述的是没有政治压迫和精神奴役的社会理想。

然而,这样的"至德之世"、"建德之国"终究不是真实社会情境的描述,而是庄子提出的一种富含深刻休闲意蕴的价值理想。在这样的理想社会中,不仅消除了异化的技术文明,而且充满了悠然自得、其乐融融的休闲氛围。而在这样的氛围中,人们的淳朴、真实也展现了出来。与庄子当时所处的社会现实相比,理想的社会没有了统治者的存在,人与人的交往变得疏远而淡泊,也就消除了人与人之间的对立和争斗。这是一种"鱼相忘乎江湖,人相忘乎道术"的社会图景,人们在自然社会中自适相望,是庄子及他的前辈老子"无为而治"社会理念的实现,同时也是真正的逍遥和真正的休闲得以实现的自然之道。

2. 天下无道,修德就闲

"天下有道,则与物皆昌;天下无道,则修德就闲。千岁厌世,去而上迁;乘彼白云,至于帝乡;三患莫至,身无常殃,则何辱之有!"(《庄子·天地》)如果说"至德之世"、"建德之国"只是庄子理想中的休闲社会,是在"天下有道"的社会图景之下才能实现,那么在面对"天下无道"的社会现实时,庄子作出的休闲抉择是"修德就闲"。他虽然继承了老子的思想,呼吁"无为而治",但在当时并没有引起很大的社会反响。"无为而治"的政治理想可以说是庄子面对"天下无道"这样的现实时的一种悲哀的呼喊。既然难以实现"至德之世"、"建德之国"那样的治世图景,那么所能做的就是独善其身、修德就闲,即在当时的社会现实中,远离国家的政治活动中心,在相对更安稳恬静的地方过一种悠然自适的生活,专心于提升自己的道德修养。"修德就闲"的基本意义有二,首先是实现自身精神生活的完善自足,能逍遥自乐于高妙的精神境界之中;其次是实现自己现实生活的恬淡无忧,避免了"多男子则多惧,富则多事,寿则多辱"等外在的忧患。也就是说,在天下无道之时选择修德就闲,能够实现人精神和肉体上的双重安适,且能更接近庄子笔下的"逍遥之境"。

在社会之域中,庄子给出了他的理想治世图景,以及在面对现实社会"无道"时所应选择的处世方式。在庄子看来,即使是在社会之中,也应该契合于自然之道,若时事背离了自然之道,那么就应该远离时事是非,过悠闲而自适的生活,以保持自己原本的德性。现代休闲也应该发挥这样的功用,无论世间如何纷扰,都始终能让人保持内心的平和,不丢失自我。

(三) 与他人之适世而游

人之在世,往往离不开与他人的相处,要在社会生活中实现休闲,对于人际关系的把握显然是必要的。《庄子·人间世》篇专门描述了人际关系的纷争纠葛,以及人生在世的处世和自处之道。如前文所提及,庄子所处的时代,诸侯战乱、社会动荡,"饥者不得食,寒者不得衣,劳者不得息"(《墨子·非乐》),当权者荒淫无道而百姓受尽欺凌。在面临如此险恶的人间,庄子并不回避现实处境,而是有他自己的处世法则。就如陈鼓应先生所说,庄子处于人世间则表现为一种与现实保持一定距离的艺术性的游世态度。① 因而,他所提出的处世与自处之道也始终围绕着"逍遥"二字展开。

1. 无用之用

庄子处世哲学的展开,首先就要教人认识到"无用之用"。世人所谓的"用",是由社会所决定的社会价值,人要得到这种价值,就必然受到社会的束缚。而"无用"于社会的用处,即摆脱社会价值理念的约束,而获得精神的自由。《庄子》中有很多小故事来说明"有用"带来的危害,其中有一则讲到宋元君梦到一神龟化作人向其求救,说自己被一名叫余且的渔夫所捕不得脱身。宋元君醒后派人打听,果有一渔夫名叫余且,最近捕获了一只白龟,于是要求其献出白龟。正犹豫是杀了白龟用它去做占卜还是将这稀有之物留在身边饲养时,占卜结果说此龟的龟壳做占卜非常灵验。于是宋元君让人杀了白龟,用其龟壳做占卜,果然非常灵验,且没有失误。对此,庄子借孔子之口感叹说:"神龟能见梦于元君,而不能避余且之网;知能七十二占而无遗筴,不能避刳肠之患。如是,则知有所困,神有所不及也。虽有至知,万人谋之。鱼不畏网而畏鹈鹕。去小知而大知明,去善而自善矣。"(《庄子·外物》)神龟有能力托梦给宋元君却无法逃开余且的网;有能力占卜灵验不失误而不能保全自己的生命,不禁让人感叹是它的才能,它的"有用",最终让他不能免于祸患。

庄子对"无用"之于保全生命的意义曾多有强调,其中最为人们所津津乐道的是《庄子·人间世》中对于那两棵无用大树的描述。栎社

---

① 陈鼓应:《老庄新论》,上海:上海古籍出版社,1992 年,第 234 页。

树"以为舟则沉,以为棺椁则速腐,以为器则速毁,以为门户则液樠,以为柱则蠹,是不材之木也。"商丘大木,"仰而视其细枝,则拳曲而不可以为栋梁;俯而视其大根,则轴解而不可以为棺椁;咶其叶则口烂而为伤;嗅之则使人狂酲三日而不已。"从表面看来,这两棵大树毫无用处可言,然而换一个角度而言,正是因为它们的"不材",才逃离了刀斧之祸,才能安然无恙长到"其大蔽数千牛,絜之百围,其高临山十仞而后有枝";才可以"结驷千乘,隐将芘其所藉"。它们能保全自己的生命而尽享天年,这正是"无用"的最大用处。最后,庄子总结道:"山木自寇也,膏火自煎也。桂可食,故伐之;漆可用,故割之。人皆知有用之用,而莫知无用之用也。"因此,人要不为物、为他人所使役,就先要认识到"无用之用",认识到自身的价值并不是全然维系于他人、社会的意义上,而应该更关注自己的生命质量。这一点对于现代人选择从事休闲活动也有一定的借鉴意义。

2. 乘道德而浮游

然而,"无用之用"显得过于消极,它是以一种不被发现的消极方式来换取自身生命的安全。在现实社会当中,有聚合也有分离,有成功也有失败;棱角突出就会受到挫折,地位尊贵便会受到倾覆;有贤有能会遭到嫉妒,而无能又必然会受到欺辱。人们找不到一个万全之策来免受万物所累,所以仅是认识到"无用之用"是无法逍遥游于世间的。"若夫乘道德而浮游则不然。"因此,庄子在"无用之用"的基础上提出了其处世的原则——"乘道德而浮游"。

庄子的"道德"与儒家所提倡的"道德"是不同的。儒家的"道德"带有浓厚的封建伦理意味,而庄子的"道德"是万物融为一体的高远境界。人之所以不能顺万物之性,主要就是由于物我的对立,在物我对立中,人情总是以自己作为衡量万物的标准,因而产生了是非好恶之情,不仅给万物带来了或有形或无形的干扰,自己也会感到处处受外物的牵挂、滞碍，同时还是人际纷争的根源所在。而人若能遵循"与物为一"的法则，让自己的精神向上提升，与大道合为一体，则能与大道相浮游。一切都以天地之道作为度量，也就没有了赞誉也没有了诋毁，不用执著于诸如"材"与"不材"究竟哪个更好，就可以优游自得地生活在万物的初始状态，不被外物所役，也不为外人对自己的评判所扰。可见庄子的"乘道德而浮游"是以与道合一为前提，在心灵的解放中回归人的本性。人在"游"的过程中，精神从现实的种种束缚下挣脱出来，心灵也从社会的封闭格局中超脱出来，这不仅是庄子所追求的人格理想的化身，亦是他最向往的理想生存境界。[1]

3. 顺人而不失己

在社会中的生存，又离不开与他人的交流交往。作为个体，我们不仅要认识"无用"于社会中的用处，以及"乘道德而浮游"于世的处世原则，也要注意与他人相处时如何保持自己的本性。"世俗之人，皆喜人之同乎己而恶人之异于己也。同于己而欲之，异于己而不欲者，以出乎众为心也。夫以出乎众为心者，曷常出乎众哉！"（《庄子·在宥》）这是一段很有意思的文字，反应了世俗之人希望"出乎众"、超越他人，而又希望他人认同自己的矛盾心理。希望他人"同于己"的人，看上去关注的是自我，而实际上表现出的是一种"求同"的心理。既然希望众人能够认同自己的看法，也就包含了对他人意见的变相迎合，他最终追求的是世俗以及众人层面的一致、同一。他人的认同和肯定，依然是他内在的目标，这就失去了自身的本心，而完全为他人的意见所左右。

庄子所向往的理想人格则不同，他们处世的特点是"能游于世而不僻，顺人而不失己。"（《庄子·外物》）一方面，他们不会回避社会，会

---

[1] 张荣：《论庄子"游"的审美生存方式》，《哈尔滨学院学报》，2010 年第 10 期。

认清自身存在于社会的现实、顺世顺人,而不是刻意游离在社会之外;另一方面,他们又强调在与他人和社会和谐共处的同时不能失落自己的本性,而要在精神层面保持高洁人格的独立完整,渴求个性的自由发展。质言之,就是要在与他人与社会共处的同时达到个体的逍遥。就像只求"无用"于社会太过消极,以避世而获得的暂时快活也同样是消极不可取的,庄子并不是真的要寄身世外,他的逍遥,应该是在现世的生活中寻得自身心灵的解放,获得精神的自由。

(四)于个人之精神提升

从自我层面来说,要获得休闲,必然要符合自身的本心、本性,违背本性的意愿或违背自我身心平衡的活动必然不是休闲。而庄子面向自身存在境遇的哲学思想,是其最为精华的部分,他将自己全部的精力都放在人类个体生命状态的关怀上,不断追寻生命的真实面目和意义。我们知道庄子逍遥游的主体是心灵,所游之处是幻想中的无何有之乡,其实质就是思想在心灵的无穷寰宇中遨游飞翔,这是一种神秘而自由的精神体验,而要到达这一体验,便要"与道为一"。如何与道为一,前面两部分我们从自然、社会以及人际关系层面分析了庄子所给出的原则,而在自身精神提升的层面,庄子提倡的是坐忘、心斋和见独。

1. 坐忘

"堕肢体,黜聪明,离形去知,同于大通。此谓坐忘。"(《庄子·大宗师》)所谓"坐忘",是让人们忘记个人的私欲、私利、私心,做到"堕肢体、黜聪明",形神兼忘,与道合一。"堕肢体",是要超脱形体的极限,消解由生理所激起的贪欲。形体是生命的依靠,有了它,人才有实体,人的精神才有驻足之地;但同时形体也是生命的牢笼,因为它,人的精神被束缚了,不能遨游天外。因此要回归本然,首先就要忘却形体,做到"离形"。"黜聪明",是要摆脱一切扰人耳目的信息,废黜自己的感官与思维,抛却一切心机和算计,摈弃由心智作用所产生的伪诈,做到"去知"。在庄子看来,忘却的东西越多,心灵趋向自由的可能越大。只是此处的"忘却"所对应的不是"记忆"、"记住",而应该是"惦记"和"挂念",尤其是由"惦记"和"挂念"所引起的焦虑,这种焦虑通常让人忧心忡忡。因此,这里的"忘却"是对各种无聊无意义信息干扰的涤除,是精神上、意识上的无为、无知、无成心。

只有做到了"坐忘",心灵才能敞开无碍,无所系蔽;才能从一个形躯的我、一个智巧的我超越出来,从个体小我通向广大的外境,实现宇宙大我;才能臻至大通的境界,"同于大道";才能和通万物而无偏私,参与大化之流而不偏执。[1] 和"见独"一样,"坐忘"是一种主观体验,都是在想象中与世界之绝对合而为一,这种感觉也是一种思想的净化,心灵的飞升,通过这种体验,可以得到精神的享受,情感的慰藉[2],并最终进入永恒与无限的终极自由境界。这种体验与逍遥游是一致的。

2. 心斋

然而,从自身出发,保持内心的虚静也很重要。庄子提出的"心斋",是让人们完全停止其心灵的正常活动:不去感觉、思考、感受、意欲,[3]也可称之谓"忘心"。这里所说的"心"为常人之心,是作为世界之内一个对象的经验主体之心,是"成心"。世间之所以会有是非的争论,之所以会出现勾心斗角的事情,就是因为人人都存在"成心"。所谓"成心",是人在认识客观事物的时候形成的一种成见或者偏见[4],完

---

① 陈鼓应:《老庄新论》,上海:上海古籍出版社,1992年,第257页。
② 刘笑敢:《庄子哲学及其演变》,北京:中国人民大学出版社,2010年,第153页。
③ 韩林合:《虚己以游世》,北京:北京大学出版社,2006年,第77页。
④ 暴庆刚:《千古逍遥——庄子》,南昌:江西教育出版社,2008年,第110页。

全是主观的。以主观的成见去判断客观的事物,就出现了是非对错的种种争论。"心斋"便是要去除人主观的"成心",让心灵归于宁静的状态,达到从是非争论的漩涡之中解脱出来的目的。

践行"心斋"的过程,就是一个逐步排除扰乱的过程。人生在世,外有天下万物的扰乱,内有主观意念的搅扰,人很难保持心灵的宁静。外部的纷扰,能通过"外天下"、"外物"、"外生"来规避,而来自内心的主观成见则需要通过"心斋"来绝对排除客观事物对感官的影响,完全废弃人的感官,停止人们的思维活动,从而彻底排除了一切的欲念、行为和思虑,以保持内心的虚静去体认道,达到真正的"物我两忘",得到精神的逍遥。

3. 见独

《庄子·大宗师》有女偊教南伯子葵闻道的寓言。女偊曰:"以圣人之道告圣人之才,亦易矣。吾犹告而守之,三日而后能外天下;已外天下矣,吾又守之,七日而后能外物;已外物矣,吾又守之,九日而后能外生;已外生矣,而后能朝彻;朝彻,而后能见独;见独,而后能无古今;无古今,而后能入于不死不生。"此段描述了闻道所必经的几个过程:"外天下"、"外物"、"外生"以达"朝彻",然后"见独"。

"外天下"即忘却现实世界,是超越世俗对人生的束缚。庄子"以天下为沉浊",充满相争相轧,一旦陷入世俗纷争,就会纠缠其中令人身心疲惫。在这样的"天下"中要不"失性于俗"而保持个体的独立自主,便是要"外天下",从世俗纷争中超脱出来,追寻更高远的境界。"外物"是要放弃观念上的"名"和物质上的"利"。庄子认为统治者违背自然之道治天下,破坏了人的素朴之性,又诱发了人们的贪利之心,使天下"争归于利,不可止也"。而一旦人们对"物"的追求上升到了不顾一切、不择手段的地步,就容易为物所累,甚至在贪婪的物欲中失去精神的自由和人性的本真。要避免人的本性在物欲中迷失,就要摆正人与物的关系,做到"外物"——消除贪婪的物欲,做到"外生"——具备对待"生"的达观态度。庄子认为"生"充满了"亡国之事、斧铖之诛","不善之行","冻馁之患","福轻乎羽,祸重乎地",凡此种种,皆"生人之累"。[①] 庄子提出"外生",是要求人们认识和理解人生的艰难,从而能够以一种从容、坚毅而慎重的态度去面对"生"。

做到了逐层递进的"外天下"、"外物"、"外生",就能忘怀一切,在头脑中荡尽一切客观事物的映像,就达到了剔透清澄的新境界,如晨曦微启,由黑暗骤睹光明,此即"朝彻"。"朝彻"是超越了"天下"、"物"、"生"之后大彻大悟的境界,达到"朝彻"然后才能"见独",即见到绝对之道,也就是在想象中与道融为一体,超乎时间的流逝,成为不朽的永存。到了这一境界,就是与天地万物融为了一体。

三、庄子"逍遥之境"的价值追求

(一) 自然

庄子思想对于现代休闲的启示首先体现在他对"回归自然"的推崇。人与外在的自然环境有着密不可分的联系,"人是在自然中生成的,并且仍然属于自然界,这是人的生存以及与生存相关的一切感受之成为可能的前提。"[②]因此,人要在现实生活中获得真正的休闲、追寻生命的意义,就必然要与自然相融,与万物和谐相处。正如美国哲学

---

① 李明珠:《〈庄子〉"见独"的视野及其价值再思考——兼谈〈感悟庄子〉创作》,《学术研究》,2008年第11期。
② 阎国忠:《人与自然的统一——关于美学的基本问题》,《浙江师范大学学报》,2001年第3期。

家理查德·泰勒所说:"当人还作为自然物生活在自然中的时候,他既无快乐,也无痛苦,因为一切都是自然而然的;当人走出自然,发现了自然的时候,快乐和痛苦便一起来了。且人离开自然越远,人的快乐和痛苦越激烈,因为离开了自然的人注定是孤独的,寂寞的。人为了解脱这种痛苦,获得真正的快乐,就必须返回自然,与自然融为一体。"①以老子和庄子为代表的道家,非常崇尚自然而然的原始状态。老子曰:"人法地,地法天,天法道,道法自然",在他看来,万物的生存都离不开自然,天地都尊崇自然,而人作为万物中的一员,也应该遵循自然之道。

庄子继承了老子的思想,将朴素自然看做是他所追寻的"道"的本质,并提倡"无为于道",即顺乎道而不对事务的发展过程作人为的干预。所谓"无为",可以说是顺应自然而超越个人意欲的形式,而通常个人意欲是有目的性的,因此庄子的"无为"主张其实表现了疏离目的的倾向。在谈到"天"的内在涵义时,庄子曾指出:"无为为之之谓天。"此处的"无为为之"是与个人意欲所带有的目的性相反的,带有非有意而为的特点;而"天"指的是理想的行为方式,以"无为为之"为"天"的内涵,即是要将对个人意欲的扬弃作为理想的行为方式。而在对于圣人品格的描述中,庄子认为:"圣人不从事于务,不就利,不违害,不喜求,不缘道。"(《庄子·齐物论》)"不从事于务"代表着自然而无为;"不就利,不违害,不喜求",主要表现为对有意而为之或有目的而为之的疏离;而"不缘道"指的是不要刻意地为实现某种目的而去追求道,而应该超越这种有意为之的取向。以抛开个人的意欲为前提,"无为"与自然才能够相通相融。可见,庄子试图从"道法自然"的角度寻求超越"物为人役"的灰暗人生,复归人类失落的自然本性,找回心灵的自主

---

① 理查德·泰勒:《形而上学》,上海:上海译文出版社,1984年,第2—3页。

第九章　道家休闲思想及其现代价值——以庄子为中心

和完整①,时刻体现着人如何以"自然"为本体的思想。

(二) 个体性

其次,由于休闲主体并不注重发掘和维护自己喜爱的休闲方式,而更倾向于盲从社会大流,人们在现代休闲中很难做到以"自己"喜爱的方式去进行休闲活动。所以休闲异化问题的缓解,也缺少不了对个体性的关注。庄子哲学虽然强调"回归自然"、"自然无为",却并非是要消除自我的个体性。相反的,自我是"逍遥"的主体,因而它具有不可消逝性。"出入六合,游乎九州,独往独来,是谓独有,独有之人,是之谓至贵。"(《庄子·在宥》)"出入六合,游乎九州"是对逍遥游于天地间的描述,而这种逍遥之游,同时又表现为个体的"独来独往"。庄子将逍遥于天地间的"独有之人"视为"至贵",无疑从精神层面赋予个体性以相当高的价值意义。② 所以在庄子看来,顺应自然的同时不可抹杀个体存在的意义,反而要追求个体的独立性。因为个体的独立是精神的独立,而精神的独立是个体达到道的前提,个体保持内在精神的独立,才可能实现对自由的逍遥之境的追求,获得终极的休闲体验。

庄子对个体性的追求一方面体现为"万物殊理",他认为事物的存在形态具有特殊性,这种特殊性的具体体现就是"个体性",这是抽象层面的阐述。在现实层面,个体性表现为人的个性。在与人共处方面,庄子提出了"顺人不失己"的理念,"不失己"即意味着自我在与他人相处之时应保持自己的个性。就庄子来说,他并不以得到群体的认同为指向,而更尊重人的个体性;也并非要引向个体与社会的对立,相

---

① 孙月冬:《试论心灵和谐与大学生的全面发展——兼论庄子心灵和谐思想的德育价值》,《黑龙江高教研究》,2010 年第 5 期。
② 杨国荣:《庄子的思想世界》,北京:北京大学出版社,2006 年,第 233—234 页。

268
向道而生

反的,他指出个体是无法脱离社会而存在的:"有人之形,无人之情。有人之形,故群于人,无人之情,故是非不得于身。"(《庄子·德充符》)个体与社会是统一的。"这与逍遥的意旨相关:逍遥不是外在的离世隐居,而是在人之"在"世的意义上达到个体内在的精神世界的独立与自由。"①刻意的离群索居、逃避人世,不是庄子所提倡的逍遥之道,反而是他所鄙夷的。庄子笔下的逍遥,追求对自然的顺化,而不是刻意改变自己的本心。"若夫不刻意而高,无仁义而修,无功名而治,无江海而闲,不导引而寿,无不忘也,无不有也,澹然无极而众美从之。此天地之道,圣人之德也。"(《庄子·德充符》)可见庄子对个体性的追求也并非是极端而盲目的,是在顺从自然之道、与人共处的前提之下对自身个性的秉持。

(三) 自由

休闲与自由也是密不可分的。从时间角度出发,休闲是扣除工作时间和生活必须时间之外的自由支配时间;从活动角度出发,休闲是一种具有高度自由选择的活动;而从我们所关注的心理状态角度出发,休闲涉及的是人类的精神自由,可见"自由"也是休闲实现的一个要素。庄子对"逍遥"的向往其实是他对于人生自由的追逐,如前所述,这种"逍遥"并不是简单的离世隐居,而是要达到个体内在精神世界的独立与自由。就"逍遥"与现实的关系来说,是要游于尘世之外、无何有之乡,是对现实精神束缚的摆脱,追求精神的超越。刘笑敢认为,"庄子的逍遥,是承认和接受现实中未尽如人意的既定境遇以后的回应方式,是一种纯精神的满足,是一种高于常人的思想境界和人生

---

① 彭晓坤:《论〈庄子〉之"独"》,上海:华东师范大学硕士学位论文,2009 年,第 29 页。

境界。但在某种程度上,它也涉及必然的现实与个体自由之间的关系。庄子认为,在接受无奈的既定境遇的同时是可以实现逍遥或自由的,即实现自由与必然的某种统一。"①就如《庄子·逍遥游》开篇就描绘的"鲲鹏"意象,其"背若泰山,翼若垂天之云,抟扶摇羊角而上者九万里"②,气势庞大;又如宋荣子"举世而誉之而不加劝,举世而非之而不加沮,定乎内外之分,辨乎荣辱之境,斯已矣。彼其于世未数数然也"(《庄子·逍遥游》)。再如列子"御风而行,泠然善也。旬有五日而后反,彼于致福者,未数数然也"(《庄子·逍遥游》)。鲲鹏志向高远,而超越了蜩鸠以翔于蓬蒿之间为"飞之至"的自我限定;宋荣子不在意外界对自己的评价,不汲汲追求功名利禄,因而嗤笑那些"知效一官,行比一乡,德合一君而征一国者";列子乘风漫游,不求福报而能自在自乐。相比世俗之人,三者都已经超越了自身而获得了相对的人生自由。当然,这种自由并不涉及对现实的改造或者对直接现实目的的实现,而是个体在面对现实生活时的一种精神超越,帮助个体在既定的境遇中获得心灵的片刻安宁。

就"逍遥"本身的境界来说,是要获得与宇宙万物融为一体的感受,达到一种"无我"的体验,以此来实现个人精神境界的提升。然而,鲲鹏展翅直上九万里有赖于"大风"、"长翼";宋荣子对外界评价不以为意也是以意识到有外在的评价为前提;列子"御风而行"更是需要有"风"才能实现。一旦离开这些客观的条件,逍遥或是自由就无从说起。因此,"无待之逍遥"的精神自由才是庄子追求的理想中的自由。当人处在"无待"的状态下时,主观情感就不会因外界的变化而波动,达到"其神无隙,物奚自入"的精神境界。而庄子之所以向往和追求此

---

① 刘笑敢:《庄子哲学及其演变》,北京:中国人民大学出版社,2010年,第349页。
② 杨国荣:《逍遥与庄子哲学》,《云南大学学报》,2006年第8期。

种境界,主要是因为他想要破除"形为物役"的异化现象。正如李泽厚所讲的:"人在日益被'物'统治,被自己所造成的财富、权势、野心、贪欲所统治,它们已经成为巨大的异己力量,主宰、支配、控制着人们的身心。于是,庄子发出了强烈的抗议! 他反对'人为物役',他要求'不物于物',要求恢复和回到人的本性。这很可能是世界思想史上最早的反异化的呼声,它产生在文明的发轫期。"①而庄子的无待之逍遥,正是要"使被动的'形为物役'的人成为主动的'物物而不物于物'的人,善于以'游'的态度处世"②。这与休闲对人的异化困境的化解本质上是一致的。

(四) 超越

庄子对前面所述的自然、个体性和自由的追求,最终都是为了超越人生在世所面临的生存困境,是为了超越生死、时命和情欲。人好生恶死的一个关键原因,是因为看到了生与死的不同。自古以来,人们就常将"死"与"鬼"等超验的存在相联系,因而步向死亡就似乎意味着远离现实存在而走向另一个世界。而庄子认为:"人之生,气之聚也。聚则为生,散则为死。若死生为徒,吾又何患? 故万物一也。是其所以美者为神奇,其所恶者为臭腐,臭腐复化为神奇,神奇复化为臭腐,故曰:通天下一气耳。"(《庄子·知北游》)"气"是天地万物的本原,人的生死也同样可用"气"的聚散来解释。因此,生死不过是宇宙循环过程中的现象,是天地演化过程中前后相继的两个环节,二者可以混同为一。也就是说,当人把对死生的观察点从人本身转移到超越人的

---

① 李泽厚:《中国古代思想史论》,北京:人民出版社,1986年,第179页。
② 孙敏明:《庄子"游"的人生哲学研究》,杭州:浙江大学博士论文,2011年,第122页。

第九章 道家休闲思想及其现代价值——以庄子为中心

个体之上的另一个更高、更普遍的存在——庄子认为是"气"时,死生的界限就消失了。① 西方学者也有类似的观点,海德格尔说:"在固执己见的人心目中生只是生。他们认为死就是死而且只是死。但是生之在同时是死,每一出生的东西,始于生也始入死,趋于死亡,而死同时生。"②生与死是相互渗透的,生中有死,死中有生。这与庄子"方生方死,方死方生"的论断相类似。生与死既然是相互渗透互为一体的,人们就无须对生有所执著留恋,也不必对死有所忧惧恐慌。死生无变乎己,才能形成一种安宁、恬静的心境,才更能达到心灵的自由。

而对时命的超越,主要体现在庄子的"游世"态度上。"自夫乘物以游心,托不得已以养中,至矣。何为报也! 莫若为致命,此其难者。"庄子此句表达的是要人以出世的心态完成入世的使命,隐约有点大隐隐于朝的意思。人的处境各异,可以脱离世俗世界而自寻一方桃源隐居的人毕竟是少数,因此如何处世就变得尤为重要。在庄子看来,处世最重要的原则就是要时刻保持清醒和冷静,不使自己陷入患得患失的状态。即使在公务是非种种不得已之中,也还要保持自身的超脱和逍遥;更要能在关键时刻急流勇退,放弃是非纷扰,以留住内心的宁静。这就要求一个人既能入世也要能出世,但是入世之心不可太甚,不要求权求名求利求官职求封号求待遇,而是随时准备退隐山林,乘樽江湖,逍遥彷徨,进退咸宜,不累心、不伤神、不争执、不大患若身,顺应时命的变化。

对个人情欲的超越,就是要达到"哀乐不入于胸次"的境界。在庄子看来,生与死既然是自然变化的过程、是不以人的意志为转移的必然,那么与其为之恐惧悲伤,不如安顺于这种必然性,顺其天成而免于

① 崔大华:《庄学研究》,北京:人民出版社,1992年,第156页。
② 海德格尔:《形而上学导论》,北京:商务印书馆,1996年,第132页。

求人。庄子甚至将安命守分,不为无法避免的遭遇表现出情绪变化的态度视为是极高的道德修养,认为"哀乐不易施乎前,知其不可奈何而安之若命,德之至也。"(《庄子·人间世》)"知不可奈何而安之若命,唯有德者能之。"(《庄子·德充符》)但是,庄子对"哀乐不入于胸次"的提倡,并非是想说明人完全不应该有喜怒哀乐之情,以一种麻木的状态去面对生活中的一切,而是认为人的喜怒哀乐之情应该顺于自然、通于大道。庄子在与惠施的对话中也对这一点进行了说明:"吾所谓无情者,言人之不以好恶内伤其身,常因自然而不益生也。"(《庄子·德充符》)

综上,庄子所追求的精神超越是一种心灵的安宁,他提倡"在理智和理性的基础上,通过精神修养实现对死亡恐惧的克服、世事纷扰的超脱、哀乐之情的消融,从而形成安宁恬静的心理环境"①,以挣脱主客观束缚和限制,去追求和实现真正的精神自由。

四、庄子"逍遥之境"之于现代休闲的意义

在现代化日益推进的今天,人们所拥有的休闲时间以及休闲的内容和形式都发生了巨大的变化。科技提高了工作效率,使人们拥有的闲暇时间较以往大为增加;休闲娱乐方式也层出不穷,花样百出。然而,在现代社会,人们面临各种压力,不论在肉体上还在精神上都对人造成了一定的伤害。在这种情况下,"自由时间和可选娱乐方式的增加并不能保证休闲体验的内在丰富性,如果闲暇不能利用在有价值的

---

① 刁生虎:《生命的困境与心灵的自由——庄子的人生哲学》,《南都学刊》,2002 年第2 期。

活动上,如果休闲娱乐活动的品位不高,休闲者可能会因意义的欠缺而感到空虚无聊。"①就如弗洛姆提出的,"尽管现代人有的是时间和财力进行娱乐消费活动,但很多活动是缺乏创造性的,因而不仅不能带来自我内部的发展,反而加重了现代人一种普遍的精神情绪——厌倦。"②人们在休闲中却不知休闲的真实意义,不知基于人性的真实需要来选择休闲方式,也就无法发挥休闲的正向价值。在此情形下,如何摆脱压力获得自由;如何使用休闲去过一种充满希望的惬意生活,就成了当下社会和个人所关注的重要课题。

庄子的时代也是一个"人"沉沦的时代。当时权势结构疯狂增长,人们喘息于重税与苦役之下;而人自身又常常自我设限,构成了除现实政治之外的另一种不自由因素。外在的种种逼迫、拘禁,以及源自自身的限制,使人们增长了对精神自由的渴望。而庄子"逍遥之境"的提出,正是"源于对这种沉沦的怜悯和感伤,他的哲学的核心问题,就是要从对生命内在本原的感悟中重新提出寻找精神家园的希望"③。然而,我们也应该看到,庄子所处的时代与社会背景与现代截然不同,他的思想当然不能完全为我们所用。在庄子那个不那么依赖技术的时代,"逍遥之境"也只能是他面对世事的悲哀呼喊,能否解决我们这个时代的休闲异化问题也同样值得存疑。但是,庄子对于完美理想人格的执著追求;对于人自然之性的复归的渴望,对我们现代休闲的回归之路具有积极意义。他的"逍遥之境"向我们展示的休闲图景和其内在的休闲价值追求,若能得到充分发掘和利用,或许能为现代人宽裕而空虚的闲暇时间注入生命的意义,有利于人们真正享受休闲这一

---

① 吴树波:《中国传统宗教的休闲学研究——以佛道二教为主》,杭州:浙江大学博士论文,2012 年,第 139 页。
② E. 弗洛姆:《健全的社会》,贵阳:贵州人民出版社,1994 年,第 108 页。
③ 颜世安:《庄子评传》,南京:南京大学出版社,1999 年,第 164 页。

"成为人"的过程。

（一）人与自然关系的缓和

自从人类走上了征服自然的征程,对自然采取的态度是实用而功利的,与自然的关系也日趋紧张。"越来越有效地被控制的、商业化的、受污染的自然不仅从生态意义上,而且从生存意义上缩小了人类的生活世界",它使人"不可能在自然中重新发现自己"。① 罗素就曾指出:"现代都市的民众所感受的那种特殊的厌烦,与他们脱离自然生活有着密切关联,脱离了自然万物,生活就变得灼热、污秽、枯燥,犹如沙漠中的跋涉。"②人们的生活在技术文明的控制之下变得焦灼而充满忧虑,而休闲就是要让人们从厌烦和焦虑之中摆脱出来,回归到自然的怀抱,找回自己作为"人"的本性。

从老子开始,道家就遵循"道法自然"的原则,认为自然是万物的本源,而天道就是在对自然内在规律的体认和把握中获得的。庄子延续了这一点,进一步提升了对"自然"的追求,要求人类因循自然,不任意妄为,遵守天道自然本性的原则,过顺乎自然的生活。庄子"逍遥之境"对"自然"的这种追求,有利于在人与自然之间构建一种超功利的关系,并以此消减人们对大自然急功近利的心态,使人们认识到自然之于我们的意义并非只存在于它的功用,还在于它对我们内心情感的抚慰。这一点符合了现代休闲回归自然的要求,因此庄子的"逍遥之境"之于现代休闲的首要启示,便是人与自然关系的缓和。他帮助我们认识到,外在的自然不仅是人得以栖身的唯一家园,更是"物我为

---

① 马尔库塞:《工业社会和新左派》,北京:商务印书馆,1982,第128页。
② 伯兰特・罗素:《快乐哲学》,北京:中国工人出版社,1993,第41页。

一"的共同体,因此要热爱天地万物、对自然充满亲近之心,与自然共生共荣。这不是人对自然的赐予,而是人向自然的回归,这种回归使人的本性脱离技术文明世界的桎梏而显现出来。人只有热爱自然,在欣赏自然的永恒与无限中不断拓展自己的胸怀,才能使人的本性在生命中处于支配地位。在这样的情况下,人的天赋能力和动机将引导他们自己达到自我完善,从而获得高品质的休闲。

(二) 个人生命情状的关怀

杰弗瑞·戈比提出,"拥有休闲是人类最古老的梦想——从无休止的劳作中摆脱出来,随心所欲,以欣然之心做心爱之事;于各种社会境遇中随遇而安;独立于自然及他人的束缚;以优雅的姿态,自由自在地生存。"然而,现在资本主义文明在政治、经济、文化等各方面对人形成的压力却无法使人实现这样的梦想。无休止的劳作使人沦为技术的奴隶,丧失了存在的意义,也失去了对个人生命情状的关注。科学技术逐步取代人的体力甚至头脑,渐渐消磨了人的创造性;房子、车子等外物原本是为人们更好地生活而服务的,现在却成为人的负累,整日为之疲惫不堪;对金钱的贪欲无限膨胀、人与人之间的情感日益淡漠。"人们的生活方式极度不平衡,一些人过于安逸,另一些人过度劳累、熬夜、不节制、各种情欲的放纵、身体疲劳、精神衰竭,和各种生活条件下数不清的痛苦和焦虑掺杂在一起,使人们难享片刻安宁。"①所有这些都反映出现代人所处的危险处境:生存意义的丧失,并受到物的奴役。

而庄子的"逍遥之境"却蕴含着对个人生命情状的终极关怀,他提

---

① 卢梭:《论人类不平等的起源》,上海:上海三联书店,2009年,第25页。

向道而生

出"物物而不物于物"，讲的就是在充斥着物欲的世界上，人如何寻求生命活动的主体性。庄子认为不应把物作为满足功利欲望、一心想要占有的对象来看待，而应当"与之为悦"，从人世的利害得失中解脱出来，回归到对个体生命的关注，从而得到一种精神的安慰和愉快。他笔下塑造了一系列理想人格，他们顺应自然规律而不会有所强求；他们积极追求自由，敢于追求独立自主的人格；他们有虚静恬淡之心，能摆脱世俗物欲，对功名利禄不系于心，甚至看淡生死，将之视作自然演化的一个微不足道的过程；他们有高远的精神追求，以艺术和思想不断充盈着自身的精神世界；他们强调生命的自我关照和切己体认，有着"逍遥于天地之间而心意自得"、"自适其适而不适人之适"的情怀。所有这些，都极大地丰富了他们的精神世界，润泽了他们的内在生命，使得他们能够豁达地看待这个既定的世界，并在这个世界中追寻自己的快乐。而他们这种对人自身的关注，也为现代休闲指引了一个可行的方向：要引导人们回到对个体生命的关怀中去，去追寻精神的自由。具备了这样一种心灵状态，达到了这样一种精神境界，才能享受"休闲生活"，否则，所谓的休闲也只能是一种"烦忙"。

（三）和谐人际关系的创建

人是社会的存在物，如马克思所说："人的本质并不是单个人所固有的抽象物，在其现实性上，它是一切社会关系的总和。"①而人际关系渗透在一切社会关系之中，它将社会中的每个个体联系在一起，构成一个纷繁复杂的网络，造就了我们生活的世界。休闲之于社会的功用之一就是化解人际矛盾，融洽社会关系，使社会成员间的关系处于一

---

① 马克思、恩格斯：《马克思恩格斯选集》第 1 卷，北京：人民出版社，1995 年，第 56 页。

种和谐的状态,人与人之间能够相互理解、相互接受,友好而平等地交往。而现代社会生活中所呈现出来的人际关系景象却并不那么美好,人们受物欲的控制,对金钱利益的汲汲追求损害了人与人之间的单纯交往,人际交往也成为谋取利益的一种手段。现代休闲活动也并没有实现它对社会的功用,这种糟糕的情况也没有得到有效的缓解。

而庄子在追寻"逍遥之境"的过程中提出了"顺人而不失己"的主张,要求人们在保持自己个性的同时也注重与他人的和谐相处。若能将这种思想植入现代休闲,则人们将对世俗功利保持一定超越的态度,减少自己的斗争心、使役心。而这种自由、超越的精神境界能够消融非理性的感性欲念,能使人不汲汲于使用功利的理性算计,能够净化和升华人的心灵世界,促使人以积极而愉悦的心态融入到群体活动和组织行为中去,能在休闲活动中自觉地参与营建和维护良好的人际关系。

总之,我们尝试通过庄子"逍遥之境"和现代休闲两者所共同追求的"个体生命意义的实现"这一点,来寻找突破现代休闲困境的可能性,庄子"逍遥之境"能否化解现代休闲所面临的困境,能否使休闲带领人们过上更好的生活,考验着从事休闲之人的实践智慧。我们相信,经过庄子思想智慧的给养,中国人的休闲活动理应会变得更加健康与美好。

第十章
佛教休闲思想初探——以禅宗为中心

　　休闲学研究的兴起只是最近一百多年的事,人类的休闲行为和休闲思想却是古已有之。起于古印度的佛教,在其早期基本教义中即已蕴涵着极其独特的休闲思想。汉代佛法东传以后,佛教休闲思想在中国文化的环境中得到进一步丰富和发展,成为中国传统休闲文化中的一朵奇葩。中国佛教尤其是禅宗的休闲思想总体上以"治心"为根本,旨在实现人生的解脱。在不同视角上,志在解脱、心不执著乃是中国佛教休闲思想的总体特征,也是其休闲思想得以发生的逻辑起点。平常心即道、不废娱乐,意味着人在现实生活中应消除种种分别妄想,在日常行用中保持轻松自然的心态从而去获得现实的休闲;法喜充满、游戏三昧旨在强调佛教休闲生活中体现出的独特的心理与精神追求;万法本闲、物我一如则展示出佛教休闲思想的人生境界与目标。从上述诸方面着眼,不仅能对佛教休闲思想进行总体的把握,也可以对中国传统休闲文化深受佛教濡染的情形有内在的了解。

一、志在解脱、心不执著的超越态度

依据佛教教义,佛法修行的最终目的是涅槃。涅槃是一种烦恼灭尽、从"生死轮回"中彻底解脱出来的理想境界,分为有余涅槃和无余涅槃。前者指虽已断尽烦恼解脱诸苦,但尚有作为过去业果之残余的身体存在,仍不免肉身病痛之苦;后者则指摆脱了包括身体在内的一切业果束缚的永恒寂静、最上安乐的不可思议境界。涅槃代表着佛教对自由彼岸的向往与追求。

从追求自由的角度来看,佛教修行的目的与休闲有共通之处。尽管国内外学者对休闲的定义千差万别,但都肯定休闲的一个根本特征就是自由。人只有从各种束缚中解放出来,获得自由,才谈得上享有休闲,而从事休闲活动也正是为了更好地利用和体验自由。佛教所追求的涅槃可以说是一种终极的休闲境界。佛教基本教义"四圣谛"的第一谛即是所谓苦谛,是佛教所有教义学说的出发点。佛教认为"诸受是苦",人生的一切从本质上讲都是痛苦的。佛典中有二苦、三苦、四苦、五苦、八苦、十苦等多种说法,如其八苦之说较全面地说明了人生面临的诸般苦楚,即生苦、老苦、病苦、死苦、爱别离苦、怨憎会苦、求不得苦和五阴炽苦。佛教又用"十二因缘"来解说苦的根源,认为人生诸苦从根本上来自无明,由无明至老死构成环环相扣、因果相续的十二个环节,是为一轮循环,生命就这样在"三界六道"中循环不已,苦无了期。《八大人觉经》把这种流转生死、众苦交逼的状况称为"生死疲劳"。涅槃就是灭除了无明,从"生死疲劳"的无边苦海中解脱出来,达到绝对自由、常住快乐的境界,可谓一种至高无上的理想休闲境界。

然而,涅槃这种彻底的休闲境界毕竟是作为佛教的终极理想而存

向道而生

在,在这一最终目标尚未达到之前,在日常的修行过程和现世生活中,佛教强调的是不执著,即心灵不为世俗欲望和事务所羁累,保持一种洒脱自在、任运自如的超然态度。《心经》所说的"心无挂碍"、《金刚经》强调的"应无所住而生其心",可谓对这种超越的处世态度的经典描述。禅宗历代高僧更是用自己的修行实践体证了这种无拘无束、潇洒自在的生命境界。禅宗六祖慧能云:"常离诸境,不于境上生心。"(《坛经》)保唐无住禅师说:"见境心不起,名不生。不生即不灭。既无生灭,即不被前尘所缚,当处解脱。"(《五灯会元》)将这种即世而出世、出淤泥而不染的超然心态运用于现世日常生活中,也是在修行。

质言之,佛教中不起执著、心无挂碍、洒脱自在的超越精神最集中的体现即是人对时空之境的超越。美国休闲研究专家杰弗瑞·戈比(Geoffrey Godbey)认为:休闲障碍可分为结构性障碍、内在心理性障碍和人际交往性障碍;时间与空间因素所导致的休闲障碍属于结构性障碍,常常使人无可奈何。[①] 佛教认为,对于真正的禅者来说,时空因素根本不构成休闲障碍。当代佛门大德星云大师曾说:"只要我们诚意,自觉心安,则'日日是好日,处处是好地',即使走遍天下都是地利人和,良辰吉日,因为一切福田均不离心地。"[②]"日日是好日,处处是好地",这句话十分准确地道出了佛教休闲尤其是禅宗休闲不限时空的特点。

禅宗有一则传颂甚广的"云门十五日"公案:

> 云门示众云:"十五日已前则不问,十五日已后道将一句来!"
> 自代云:"日日是好日。……"(《续传灯录》)

云门文偃举"十五"这一具体数字,要学人道出十五日之后的情

---

① 杰弗瑞·戈比:《你生命中的休闲》,昆明:云南人民出版社,2000年,第92页。
② 星云:《佛教·世俗》,上海:上海辞书出版社,2008年,第84页。

形,并非是真要学人去做某种预言或比较;恰恰相反,他是为了强调"日日是好日",借此截断学人情识,提示学人去除分别妄想,将心念专注于修行与生活的当下。云门禅师的"日日是好日"固然首先是就修行向道而言,但若能在休闲生活中也持有类似的态度,则休闲的时间障碍自然也会不复存在。因为"日日是好日"意味着不去分别时节之好坏,于一切时中随缘自得,做一个摆脱了时间催逼的"闲人"。

同样的,在禅宗看来,只要能去除心中的分别妄念,空间条件一样不妨碍人成为"闲人"。永嘉玄觉有言:"若见山忘道,则森罗眩目,音声聒耳,虽山林独处,何由静也;若见道忘山,则城隍闹市,心境翛然。"[1]认为如果达到了心无挂碍的见道境地,即使身居喧嚣闹市,也不妨碍心境的宁静悠闲;反之,若内心充满烦恼欲望,即使独处山林,也无法真正做到心静而闲。再如,龙牙居遁有禅诗云:"粉壁朱门事岂繁,高墙扃户住如山。莫言城郭无休士,人若无心在处闲。"[2]五祖法演也说:"但得心闲到处闲,莫拘城市与溪山。"[3]都是强调休闲与否取决于内在的心境而非外在的环境。

与禅宗有关的"唯心净土"之说,也可消除时空因素带来的休闲障碍。《维摩诘所说经》有云:"随其心净,则佛土净"[4],意谓佛国净土乃是相应众生清净心之所化现。后来慧能对此作了进一步的引申和发挥。《六祖大师法宝坛经》云:

> ……使君东方人,但心净即无罪;虽西方人,心不净亦有愆。

① 守邃注,了童补:《遗教经补注》,《续藏经》第 37 册,台北:新文丰出版公司,1983 年,第 635c 页。
② 子璿、如佑辑:《禅门诸祖师偈颂》,《续藏经》第 66 册,台北:新文丰出版公司,1983 年,第 727c 页。
③ 赜藏主辑:《古尊宿语录》,《续藏经》第 68 册,台北:新文丰出版公司,1983 年,第 149c 页。
④ 《维摩诘所说经》,《大正藏》第 14 册,台北:新文丰出版公司,1983 年,第 538b 页。

东方人造罪念佛求生西方；西方人造罪，念佛求生何国？凡愚不了自性，不识身中净土。愿东愿西，悟人在处一般。所以佛言："随所住处恒安乐"。

在慧能看来，只要做到"心净"，根本无需往生，当下所处世界即是佛国净土，因为净土实在人"身中"（心中），心净者不仅在在处处，而且时时刻刻（"恒"）都能享受到安闲快乐。因此，若从"唯心净土"的角度看禅宗休闲，则时空因素导致的结构性休闲障碍可以化解于无形。

人以超越无执的空明之心关照现世的生活，现世的生活即成为富有休闲意味的存在。这种与现世生活融为一体的修行方式流传至今就发展成了所谓"现代禅"、"生活禅"，不仅在僧界流行，也颇受在家大众的欢迎。若能既不脱离生生不息的现实世界，又能从佛教不执著的修心态度中得到启发，随缘自在地学习、工作和生活，做到《古尊宿语录》所谓"终日不离一切事，不被诸境惑"，即使身体再忙，心灵也能保持闲适舒泰，如此则无事不是休闲，无时不在休闲，诚可谓休闲的上乘境界。

二、平常心即道、不废娱乐的"中道"精神

"平常心是道"，这是以马祖道一为实际创始人的洪州宗的口号和践履原则，也是最富禅宗特色之休闲精神的体现。《景德传灯录》载马祖道一语：

> 若欲直会其道，平常心是道。谓平常心无造作，无是非，无取舍，无断常，无凡无圣。经云："非凡夫行，非贤圣行，是菩萨行。"只如今行住坐卧，应机接物，尽是道。

"道"即菩提,是佛教修行所求的涅槃解脱境界。"平常心"就是消除了造作、是非、取舍、断常、凡圣等分别妄想的"无念"之心,是对一切机缘、事相均不起挂碍的无功利之心,是随时随地处于轻松自然状态的休闲之心。马祖道一的这一禅法理念将原本不易企及的佛境彼岸拉回到现实此岸,在行住坐卧、应机接物的日常行用中体现解脱真义。

"平常心是道"是马祖道一从其"即心即佛"和"非心非佛"说引申出来的结论。《景德传灯录》载马祖道一曰:

> 汝等诸人各信自心是佛,此心即是佛心。……若了此心,乃可随时着衣吃饭,长养圣胎,任运过时。更有何事?

自心、此心者,平常心也;佛心者,超言绝相之真如佛性也。因此,在马祖道一看来,众生之心本就与佛心一样,是明净澄澈、纤尘不染的。心佛不二之说原是佛教心性论的老生常谈,在大乘经典中多有表述,慧能也曾说过"本性是佛,离性无别佛"(《坛经》),但马祖道一"即心即佛"说的侧重有不同于此前心佛不二说之处,因为他是直接从境界入手,淡化甚至略过了从心至佛的"悟"的环节,"有一种'不假修证,当下即是'的意思"[1]。马祖道一"佛不远人,即心而证;法无所著,触境皆如"[2]的说法明显包含了这一层意思。然而,淡化或略过"悟"这一环节以后,又如何能保证当下之心就是清净无染的佛性而非有种种欲念分别的人性呢? 马祖道一后来显然意识到了这一问题,于是在"即心即佛"说的基础上进一步提出了"非心非佛"说:

> 僧问:"和尚为什么说即心即佛?"师(马祖)云:"为止小儿啼。"僧云:"啼止时如何?"师云:"非心非佛。"(《景德传灯录》)

---

① 葛兆光:《中国禅思想史——从六世纪到十世纪》,上海:上海古籍出版社,2008年,第 372 页。

② 权德舆:《唐故洪州开元寺石门道一禅师塔铭并序》,《全唐文》,北京:中华书局,1983 年,第 2261 页。

这里马祖道一将原来持有的"即心即佛"说解释为方便说,而以"非心非佛"为究竟说,实际是将般若思想引入了进来——按般若空观,染与净、心与佛在本质上均是无所得的"空",不应该对立起来看待。借助于般若思想,马祖道一成功地化解了其禅法思路中的内在矛盾,走向"触类是道"、"任心为修","贪瞋、烦恼并是佛性……不断不造,任运自在,名为解脱人,亦名过量人。无法可拘,无佛可作。"(《圆觉经大疏释义钞》)心佛之隔终于被彻底取消,凡夫众生不假修证、不断烦恼,只须一意随顺自然,即可潇洒享受原本须经漫长的刻苦修行才有望企及的心灵休闲了。

马祖道一之后,"平常心是道"的禅法理念在后起的禅师们那里得到了淋漓尽致的发挥和应用。如马祖道一的弟子大珠慧海有著名的"饥来吃饭,困来即眠"(《景德传灯录》)之说;马祖道一的再传弟子景岑招贤,曾多次使用"要眠则眠,要坐则坐"、"热即取凉,寒即向火"、"困即睡,健即起"、"夏天赤骨力,冬天须着被"、"终日说事,不曾挂着唇齿,未曾道着一字;终日着衣吃饭,未尝触一粒米,挂一缕线"(《景德传灯录》)等话语来回答学人问道;马祖道一的三传弟子、临济宗的开创者临济义玄也说:"佛法无用功处,只是平常无事,屙屎送尿,着衣吃饭,困来即卧"[1],并谓"无事是贵人"[2],反对刻意求索、无事找事。——以上所举的种种"平常心",也都是禅宗休闲精神的具体体现,生动活泼,意趣盎然,实为今日"生活禅"之滥觞。种种生动活泼的"和尚家风"无不印证着慧能所说的"佛法在世间,不离世间觉;离世觅菩提,恰如求兔角"(宗宝本《坛经·般若第二》)。真正的自由彼岸其

---

① 瞿汝稷辑:《指月录》,《续藏经》第 83 册,台北:新文丰出版公司,1983 年,第 561a页。

② 赜藏主辑:《古尊宿语录》,《续藏经》第 68 册,台北:新文丰出版公司,1983 年,第 24c页。

实就存在于活生生的此岸世界之中,以毫无分别执著的"平常心"对待日常生活中的一切境遇,随缘处世,这才是佛法真义的体现。

作为一种体现于现实生活中的践履原则,"平常心即道"的潜在意蕴即是以一种日常化、平常化的"中道"原则来面向存在生活,实现一种快乐愉悦的生活。佛教认为,为了早日实现涅槃解脱的终极目标,修行者应该具有坚持不懈的恒心和毅力,勤勉精进,反对耽于逸乐、不思进取,但同时也反对过度苦行,而主张在修行过程中张弛有度,既不放纵自己,也不排除适当的娱乐消遣,亦即实践所谓"中道"。

按佛教传说,佛陀成道前曾在恒河流域修习苦行六年,日餐一麻一麦,饿至形销骨立而未能得道,于是放弃苦行改行"中道",接受牧女乳糜供养,恢复精力后在菩提树下端坐思维而觉悟成佛。[①] 佛陀成道以后也向弟子们提倡"中道"。据《四十二章经》载:

> 有沙门夜诵经甚悲,意有悔疑,欲生思归。佛呼沙门问之:"汝处于家将何修为?"对曰:"恒弹琴。"佛言:"弦缓何如?"曰:"不鸣矣。""弦急何如?"曰:"声绝矣。""急缓得中何如?""诸音普悲。"佛告沙门:"学道犹然,执心调适,道可得矣。"(《大正藏》卷17)

在这里佛陀用弹琴来比喻学道,告诫沙门既不应过于放逸,也不可操之过急,只有缓急有度,保持身心处于调适状态,修行才能有所进步。

为使身心调适,自然需要适当的休息和娱乐消遣。尽管佛教反对耽于世间欲乐,但并未禁绝一切有益身心的娱乐消遣活动,如音乐、书画、诗歌之类的高雅娱乐,历来为佛门中不少人所擅长。佛教从诞生之初就与音乐密不可分,用奏乐和唱诵来赞美佛法僧三宝见载于许多

---

① 杜继文:《佛教史》,南京:江苏人民出版社,2006年,第9页。

佛经。如《百喻经》就记载有佛世时舍卫国有"豪贵长者"作乐供养佛僧,得佛授记将成辟支佛果之事。(《大正藏》卷3)即使在今天,演奏、唱诵和聆听佛乐仍然是极为普遍的融修行与休闲于一体的活动。中国历史上曾有过不少琴僧,擅长抚琴者比比皆是。唐代李白曾用诗歌描写了一位蜀中僧人的高超琴艺:"蜀僧抱绿绮,西下峨眉峰。为我一挥手,如听万壑松。客心洗流水,余响入霜钟。不觉碧山暮,秋云暗几重?"(《听蜀僧浚弹琴》)佛教中长于书画者也代不乏人。如隋朝智永、唐代怀素、现代弘一法师、当代赵朴初居士等都是大书法家;宋代慧崇、清代石涛和八大山人、近代苏曼殊是大画家;至于历代诗僧,更是灿若繁星,数不胜数。

除音乐、书画和诗歌外,佛教中人还通过品茶和其他一些高雅活动来愉悦身心、净化灵魂。禅宗有一则著名的"吃茶去"公案,赵州禅师回答不同参学问道者只是一句"吃茶去!"[①]如今,禅茶早已成为"生活禅"的一个标志性符号,许多寺院把它作为一种休闲(同时也是修行)和与大众结缘的方式,以极平常的一杯茶,消除人们心中所执的分别妄念,使其心灵超越自我,进入出离荣辱、爱憎、悲欢等对立观念的禅悦之中,在饮茶休闲的过程中体味"禅茶一味"的妙境。一些寺院还通过盆栽、雅石或佛教文物展览等方式,为社会大众提供休憩身心和领略佛教文化的机会。

应该说,平常心即道、不废娱乐的"中道"精神为佛教在现实生活中实现休闲打开了实践的通道,体现着对现实人生的亲切关怀。但必须指出的是,不论从事音乐、书画,还是吟诗、品茶或其他休闲娱乐活

---

① 《指月录》卷十一载:"师问新到:'曾到此间么?'曰:'曾到。'师曰:'吃茶去。'又问僧,僧曰:'不曾到。'师曰:'吃茶去。'后院主问曰:'为甚么曾到也云吃茶去,不曾到也云吃茶去?'师召院主,主应喏。师曰:'吃茶去。'"(《续藏经》第83册,台北:新文丰出版公司,1983年,第522c页。)

动,佛教都始终强调休闲的目的最终还是为了修行。事实上,从事这些活动本身便可看作是一种修行,既通过它们来增进道力,又以之弘传佛法,因而不同于从事世俗的纯粹娱乐活动。而且,在佛教看来,最高尚的娱乐正是修习佛法。《华严经·净行品第十一》说:"以法自娱,欢爱不舍。"认为比"世味"更深更佳的"道味"才是真正值得追求的。

三、法喜充满、游戏三昧的精神追求

佛教教义的出发点是苦谛,佛法修行的根本宗旨则是离苦得乐。正如当代高僧星云大师常说的,苦并不是佛教的目的,欢乐才是佛教本有的宗旨。佛教诸乘共修的"四无量心"中有"喜无量心";乐也是涅槃的功德之一;见人布施心生赞叹称作"随喜";大乘佛教的菩萨初地称为"欢喜地";中国人喜闻乐见的弥勒菩萨往往被塑成满脸堆笑的模样,其他佛像和菩萨塑像也多是面带微笑眼含慈悲,表示佛教带给众生的是欢乐祥和。①

佛教所提倡和追求的这种欢乐常常被称为法乐、法喜。它不同于世俗欲望得到满足所带来的快乐,而是摆脱了感性欲望的束缚,对真如实相有所体悟,沉浸在解脱希望之中的快乐。法喜充满是很多佛法修行者都能体验到的一种心理境界。功力深湛的禅宗修行者还可能在条件具足时达到法喜的极致——进入超越了道德意识和世俗欲望而与天地万物浑然一体、能所两忘的禅悟境界,实现心灵的解脱、自由和满足。这种体验"是一种真实存在的特殊的宗教感受和宗教境

---

① 陈兵:《佛法在世间》,北京:中国时代经济出版社,2008年,第118—119页。

界"①,属于人本主义心理学家马斯洛所讲的"高峰体验"(peak experience),在某些方面也与休闲心理学家奇克森特米哈伊提出的"畅爽"(flow)体验有相似之处。马斯洛所谓"高峰体验"是指人在日常生活、学习、工作、文艺欣赏或投身于大自然时感受到的一种奇妙、着迷、忘我并与外部世界融为一体的美好感觉,是人在进入高度自我实现状态时的心理感受。"畅爽"体验则是与"高峰体验"类似的一种完全沉浸于当下的"心醉神迷"(ecstasy)的特殊感受,但不像后者只能在满足了较低层次的需求之后才能达到,而是可以在日常活动和平凡劳动中出现。"高峰体验"或"畅爽"体验的获得,均表明体验者达到了相当程度的自我实现。而根据佛教禅宗理论,处于禅悟状态的修行者泯灭了自我意识,疑根断去,妄念消除,真心自性自然开显,心灵潜能得到极大释放——这也是一种极度喜乐的自我实现状态。(在佛教其他宗派中,也都有着类似的对法喜体验的描述,如天台宗人得所谓"大开圆解"、净土宗人得所谓"念佛三昧"之后,往往都能获得伴随着大悟彻悟感的高度愉悦的心理体验。)"开悟"后的修行者可经常保有法喜,在日常生活实践里随时随地处于一种最佳体验状态。

　　在俗世生活中,快乐和自我实现的心理满足更多地来自休闲活动。古希腊哲学家认为在休闲中得到快乐才是真正的幸福,他们把休闲看作一种通过沉思冥想达到的从容、宁静、忘却自我和时光流逝的人生境界。此种境界与佛教禅境有相应相契之处。禅的本义是静虑,即通过入静思虑以期证悟本心,禅定状态完全符合古希腊哲人对休闲的界定。美国休闲学者约翰·凯利则认为:"从本质上讲,休闲应该被理解为一种'成为状态'(state of becoming)"②,是一种人"成为人"的

---

① 方立天:《佛教哲学》,长春:长春出版社,2006 年,第 242 页。
② 约翰·凯利:《走向自由:休闲社会学新论》,昆明:云南人民出版社,2000 年,第 1 页。

过程,而佛教追求的目的也无非是成人、成佛。在佛教看来,成人是成佛的基础,成佛是成人的极致。近代太虚大师说:"仰止唯佛陀,完成在人格;人成即佛成,是名真现实。"①学佛者通过修习"戒定慧",将人的心理潜能开发出来,努力做到"自知其心"、"自净其意",便是成人;彻底消除"贪嗔痴"等烦恼妄念,达到"自觉"、"觉他"、"觉行圆满",便是成佛。可见佛教修行与休闲一样,都是为了摆脱对心灵的束缚,达到自在生存、自由体验的自我实现状态。当修行者朝着这一目标,无住无碍地随缘处世时,他既是在修行,又有着休闲的心态,也更容易在日常生活中获得法喜或最佳体验。

作为一种人在心灵与精神上的最佳体验,这种法喜式的独特感受常常是在游戏三昧的状态中实现的。游戏状态是人本真的、理想的存在状态。席勒(Friedrich Schiller)曾指出:"只有当人是完全意义上的人,他才游戏;只有当人游戏时,他才完全是人。"②在印度佛典中,"游戏"一词是一个经常出现的概念,多指佛教圣者玩味法乐或藉济度众生以自娱乐。中国禅师们也常将见性悟道之后的任运自如、无拘无束说成是"游戏三昧"。如慧能曾说:"见性之人,立亦得,不立亦得,去来自由,无滞无碍,应用随作,应语随答,普见化身,不离自性,即得自在神通游戏三昧,是名见性。"(《坛经》)后来不少禅师循此思路,以游戏心态住世,尽显禅门休闲作风。

如同在家俗人有自己的工作事务一样,禅宗僧徒也会有宗教性的劳作事务。但在禅者的至高明境界中,劳作与休闲是可以融合为一的。惠洪觉范在《重修龙王寺记》中记载道林云禅师兴修寺院的经过时说:"人徒见云法劳熏役而不知游戏也。"③常人工作多有困累的感

---

① 陈兵:《佛法在世间》,北京:中国时代经济出版社,2008年,第33页。
② 弗里德里希·席勒:《审美教育书简》,上海:上海人民出版社,2003年,第124页。
③ 惠洪撰,觉慈编:《石门文字禅》,台北:明文书局,1981年,第282页。

受,以己心度云禅师之心,以为必觉劳苦,殊不知在禅师那里,兴修寺院直同于休闲游戏,并无劳苦可言。

禅宗游戏三昧的另一重要表现是游戏于七情六欲之中。禅宗基本典籍之一《维摩诘所说经》中的维摩诘居士为禅者在这方面树立了一个典范。维摩诘居士"入诸酒肆"、"入诸淫舍",却又"示行贪欲而离诸染着"、"示行毁禁而安住净戒",可谓是"火中生莲花"、"在欲而行禅"①。后世禅人也每有称赞乃至仿效维摩诘者,以此类"逢场作戏,混俗和光"②的行为为游戏三昧。如宋代黄龙派禅师真净克文就宣称"手把猪头,口诵净戒;趁出淫坊,未还酒债"的作风是"事事无碍,如意自在"(《指月录》)。诚然,如有论者指出的那样,禅宗游戏三昧的作风实际上是将外在的规范转化为内在的律制,而"内在律制可能由于取法太高而又缺乏外在律制那种可供把握的具体行仪,无从构成一种普遍有效的规范"③,但也应该承认,确有一些真正明心见性的禅者可以做到毁其外而不毁其内,在这类高度随缘任运的不羁行为中逢场做戏、游戏人生,同时又保持心地的清净无染,最终达至法喜充满的极致休闲体验。

四、万法本闲,物我一如的人生境界

禅宗受华严宗思想的影响,颇为重视理事关系。理即真实之体,

---

① 法称:《大乘集菩萨学论》,《大正藏》第 32 册,台北:新文丰出版公司,1983 年,第137a 页。

② 宏智撰,宗法等编:《宏智禅师广录》,《大正藏》第 48 册,台北:新文丰出版公司,1983 年,第 1c 页。

③ 龚隽:《在自由与规范之间——略论中国禅的"游戏三昧"及其与律制的关系》,《哲学研究》2003 年 9 期。

事即声色相状,理事不二、圆融无碍是禅宗的基本理路。如法眼宗清凉文益曾说:"理无事而不显,事无理而不消,理事不二;不事不理,不理不事。"(《景德传灯录》)沩仰宗强调心色一如,见色即是见心。曹洞宗用"君臣五位"来表示理事关系的五种可能类型,其中第五位"兼带"即相当于华严宗之理事圆融境。"讲理事、物我的目的不外是要人相信宇宙万有皆是真如佛性的显现,人人具有与佛共同的本性,物我一体,佛与众生不二,无需离开自性去寻求觉悟解脱之道,只要体悟自性就可以达到解脱。"[①]

若从休闲的角度看,理事不二意味着宇宙万法皆共一理,心物之间原不存在紧张对立的关系,人与万物可以各适其性地自在相处。理是普遍存在于一切事中的,因此"一切色是佛色,一切声是佛声"[②],"情与无情,同圆种智"[③]。在这样的圆融境界中,万物彼此相通又互不相碍,虽然相状各异,却均是真如佛性之体的显现,均如其本然地、自由自在地存在。此时处于休闲状态的,不仅仅是人,而是一切万有了——此即所谓"万法本闲,物我一如"。

落实于现实生活之中,"万法本闲,物我一如"的禅宗境界集中体现在对自然的关照中。佛教从诞生之初就与自然的关系十分密切。释迦牟尼出家后到深山修行,在菩提树下觉悟成佛,成道后虽返身入红尘弘法利生,出入城市乡村,但相当多的时间仍是在山林中讲经说法,指导弟子们清修。后世的佛教寺院也大都建在山林之中,甚至形成了"天下名山僧占多"的局面。与自然界的这种亲缘关系在佛教教义中也有体现。佛教把众生乃至诸佛的身心称为"正报",把生命依止

---

① 杨曾文:《唐五代禅宗史》,北京:中国社会科学出版社,1999 年,第 561 页。

② 赜藏主辑:《古尊宿语录》,《续藏经》第 68 册,台北:新文丰出版公司,1983 年,第 20a 页。

③ 永中编,如卺续补:《缁门警训》,《大正藏》第 48 册,台北:新文丰出版公司,1983 年,第 1073a 页。

的土地(即生存环境或曰"器世间")称为"依报",认为依正不二,依报决定于正报,但就终极本质而言两者并无差别,也即世界万物与我人众生从真如本性的角度来讲原为一体,并无主客之分。

佛教传入中国以后,在本土化的过程中又吸收了道家返璞归真、回归自然的老庄思想,进一步形成了观照万物、顺应自然的人生境界。[①] 天台宗九祖湛然主张"草木无情,皆有佛性",这一思想在禅宗得到更大阐扬。禅宗认为自然万物无非都是真如佛性的显现,所谓"郁郁黄花,无非般若;青青翠竹,尽是法音"(《五灯会元》),因而在修行中表现出格外放旷自然的洒脱态度,主张通过对自然万物的觉照去体悟佛法真义,追求一种自然适意、浑然天成的闲适情调,在悠闲自在的心境中,进入内外相融、物我一体的"天人合一"境界。无论是"猿抱子归青嶂里,鸟衔花落碧岩前"(《景德传灯录》),还是"莺吟堤畔柳"、"蝶舞树头春"[②],都是万物之自在生命的本然存在。体悟到万法本闲、物我一如、天人合一的禅者,不会因为自身的存在而妨碍、打破这一境界,因为他归根到底也是万物之一种,也同其他万物一样如其本然地存在。在这一境界中,禅者既可无事静坐,一任"秋来黄叶落"、"春来草自青"(《五灯会元》),也可"独步千峰顶,优游九曲泉"(《五灯会元》),一任"青山自青山,白云自白云"(《指月录》);在这一境界中,没有观照与被观照,支配与被支配,人和其他万物一样,都是自己决定自己,自己支配自己,获得了极大的自由和充分的自在性。

事实上,禅师们多爱借自然风物来形容悟道之境。天柱慧崇禅师在门徒问"如何是道"时答:"白云覆青嶂,蜂鸟步庭花。"(《五灯会元》)

---

① 胡伟希,陈盈盈:《追求生命的超越与融通———儒道禅与休闲》,昆明:云南人民出版社,2004 年,第 192 页。

② 本嵩述,琼湛注:《注华严经题法界观门颂》,《大正藏》第 45 册,台北:新文丰出版公司,1983 年,第 695a 页。

资圣盛勤回答"如何是正法眼"时说:"山青水绿。"(《五灯会元》卷十五)灵云志勤见桃花而悟道,并留偈云:"三十来年寻剑客,几逢落叶又抽枝。自从一见桃花后,直至如今更不疑。"(《景德传灯录》)夹山善会禅师形容自己悟到的"夹山境"是"猿抱子归青嶂里,鸟衔花落碧岩前"(《五灯会元》)。近代虚云禅师悟道诗句云:"春到花香处处秀,山河大地是如来。"①……禅师们通过这类语言表达的是一种悟道后契入宇宙本体,与天地万物合而为一,心无羁绊、通融无碍、至善至美的境界,也是一种法喜充满的高级休闲境界。

佛教僧人还常以诗歌的形式通过对自然物事的描写来表现随缘自在、悠闲无住的日常修持生活,如唐代诗僧皎然的《题湖上草堂》:"山居不买剡中山,湖上千峰处处闲。芳草白云留我住,世人何事得相关?"宋代无门慧开禅师有一首广为流传的诗偈:"春有百花秋有月,夏有凉风冬有雪。若无闲事挂心头,便是人间好时节。"②明代憨山德清有《山居》诗云:"松下数椽茅屋,眼前四面青山。日月升沉不住,白云来去常闲。"……僧人们徜徉于大自然的怀抱,其清净淡泊、安闲自适的超脱境界与芸芸众生整日忙于尘俗事务而难得休闲的境况形成鲜明对比。很多在家之士对此心生羡慕,纷纷参禅访道,优游于林下泉边,力求在尘世沉浮中活出一份洒脱自在;一些文人士大夫还创作出不少描绘禅悦心境、带有休闲意趣的诗歌,如王维、白居易、王安石、苏轼、袁宏道等等,均有此类作品行世,反映出佛教休闲思想对中国文化的巨大影响。

① 陈兵,邓子美:《二十世纪中国佛教》,北京:民族出版社,2000 年,第 286 页。
② 慧开:《无门关》,《大正藏》第 48 册,台北:新文丰出版公司,1983 年,第 295b 页。

五、结语

就佛教思想史来说,为了达到清净无染、澄寂空阔的涅槃之境,从初祖菩提达摩至五祖弘忍,都强调长期、刻苦的渐修,这种禅法及其追求的境界,无疑还带有相当浓厚的印度禅的色彩。慧能开创的南禅宗,则一反刻苦渐修的禅法理念,转而强调"治心",即"从自心中顿见真如本性"(《坛经》),具有强烈的主体性色彩和简捷明快的特征,是真正意义上的中国禅宗。如慧能禅强调"无念为宗,无相为体,无住为本"(《坛经》)。"无念"并非是如同槁木死灰般没有任何念头产生,而是对意识中产生的一切念头都不起妄想执著,所谓"于念而无念","于一切境上不染,名为无念"(《坛经》);类似的,"无相"是"于相而离相"(《坛经》),即心不执著于对象的具体形相;"无住"则是指任念头生灭相续,不因执著于意识而妨碍其自然地流动。"无念"、"无相"、"无住"既是不被外境所牵的无烦无扰的心灵境界,又是禅法修持功夫。质言之,中国佛教尤其是禅宗休闲思想具有明显的特色,它以高度休闲化的心灵为其思想根基,以自然适意、随缘任运为基本的现实生活策略,以物我一如的人生境界为其总体目标。

传统中国佛教尤其禅宗中蕴涵的休闲思想是国人重要的精神文化资源之一,曾对人们的思想和行为产生过重大影响。进入 20 世纪以来,文化的几乎一切方面都被裹挟进现代化的滚滚洪流之中,传统佛教的山林式特征与现代社会之间的矛盾也日益凸显出来。经过佛教界仁人志士近百年的艰辛探索,建设"人间佛教"以实现佛教的现代转型已成为中国佛教界的共识。"人间佛教"要求佛教走出山林,由原来的注重"脱死"与"出世"转向注重"了生"与"入世",由面向信徒小众为主转向为包括信徒与非信徒在内的一切社会大众提供尽可能多的服务。现代社会又极端推崇速度与效率,人们在其中常常处于紧张、忙碌甚至焦虑的生存状态,因而对心灵休闲的需求与日俱增。在上述背景之下,佛教以"治心"为特色的休闲思想也就愈显宝贵,其所包蕴和衍生的种种休闲功能必将得到更大程度的发挥,在为芸芸众生提供精神寄托、使人们心灵得到休憩或安顿方面将发挥更大作用。佛教这一古老的宗教,也将会因此而显示出更大的包容性,焕发出崭新的活力。

第十一章
宋代士大夫的休闲哲学
——以苏轼为代表

苏轼作为著名的文学家与思想家,是宋代具有典型性的士大夫,他一生历经忧患,对休闲多有思考和体悟,形成了极为丰富的休闲思想。探讨苏轼的休闲思想,不仅有助于我们了解苏轼思想与苏轼其人,更是我们研究中国传统休闲思想尤其是宋代休闲哲学的重要内容。苏轼以道为基础,注重人内在之心、本真之情的决定作用,形成了独具特色的休闲思想。

一、对休闲的赞美与向往:"休闲等一味"

在苏轼起落坎坷的一生中,贬谪黄州是其最晦暗的时期之一,也是他对休闲作出深入思考的重要时期。他曾在与友人的《徐大正闲轩》一诗中集中论述"闲",表达对休闲的独特感受与倾心向慕:

> 冰蚕不知寒,火鼠不知暑。知闲见闲地,已觉非闲侣。君看东坡翁,懒散谁比数。形骸堕醉梦,生事委尘土。早眠不见灯,晚

食或欹午。卧看毡取盗,坐视麦漂雨。语希舌颇强,行少腰脚偻。五年黄州城,不蹋黄州鼓。人言我闲客,置此闲处所。问闲作何味,如眼不自睹。颇讶徐孝廉,得闲能几许。介子愿奉使,翁归备文武。应缘不耐闲,名字挂庭宇。我诗为闲作,更得不闲语。君如汗血驹,转盼略燕、楚。莫嫌銮辂重,终胜盐车苦。①

该诗共计 160 字,"闲"字共出现 10 次,频率之高,在苏轼诗歌中仅此一首。苏轼借友人徐孝廉的"正闲轩"为题,以"闲客"自居,描绘出自己对人生休闲的基本看法,一方面,确认了休闲生活乃是一种高层次的美好生活状态,不仅高于下层人民劳苦生活,也高于一般的居官从政生活,对休闲的地位进行了充分肯定。另一方面,又指明了休闲感受之难以言说的性质,"问闲作何味,如眼不自睹",认为休闲之美妙只可体验,不可言传。

在和陶渊明的诗作中,苏轼提出了"休闲等一味"的命题,对休闲在人生中的崇高地位与丰富内蕴进行了进一步的揭示:

和陶田舍始春怀古二首(并引)其一:

退居有成言,垂老竟未践。何曾渊明归,屡作敬通免。休闲等一味,妄想生愧赧。聊将自知明,稍积在家善。城东两黎子,室迩人自远。呼我钓鱼池,人鱼两忘反。使君亦命驾,恨子林塘浅。②

在该诗中,苏轼表明欲以陶渊明为榜样,退居官场从而享受休闲之乐的愿望。他借助佛教思想,提出了"休闲等一味,妄想生愧赧"的命题。在佛教中,"一味"喻指如来之教法以及由此获得解脱涅槃的最

---

① 苏轼:《苏东坡全集》,珠海:珠海出版社,1996 年,第 1125 页。下引该书,只出书名及页码。
② 《苏东坡全集》,第 1938 页。

高境界,为世间最上、最美之味。以"一味"比休闲,表明休闲乃是人从繁忙忧苦中超拔出来而臻达的美善至境。由此,休闲被赋予理想价值的内涵,成为一种崇高的人生境界,也成为人生追求的高远目标。"休闲等一味"集中地体现了苏轼对休闲的赞美,具有丰富的内涵:

首先,"休闲"与"妄想"相对,意味着一种本真的生活状态。在苏轼看来,本真的生活体现着人未被世间各种繁琐事务、功名罗网束缚的原初真实的人生。苏轼对名利世界的虚假空幻以厌恶、弃绝之态屡作批判,而对休闲表达出的生命之真实相状则大加赞美。如他在《豆粥》一诗中有云:

> 干戈未解身如寄,声色相缠心已醉。身心颠倒不自知,更识人间有真味。①

苏轼认为,干戈、声色等无休止的官场事务与相伴随的世俗诱惑,会让人产生寄寓他乡之感,人在虚假的欲望世界中纠缠迷醉、颠倒错乱而不自知,使人丧失把握人生真实情状的能力,与人生的本真相状彻底绝缘。诗人在对干戈、声色虚假世界的批判中,表达出对脱离此世界之后的休闲所呈现的真实生活的热切向往。如苏轼在其《送沈逵赴广南》有云:

> 功名如幻何足计,学道有涯真可喜。勾漏丹砂已付君,汝阳瓮盎吾何耻。君归赴我允黍约,买田筑室从今始。②

在苏轼"功名如幻"的感慨中,与其说表达的是出世炼丹的心迹,不如说是对现实生活状态的毅然决绝之态,一种对真实生活世界发自肺腑的心仪之情。在弃绝功名利禄、声色陆离的虚幻世界后,苏轼所

---

① 《苏东坡全集》,第 1111 页。
② 同上,第 1110 页。

追求的只是一种简单、真实的闲淡生活。其《行香子·述怀》云：

清夜无尘。月色如银。酒斟时、须满十分。浮名浮利，虚若劳神。叹隙中驹，石中火，梦中身。

虽抱文章，开口谁亲。且陶陶、乐尽天真。几时归去，作个闲人。对一张琴，一壶酒，一溪云。①

以"闲人"为尽得"天真"，苏轼将休闲理解为一个真实的世界，这个世界摆脱了功名纠缠的虚假幻象，无需依存于外在的条件，是一个简单真实而又自我圆融饱满的生命世界。在将休闲世界展示为一个简约、快乐的真实世界的过程中，苏轼所表达的正是对休闲的热情赞美。他在《三余》一诗中，对此心迹作了充分的说明。

枇杷已熟粲金珠，桑落初尝滟玉蛆。暂借垂莲十分盏，一浇空腹五车书。青浮卵碗槐芽饼，红点冰盘藿叶鱼。醉饱高眠真事业，此生有味在三余。②

苏轼提出"醉饱高眠真事业，此生有味在三余"，"三余"指"冬者岁之余，夜者日之余，阴雨者晴之余"，依苏轼，"醉饱高眠"乃为人生真正的事业，"三余"乃为人生的真味所在，休闲已成为表达生命之本真相状并具有崇高价值的独特存在。

其次，休闲体现为一种快乐自适的生活。在苏轼看来，休闲作为理想的生活状态，休闲的直接感受即是快乐自适。苏轼认为脱离官场即是一种快乐的生活。如他在《跋欧阳文忠公书》中说：

贺下不贺上，此天下通语。士人历官一任，得外无官榜，中无所愧于心，释肩而去，如大热远行，虽未到家，得清凉馆舍，一解衣

---

① 《苏东坡全集·苏东坡词集》，第 38 页。
② 《苏东坡全集》，第 1796 页。

漱濯,已足乐矣。况于致仕而归,脱冠佩,访林泉,顾平生一无可恨者,其乐岂可胜言哉![1]

在苏轼看来,欧阳修脱离官场就像是在暑热天里远行而归,大汗淋漓,虽未至家,但得一清凉馆舍沐浴洗漱,已是一种值得满足的快乐。致仕而归,有更多机会造访泉林,将整个身心沉浸于远离官场喧嚣的自然之境中,那样的快乐真是难以言传!

苏轼一生不断遭到贬谪,生活极其困苦,但他能以一颗休闲之心,时时寻找休闲的机会并努力追寻休闲的意义。苏轼经常借助评论曾点、陶渊明、白居易、王维、李白等享有休闲之乐的前贤,表达自己对休闲的感受与向慕。这在苏轼的和陶诗中最为明显。如《和陶诗时运四首》其二云:

> 下有澄潭,可饮可濯。江山千里,供我遐瞩。木固无胫,瓦岂有足。陶匠自至,啸歌相乐。[2]

沉浸于千里江山的美好景色中,苏轼所感到的是一种简简单单而又实实在在的快乐。

另如《和陶归园田居六首》其一:

> 环州多白水,际海皆苍山。以彼无尽景,寓我有限年。东家著孔丘,西家著颜渊。市为不二价,农为不争田。周公与管、蔡,恨不茅三间。我饱一饭足,薇薇补食前。门生馈薪米,救我厨无烟。斗酒与只鸡,酣歌饯华颠。禽鱼岂知道,我适物自闲。悠悠未必尔,聊乐我所然。[3]

在此诗中,苏轼首先勾勒出一幅苍山、白水的清新生活情境,继之

---

① 《苏东坡全集·第六卷》,第 1754 页。
② 《苏东坡全集》,第 1893 页。
③ 同上,第 1797 页。

描述了生活其中的人多为与世无争、自得其乐的孔颜之辈,一般平民也能和谐相处,不事争讼。自己的生活虽然较为清贫,甚至有时还需要门生接济,但其中也偶尔会有"斗酒只鸡"聊供酣歌而乐。

这种恬然自适的生活正是苏轼一生最常见的休闲生活。值得注意的是,这种生活不仅对于苏轼是快乐的,在苏轼看来,生活于其中的各种生物也是闲适快乐的。休闲由此呈现出了物我和谐、物我共乐的性质。

再次,休闲标示出一种自由的生命状态。休闲意味着在一定程度上突破束缚人本真之性的因素,获得自我主宰的可能性,从而呈现出自由自在的生命状态。苏轼强调,世间繁琐的事务不仅是空幻的,也直接束缚了人自由的生活方式与自由人性。他在《和陶饮酒二十首》中予以反复说明。如其一:

> 我不如陶生,世事缠绵之。云何得一适,亦有如生时。寸田无荆棘,佳处正在兹。纵心与事往,所遇无复疑。偶得酒中趣,空杯亦常持。①

苏轼开篇即点出自己受世事牵累缠系,难以获得像陶渊明一样的人生乐趣。苏轼性不善饮,一饮辄醉,该诗反映的是饮酒后略有醉意而将世俗之务暂时搁置的体验,所表达的实质上是一种"醉中相与弃拘束"②的心态,这正是一种对自由的渴望。

苏轼经常借飞鸟、闲云等物象来表达对自由的向往。如他曾在仁宗嘉祐四年乙亥十月至十二月期间,"还朝,侍宫师自眉山,发嘉陵,下夔、巫",最后至荆州,此间写了大量诗篇,其中《入峡》一诗有云:

> 蛮荒安可住,幽邃信难妷(般,乐也)。独爱孤栖鹘,高超百尺

---

① 《苏东坡全集》,第 1 页。
② 同上,第 173 页。

岚。横飞应自得,远扬似无贪。振翮游霄汉,无心顾雀鹌。尘劳世方病,局促我何堪。尽解泉林好,多为富贵酣。试看飞鸟乐,高遁此心甘。[①]

诗中借对鹘鸟自得高飞的多角度咏叹,表明自己在尘世的劳苦、局促中愿像鹘鸟一样凌绝高山、振翅霄汉的追求。飞鸟成为苏轼心目中自由的意象,对飞鸟高超绝岚的歌颂显示出诗人对自由的向往。

有时,苏轼也会以物写人,借对被束缚被支配之物的婉惜与怜悯从反面表达对自由的追求。如其《和子由记园中草木十一首》有云:

物生感时节,此理等废兴。飘零不自由,盛亦非汝能。[②]

苏轼此诗在宇宙运行、万物荣枯的宏大背景中以物写人,充满理趣,其旨亦是表达对自由的热切向往。在很大程度上,自由也是苏轼人生休闲理想的核心之义。

二、休闲哲学的基本视域

(一) 处理与超验世界的关系:"乐天知命我无忧"

苏轼认为,天、道、命等是具有本体性的最高存在,也是最高价值与意义的象征,构成了人类行为的终极根据。尊崇并努力体认天道、天命,进而依之而行,这成为对人之在世的基本要求,也是人之休闲得以发生的本源性依据。苏轼曾在《书合浦舟行》中自述:

---

① 《苏东坡全集》,第 30 页。
② 同上,第 176 页。

予自海康适合浦,遭连日大雨,桥梁尽坏,水无津涯。自兴廉村净行院下,乘小舟至官寨。闻自此以西皆涨水,无复桥船。或劝乘蜒舟并海即白石。是日,六月晦,无月。碇宿大海中,天水相接,疏星满天。起坐四顾太息,吾何数乘此险也!已济徐闻,复厄于此乎?过子在傍鼾睡,呼不应。所撰《易》《书》《论语》皆以自随,世未有别本。抚之而叹曰:"天未丧斯文,吾辈必济!"已而果然。七月四日合浦记。时元符三年也。①

这段文字是理解苏轼天道思想的重要材料,其中包含以下基本内蕴:

其一,苏轼相信世界上存在着超越性的天命(天道),它具有不依赖人的意志的客观性,又对人的命运具有终极的支配性。苏轼认为自己一行人自海康至合浦的旅途中,生死悬于毫厘之间,此时起最终决定作用的并非是人力,而是具有终极性、超越性的天命。"天未丧斯文,吾辈必济"中的"天"正是这样一种对人事具有宰制性、支配性的客观存在。人在此天命面前,无能为力,只能顺应。事实上,苏轼在其他场合也曾表达过此类观点:"若夫穷达得丧,死生祸福,则吾有命矣。"②他认为,人的基本命运是先天注定的,命定论是苏轼思想中的重要方面。

其二,苏轼认为自己是人间之道的担当者。在中国传统儒家知识分子看来,人道乃天道在人间的贯彻,人间之道的重要载体正是儒家的经书,亦即所谓"六经载道"。道被知识分子视为安身立命的根本,苏轼曾在《答苏伯固四首》之一中说:"某凡百如昨,但抚视《易》、《书》、《论语》三书,即觉此生不虚过。"③以儒家经典中的道为生命的根基。

---

① 《苏东坡全集·第六卷》,第1812页。
② 《苏东坡全集·第四卷》,第259页。
③ 《苏东坡全集·第六卷》,第1398页。

在合浦舟行中,苏轼以所撰《易》、《诗》、《论语》随身携带,世无他本为论,认为"天未丧斯文,吾辈必济",显示出与孔子、孟子一样的担当人间大道的自信与气魄。结合苏轼的天命观,可以认为,苏轼自信天命在己,自己肩负着替天行道的天职。

其三,苏轼基于对自己所肩负的替天行道的天职的自信,进一步对自己的命运产生自信,由此对自己的人生产生超过常人的自信、豁达与豪迈。而这种自信一旦化为日常生活中一种稳定的心理状态,就很可能导向一种从容、自信的人生,这也是苏轼在历经危难仍能保持良好精神状态的重要思想根源之一,可以说,苏轼的天命观从根本上决定了他自己豪迈超然、从容大度的休闲人生。

基于以上天命观,苏轼正式提出了"乐天知命我无忧"的思想命题。其《次韵答邦直、子由五首》之二诗云:

> 城南短李好交游,箕踞狂歌不自由。尊主庇民君有道,乐天知命我无忧。醉呼妙舞留连夜,闲作清诗断送秋。潇洒使君殊不俗,樽前容我揽须不?①

对天命、至道的觉解与内化,使苏轼即便不能在仕途上得意,但他也能在其他官员面前保持从容自信,不仅醉饮酣舞、酬唱清诗不以为意,而且敢于在樽前揽须以戏。此诗中的"乐天知命我无忧"虽然生发于一种酣歌曼舞、沉醉嬉戏的游戏场景中,略显颓废消极,但在此放浪形骸的形式下隐藏着的是苏轼自信、豪迈的精神根基。

作为对"乐天知命我无忧"的直接呈现,苏轼具备一种"达"的精神气象。这种达观,与天命内在相联,具有本体性精神境界的意义,同时又意味着以一种达观的态度面对外在的事物、功利、富贵、生死、干戈、

---

① 《苏东坡全集》,第 658 页。

声色等,对之超然甚至超越,因而有一种即本体即工夫的特殊义涵,这直接影响着苏轼具体的休闲生活与休闲心态。

苏轼一生历经忧患,但并没有因此而显得消极颓废,相反,无论处于怎样艰危的处境中,总能以一种淡定、平和的心态去应对,而且善于苦中作乐,从中享受人生的乐趣。从其思想层面上说,正是"达"的心态支撑起苏轼的精神天空,在精神层面为其休闲生活进行奠基。在某种程度上,苏轼的休闲哲学是一种"达"的休闲哲学。苏轼曾对"达"有许多直接描写:

薄薄酒二首(并引)

胶西先生赵明叔,家贫,好饮,不择酒而醉。常云:"薄薄酒,胜茶汤;丑丑妇,胜空房。"其言虽俚,而近乎达,故推而广之以补东州之乐府;既又以为未也,复自和一篇,聊以发览者一噱云尔。

(查注:赵明叔,名杲卿。密州乡贡进士,有行义。见本集《书刘廷式事后》。)

其一

薄薄酒,胜茶汤;粗粗布,胜无裳。丑妻恶妾胜空房。五更待漏靴满霜,不如三伏日高睡足北窗凉。珠襦玉柙万人祖送归北邙,不如悬鹑百结独坐负朝阳。生前富贵,死后文章,百年瞬息万世忙,夷、齐、盗跖俱亡羊,不如眼前一醉是非忧乐两都忘。[1]

其二

薄薄酒,饮两钟;粗粗布,著两重;美恶虽异醉暖同,丑妻恶妾寿乃公。隐居求志义之从,本不计较东华尘土北窗风。百年虽长要有终,富死未必输生穷。但恐珠玉留君容,千载不朽遭樊崇。

---

[1] 《苏东坡全集》,第612页。

文章自足欺盲聋,谁使一朝富贵面发红。达人自达酒何功,世间
是非忧乐本来空。①

在这两首诗的引语中,苏轼明确指出其诗之作是因他见赵明叔
"其言虽俚,而近乎达"有感而发。苏轼的两首诗也集中地体现出"达"
的特点。苏轼从对清贫家境的自我解嘲写起,继而对比了为官者与一
般平民的不同生活境遇,最后认为,富贵与贫穷各有所苦,也各有所
乐,历史上的功名荣辱与世俗的是非忧乐终将化为空虚,对世间的一
切都不必太过于在意,真正应该做的就是享受当前的生活。苏轼在诗
中提出了"达人自达"的观点(按:白居易曾作《酒功赞》,以为酒有助人
达观之功),这意味着"达人"应该是自我满足的,不需要借助于外在的
条件和依托,就其实质来说,是自我的完满和对外物的超然。"达"本
质上是对现实中功名富贵生活与贫穷清苦生活真相的一种洞察与
超脱。

苏轼的达作为一种自我完满,无须依傍于外物,这在《渊明非达》
一文中有明显表现:

> 陶渊明作《无弦琴》诗云:"但得琴中趣,何劳弦上声。"苏子
> 曰:渊明非达者也。五音六律,不害为达,苟为不然,无琴可也,何
> 独弦乎?②

在苏轼看来,陶渊明为了得到琴中的乐趣,能够认识到无琴弦不害操
琴之趣,还是一种"非达",如果真"达",就应该认识到人是自我圆满
的,琴弦之声与无弦之声具有同等意义,不必刻意标榜无弦之琴趣。
甚至,苏轼还进一步说明,如果真"达",即真得认识到自我完满,不要
说有无琴弦无足轻重,就是有琴无琴也无关紧要。苏轼以琴论达,彻

---

① 《苏东坡全集》,第 612 页。
② 《苏东坡全集·第六卷》,第 1621 页。

第十一章　宋代士大夫的休闲哲学——以苏轼为代表

底超脱了人对外物的依傍,而显示出"达人自达"的意义,同时也标示出达人自我完满的性质。

"达"作为一种对外物的超脱,苏轼在《刘伯伦非达》中也有同样鲜明的展示:

> 刘伯伦以锸自随,曰:"死便埋我。"苏子曰:伯伦非达者也。棺椁衣衾,不害为达。苟为不然,死则死矣,何必更埋![1]

苏轼认为,刘伶为防醉酒而逝,以锸自随,以便醉死后便可即地埋葬,虽然能够实现对死之期限与死后葬仪、葬所的超脱,但并非真"达",如为真"达",即应实现对安葬本身的彻底超脱,作到"死则死已,何必更埋"。苏轼认为,人如果能够做到达,就应以一颗豁达之心,超脱外物,包容外物,从而能从自己的切身境遇中体会出美好的意义来,过一种从容、豁达、超然的生活。苏轼以"达"之心态,从容应对自身遭遇的困境,为自己的人生开拓出一片美好的休闲境界。如《独觉》、《定风波》、《发广州》等诗词,即都很好地体现出苏轼在遭遇艰危之后仍然具有的明净、平和、淡泊的心境。

独觉

> 瘴雾三年恬不怪,反畏北风生体疥。朝来缩颈似寒鸦,焰火生薪聊一快。红波翻屋春风起,先生默坐春风里。浮空眼缬散云霞,无数心花发桃李。悠然独觉午窗明,欲觉犹闻醉鼾声。回首向来萧瑟处,也无风雨也无晴。[2]

发广州

> 朝市日已远,此身良自如。三杯软饱后,一枕黑甜余。蒲涧

---

① 《苏东坡全集·第六卷》,第 1617 页。
② 《苏东坡全集》,第 1941 页。

疏钟外,黄湾落木初。天涯未觉远,处处各樵渔。①

定风波

　　三月七日,沙湖道中遇雨。雨无先去,同行皆狼狈,余独不觉。已而遂晴,故作此词。

　　莫听穿林打叶声。何妨吟啸且徐行。竹杖芒鞋轻胜马。谁怕。一蓑烟雨任平生。

　　料峭春风吹酒醒。微冷。山头斜照却相迎。回首向来潇洒处。归去。也无风雨也无晴。②

　　总之,"达"既是超越功名富贵,也是超越清贫苦厄。达是包容,更是恬淡。作为一种超然、淡泊、宁静的态度,达的核心是不在意,不使物役心,然后顺应己意而为,去获得生命的美好。超然、超脱不是不负责任,而是基于道的基础上的只抓住合于生命基底、核心的元素。然而,一切看开之后,人生就可能会消极退缩,甚至使人生逐渐丧失意义。苏轼浮云冠冕的过程也往往意味着与世人的疏离,达在很大程度上意味着一种卓而不群、遗世独立的"独"。不过,苏轼在"达"的路向上并未走远,他大体将"达"之功用限制在一个合适的范围之内。总体上,"达"作为一种导向休闲的具有本体性的精神境界,同时也是使休闲得以可能的现实方法,在根本上决定了苏轼实现人生休闲的可能性。

(二) 处理人与经验世界的关系

　　人立身于世,意味着在纷繁复杂的外在对象世界中,无时无刻不

---

① 《苏东坡全集》,第 1771 页。
② 《苏东坡全集·苏东坡词集》,第 21 页。

处于各种事物的包围中,在洞察天命以确定安身立命之基以后,如何处理人与外在之物的关系,在很大程度上也决定着人获得真正的休闲生活的可能性。以"达"为基础,苏轼在哲学高度对此问题作了多角度的深入思考。

1. "游于物内"与"游于物外","物外自适"之趣

外在事物作为一种自在的存在者,在与人的交往中属于对象的范畴。在普遍的意义上,外物究竟能否给人带来快乐,外物又为何会给人带来悲祸,人怎样才能让外物带来快乐的同时又避免不利的后果,苏轼从哲学上进行了说明。其《超然台记》云:

> 凡物皆有可观。苟有可观,皆有可乐,非必怪奇玮丽者也。哺糟啜漓皆可以醉,果蔬草木皆可以饱。推此类也,吾安往而不乐?夫所为求福而辞祸者,以福可喜而祸可悲也。人之所欲无穷,而物之可以足吾欲者有尽。美恶之辨战乎中,而去取之择交乎前,则可乐者常少,而可悲者常多。是谓求祸而辞福。夫求祸而辞福,岂人之情也哉?物有以盖之矣。彼游于物之内,而不游于物之外。物非有大小也,自其内而观之,未有不高且大者也。彼挟其高大以临我,则我常眩乱反覆,如隙中之观斗,又乌知胜负之所在。是以美恶横生,而忧乐出焉,可不大哀乎。[①]

在此,苏轼从普遍意义的高度,围绕人与外物的关系,表达了丰富的思想。

其一,提出"凡物皆有可观,皆有可乐",断定物对人必有价值。苏轼认为怪奇玮丽者固然对人有价值,即便就是哺糟啜漓、果蔬草木等也可以满足人的口腹之需,依此类推,任何事物都可能具备满足人的

---

① 《苏东坡全集·第四卷》,第 251 页。

需要,给人带来快乐的潜质。由此,苏轼确立起外物对人的价值,为人与之相处时获得快乐奠定了基础,也体现出苏轼对人能处理好与外物关系的自信。"吾安往而不乐",人与外物打交道时完全可以实现快乐。

其二,提出"人之情"乃"求福辞祸",肯定了人追求福乐,避免灾祸不仅是合于现实的实然,更是合于人性的应然,这也就肯定了人追求快乐的正当性。

其三,指明人与物打交道时往往是快乐少而悲哀多,"人之情"难以实现。其原因有二,一是"人之所欲无穷,而物之可以足吾欲者有尽",即人无限的欲望与有限的物质资源之间存在难以弥合的矛盾。人们为了满足欲望,对外物择美去恶,孜孜以求,由此造成人生的各种悲哀不断上演,快乐常常成为稀缺。二是"物有以盖之矣",即受到外物的蒙蔽,因外物之蔽而不能实现对人生快乐的追寻。对苏轼来说,如何破除物蔽来实现休闲,更具有根本性。

其四,提出解决人与外物之矛盾的根本方法,即不要"游于物内",而应"游于物外"。苏轼认为,"物有以盖之"的实质是人与物交往时"游于物外",即人在与物相接时,所思所求完全局限于物,不能逃出物的范域,只能在物内观物,完全被物笼罩于其中,被物迷住了眼睛,"游于物内","自内而观之",其结果就是无论对象之物是大是小,它都能处于支配地位,"挟其高大以临我",即外物成为笼罩人、压抑人、支配人的存在。"游于物内"的实质是执著于物,陷于物欲不能自拔,从而屈服于物,使人感觉美恶横生,忧乐交出,难以得到真正的快乐。苏轼反对"游于物内"而主张"游于物外",即在人与物交时能够超越于物,跳出物的范围与限宥,不被外物的光彩所迷惑,不执著于外物,从而不受物的挟制与压抑,真正享受物的"可观"、"可乐",得乐去忧,达到一种美好的生活状态。

总之,区分"游于物内"与"游于物外",是苏轼在一般原则上对如何处理人与物的关系所作的思考,他赞赏"游于物外",在普遍的意义上指明了与物交往的理想方式,也表明了他对休闲价值的认同。

2."留意于物"与"寓意于物"

为了更深入地说明如何处理与外物的关系,尤其是如何处理与那些美好之物的关系,苏轼进一步提出"可以寓意于物,而不可以留意于物"、人与物交不可"失其本心"等基本观点。这主要体现在《宝绘堂记》一文中:

> 君子可以寓意于物,而不可以留意于物。寓意于物,虽微物足以为乐,虽尤物不足以为病。留意于物,虽微物足以足以为病,虽尤物不足以为乐。老子曰:"五色令人目盲,五音令人耳聋,五味令人口爽,驰骋田猎令人心发狂。"然圣人未尝废此四者,亦聊以寓意焉耳。刘备之雄才也,而好结髦。嵇康之达也,而好锻炼。阮孚之放也,而好蜡屐。此岂有声色臭味也哉? 而乐之终身不厌。
>
> 凡物之所喜,足以悦人而不足以移人者,莫若书与画。然至其留意而不释,则其祸有不可胜言者。钟繇至以此呕血发冢,宋孝武、王僧虔至以相忌,桓玄之走舸,王涯之复璧,皆以儿戏害其国,凶其身。此留意之祸也。
>
> 吾始少时,尝好此二者。家之所有,惟恐其失之;人之所有,惟恐其不吾予也。既而自笑曰:吾薄富贵而厚于书,轻生死而重于画,岂不颠倒错缪失其本心也哉? 自是不复好。见可喜者虽时复蓄之,然为人取去,亦不复惜也。譬之烟云之过眼,百鸟之感耳,岂不欣然接之? 然去而不复今也。于是乎二物者常为吾乐则不能为吾病。①

----

① 《苏东坡全集·第四卷》,第255页。

下面分别对苏轼提出的几个命题进行阐析：

首先，苏轼提出"君子可以寓意于物，而不可以留意于物"的中心论点，并对之进行了解释与论证。他认为，寓意于物，即便是轻微之物，也会给人带来快乐，相反，若是留意于物，即便是美好之物，也会给人带来危害。"寓意"强调的是人心中有所主宰，人能保持内在精神的稳定恒常而不为外物所夺，在此基础上，人的爱物之心寄寓于物，随物而动而不失去自我，从而获得快乐；而"留意"则意味着人内心无所主宰，心中没有一个精神根基，将心附着于物上，心逐物飘荡而迷失了自我，从而难以得到快乐。五色、五音、五味等潜藏着让人迷失错乱的可能性，但"圣人"并不废弃，主要目的是供人以寓意，而刘备好结髦、嵇康好锻炼、阮孚好蜡屐，都并非十分美好之物，他们能从中得到快乐，就是因为他们都是寓意其中。

其次，苏轼提出书画等艺术形式是"足以悦人而不足以移人者"，肯定了艺术形式对于实现快乐人生的价值。但随即指出，即便是对书画这些艺术形式，如果"留意而不释"，即内心迷失于书画之中，也不会得到快乐，反而正巧取祸。他以历史上的钟繇、宋孝武、王僧虔、桓玄、王涯等反面例证予以说明。这说明在对待外物，尤其是美好之物时要把握度，而切不可坚执留意，迷失于外物之中。

再次，苏轼以自身的艺术实践为例，说明人留意于外物之所以使人受到危害的根本原因在于人在外物面前"失其本心"。点明在与外物尤其是美好之物打交道时应该时时保持一颗独立的心灵，真正认识到外物只是让人的生命更加充实完满的手段，而绝非目的，人绝不能执著于任何外物，在对外物的追逐中迷失沉沦、失魂落魄，唯其如此，才能使外物常为"乐"而不为"病"。

苏轼区分"寓意于物"与"留意于物"，坚决反对失其本心，执著于物，留意于物，而主张守护本心，保持自身精神生命的完满性，以寓意于物的方式处理与美好之物的关系,表明了他视生命自身价值高于外物价值,维护生命尊严,追求人生之乐的基本立场。

3.“物能累人,以吾有之”

苏轼对如何处理人、物关系进行了多角度说明,他既反对人受到物的宰制,以身殉物,也反对人对物的宰制与刻意支配。苏轼提出了“物能累人,以吾有之”的观点。其《书六一居士传后》有云:

> 苏子曰:居士可谓有道者也。或曰:居士非有道者也。有道者,无所挟而安,居士之于五物,捐世俗之所争,而拾其所弃者也。乌得为有道乎? 苏子曰:不然。挟五物而后安者,惑也。释五物而后安者,又惑也。且物未始能累人也,轩裳圭组,且不能为累,而况此五物乎? 物之所以能累人者,以吾有之也。吾与物俱不得已而受形于天地之间,其孰能有之? 而或者以为己有,得之则喜,丧之则悲。今居士自谓六一,是其身均与五物为一也。不知其有物耶,物有之也? 居士与物均为不能有,其孰能置得丧于其间? 故曰:居士可谓有道者也。虽然,自一观五,居士犹可见也。与五为六,居士不可见也。居士殆将隐矣。[①]

苏轼在该文中以自己与他人对话的方式展开对问题的讨论。该文的一个基本设定是惟“有道者”能“安”,从休闲视角来看,即主张“道”是人获得真正休闲生活的根本依据。但究竟何为真正的有“道”者,苏轼认为:真正的安闲既非依赖于五物(“挟五物而后安”,五物指藏书、金石遗文、琴、棋、酒),亦非故意疏离于五物(“释五物而后安”),有意去挟五物或释五物,本质上都是要占有、支配物,人有此心就会因外物的得失而或喜或悲,必然要受累于物。苏轼借助于庄子的“齐物”

---

① 《苏东坡全集·第六卷》,第 1635 页。

思想说明，人与物皆受形于天，本质上是平等的，不能互相占有。"物之所以能累人者，以吾有之也"，物之累人，就在于人想占有它，由此患得患失。欧阳修自谓"六一"居士，是将自身与五物齐平均一，互不占有支配，和谐为一。既与物别，又与物一，与物完美统一，排除了继得丧而来的世俗之悲乐，从而得到与物相处的真正快乐。

苏轼借对欧阳修"六一"居士的诠释，运用庄子"齐物"思想说明万物在道的高度上，普遍受形于天地，具有齐同平等的地位，都是自身完满自足的存在，能葆有此种认识，即是有道者。由此，人不应"游于物内"，"留意于物"，被物所裹挟、笼罩与压抑；同时也不应刻意地去占有、控制与支配外物（"有之"），否则人又反而会为物的得失而或喜或悲，终究异化为物的奴隶。游于物内、留意于物而导致的"挟物"、"释物"，是不恰当地处理人与物关系的两种表现。在实质层面上，这两种倾向是一个问题的两个方面。如苏轼所反复强调的对书法等艺术形式的"留意于物"，同时也正是一种"欲得"、占有之意，其《墨宝堂记》云：

> 士方志于其所欲得，虽小物，有弃躯忘亲而驰之者。故有好书而不得其法，则椎心呕血几死而仅存，至于剖冢斫棺而求之。是岂有声色臭味足以移人哉。①

人对所乐之物求之过切，志在必得，足以"移人"，人在妄图占有物、支配物的同时也不可避免地陷入受制于物的境地，难以实现真正的快乐。

总之，在处理人与物的关系这一问题上，苏轼认为，在道的统摄下人与物的地位应是平等的，人与物关系的理想状态就是互相尊重，保

---

① 《苏东坡全集·第四卷》，第256页。

持自身内在生命的完满,以此为基础,人即可体会到与物交往的快乐。

4. "无事自适"、"以时自娱"

经过对一系列问题的反复阐明,苏轼处理人与物关系的思想最终落实到让人排除外物干扰,去体察自身生命的完整与饱满上,使人与时、与物处于和谐完满的境遇中,人由此得以实现生命的休闲。苏轼提出与"役于物"相对的乃"无事自适"、"与时自娱"。

苏轼对陶渊明的人生境界十分欣赏,曾作大量和陶诗以寄意。《题渊明诗二首》其二有云:

> 秋菊有佳色,裛露掇其英。泛此无忧物,远我遗世情。一觞聊独进,杯尽壶自倾。日入群动息,飞鸟趋林鸣。啸傲东窗下,聊复得此生。[1]

在这首诗中,苏轼描写出陶渊明于秋天傍晚倚于东窗之下,泡一杯菊花茶,静静地欣赏菊花,看飞鸟徐徐晚归,无忧无虑、悠然而乐的情境。苏轼写罢此诗之后,又加按语:"靖节以无事自适为得此生,则凡役于物者,非失此生耶?"更加点明诗旨。在苏轼心中,陶氏之乐正在于他能够不役于物,摆脱外物烦扰而无事自适,吻合于生命自我完满的本真相状。视人为自我圆满的存在,主张不为外物所羁绊,实现合于生命本真的快乐,是苏轼休闲思想的重要基点。

与"无事自适"的命题相辅相应,苏轼又提出"以时自娱"说。在《与王庆源十三首》之十一中,苏轼说:"人生悲乐,过眼如梦幻,不足追,惟以时自娱为上策也。"[2]苏轼感于人生的悲乐无常,希望超脱世俗之悲乐,达到真正惬意的人生,主张"以时自娱为上策"。对"以时自娱"的内涵,在苏轼的文集中有两段相似的表述:

---

① 《苏东坡全集·第六卷》,第 1667 页。
② 同上,第 1458 页。

与子明兄一首（黄州）

吾兄弟俱老矣，当以时自娱。世事万物，皆不足介意。所谓自娱者，亦非世俗之乐，但胸中廓然无一物，即天壤之内，山川草木虫鱼之类，皆是供吾家乐事也。[①]

与子由弟十首（以下俱黄州）十

吾兄弟俱老矣，当以时自娱，此外万端皆不足介怀。所谓自娱者，亦非世俗之乐，但胸中廓然无一物，即天壤之内，山川草木虫鱼之类，皆是供吾作乐事也。[②]

这两段文字基本相同，意义也完全一致，所描写的是苏轼认识到自己与兄弟苏辙已经年老，应该自娱为乐。应该指明，这种乐是区别于世俗之乐的。世俗之乐摆脱不了外物的羁绊，是一种不纯粹也不普遍的快乐，苏轼的自娱之乐是胸中毫无介蒂、廓然无物的快乐，即摆脱了外物系累的快乐，一种静静享受宇宙、自然、人生本真纯粹状态的快乐，一种超越世俗之乐的真乐与大乐。

这种自娱之乐本质上是人与物不相宰制的和谐之乐，它在日常生活中是自然的，亲切的，融洽的，和谐的，可以表现为多种多样的具体形态。如这种自娱之乐可以是炼丹，在炼丹的过程中赏玩万物之神妙造化，如《与程正辅七十一首》（以下俱惠州）五十五题引云：

某近颇好丹药，不惟有意于却老，亦玩物之变，以自娱也。[③]

可以是即兴而起的诗酒之乐，如《与程正辅七十一首（以下俱惠州）》五十九题引云：

---

① 《苏东坡全集·第六卷》，第1473页。
② 同上，第1478页。
③ 同上，第1298页。

吾侪老矣，不宜久郁，时以诗酒自娱为佳。亡者俯仰之间，知在何方世界，而吾方悲恋不已，岂非系风捕影之流哉！①

可以是在冬日静看自然之景，优游乐哉的无忧无虑，如《与程正辅七十一首》六十题引云：

轼入冬，眠食甚佳，几席之下，澄江碧色，鸥鹭翔集，鱼虾出没，有足乐者。又时走湖上，观作新桥。掩骼之事，亦有条理，皆粗慰人意。盖优哉游哉，聊以卒岁，知之，免忧。②

可以是开辟荒园，亲手种植蔬菜瓜果，乐在其中，如《与杨元素十七首（以下俱黄州）》八题引云：

近于城中茸一荒园，手种菜果以自娱。③

可以是与友人一起侃侃而谈，闲散地出游，如《答刘元忠四首（以下俱杭州）》题引云：

欧阳秀才寘谈道甚妙，可与闲游。④

可以是茸一闲轩，略备菜肴的品味居家的快乐，如《与徐得之十四首（以下俱黄州）》八题引云：

定省之下，稍茸闲轩，箪瓢鸡黍，有以自娱，想无所慕于外也。⑤

总之，"自娱"就是扬弃外物的束缚与干扰，让生命的本真内涵自然流露挥洒，人与物彼此和谐相契而不相扰。自娱之乐中的物已经化

① 《苏东坡全集·第六卷》，第 1299 页。
② 同上，第 1300 页。
③ 同上，第 1326 页。
④ 同上，第 1333 页。
⑤ 同上，第 1383 页。

为人内在生命的组成部分,已由自在的对象实现了和谐的人化,成了为我的存在。人在与物相处的过程完全就是"任性逍遥,随缘放旷,但尽凡心,无别胜解"①,成为随顺本真性情而动的过程。苏轼的休闲哲学对人与物的关系的思考最终通向处理自我性情、自我心灵的维度。考察自我生命世界尤其是精神世界也必然是苏轼休闲哲学的基本内容。

(三)处理人与自我生命的关系

无事自适,以时自娱,主张在消除外物搅扰的情境中自适、自娱,这其中虽还有对事的安排、对时的考虑,但这已经是对个人生命自足美好的一种自觉,暗示出审视与守护自我完满生命对于实现休闲的意义。苏轼更从人之心性内在生命的角度上揭示出这层意蕴。

1. "得吾性而不失其在己,则何往而不适"

苏轼将人的休闲之乐最终落实到培育圆满充实的精神世界,通过道、性等环节,提出"得吾性而不失其在己,则何往而不适"。其《江子静字序》云:

> 友人江君以其名存之求字于予,予字之曰子静。夫人之动,以静为主。神以静舍,心以静充,志以静宁,虑以静明。其静有道,得己则静,逐物则动。以一人之身,昼夜之气,呼吸出入,未尝异也。然而或存或亡者,是其动静殊也。后之学者,始学也既累于仕,其仕也又累于进。得之则乐,失之则忧,是忧乐系于进矣。耳悦五声,目悦五色,口悦五味,鼻悦芬臭,是爱欲系于物矣。以眇然之身,而所系如此,行流转徙,日迁月化,则平日之所养,尚能

---

① 《苏东坡全集·第六卷》,第1475页。

存耶？丧其所存，尚安明在己之是非与夫在物之真伪哉？故君子学以辨道，道以求性，正则静，静则定，定则虚，虚则明。物之来也，吾无所增；物之去也，吾无所亏，岂复为欣喜爱恶而累其真欤？君齿少才锐，学以待仕，方且出而应物，所谓静以存性，不可不念也。能得吾性不失其在己，则何往而不适哉！①

苏轼区分出静与动两种生命状态，就静来说，"得己则静"，静有赖于"得己"，即有赖于守护与涵养本己的真实精神生命状态。苏轼认为，人能够得己而静，内心充实，志气平和，即可实现快适愉悦的生活。而相反，"逐物则动"，孜孜以求于仕途进步以及口腹之欲等则是对生命本真相状的否定，最终只能导致自身价值世界的迷失（"尚安明在己之是非"）以及对外物真实情形认识的错乱（安明"在物之真伪"）。

在苏轼看来，对人的生命存在过程来说，与物打交道是不可避免的宿命（对此文的江子静来说即"齿少才锐，学以待仕，方且出而应物"）。人在面对外物有所行动时，要以静为主宰（"夫人之动，以静为主"）。而"静以存性"，静之可能在于能够"存性"，"存性"即"得己"，亦即"得吾性不失其在己"，涵养本真之性成为人实现"静"的根本依据。由此，涵养人的本真生命状态即成为处理好人与物的关系的关键，成为使人避免因逐物而导致的难辨"在己之是非与夫物之真伪"这一后果的关键。人不断学以辨道，道以成性，其本真性情即可得涵养，由正而静，由静而定，由定而虚，由虚而明，从而确保人在面对外物的得失时，不会因为欣喜爱恶而损伤本真生命情状（"岂复为欣喜爱恶而累其真"），亦即不累于物。苏轼最后强调，一旦人能存养自我本真性情，就会从根本上保证无论是否与外物打交道（"应物"），都会得到快乐（"能得吾性而不失其在己"）。

---

① 《苏东坡全集·第四卷》，第 238 页。

苏轼在处理人与物的关系时,将重视与涵养"吾性"(个人自我本真生命)作为最根本的落脚点,这也成为人获得休闲快乐的重要心性基础。

2."思虑之贼人"、"无世俗之思虑"与"思无邪"

人对外物的执著,不仅表现为直接的占有欲、控制欲、支配欲,有时更表现为对外物的思虑与计议,苏轼对人之"思虑"与快乐的关系也作了深入思考。这集中表现在《思堂记》一文中:

> 建安章质夫,筑室于公堂之西,名之曰思。曰:"吾将朝夕于是,凡吾之所为,必思而后行,子为我记之。"嗟夫! 余天下之无思虑者也。遇事则发,不暇思。未发而思之,则未至。已发而思之,则无及。以此终身,不知所思。言发于心而冲于口,吐之则逆人,茹之则逆余。以为宁逆人人,故卒吐之。君子之于善也,如好好色;其于不善也,如恶恶臭。岂复临事而后思,计议其美恶,而避就之哉! 是故临义而思利,则义必不果;临战而思生,则战必不力。若夫穷达得丧,死生祸福,则吾有命矣。少时遇隐者曰:"孺子近道,少思寡欲。"曰:"思与欲,若是均乎?"曰:"甚于欲。"庭有二盎以畜水,隐者指之曰:"是有均乎?"曰:"是有蚁漏。""是日取一升而弃之,孰先竭?"曰:"必蚁漏者。"思虑之贼人也,微而无间。隐者之言,有会于余心,余行之。且夫不思之乐,不可名也。虚而明,一而通,安而不懈,不处而静,不饮酒而醉,不闭目而睡。将以是记思堂,不亦缪乎! 虽然,言各有当也。万物并育而不相害,道并行而不相悖。以质夫之贤,其所谓思者,岂世俗之营营于思虑者乎?《易》曰无思也,无为也。我愿学焉。《诗》曰"思无邪",质夫以之。元丰元年正月二十四日记。①

---

① 《苏东坡全集·第四卷》,第 259 页。

综合分析此文，苏轼关于"思"的观点主要有以下方面：

第一，人之"思"有三种表现，一是"无思虑"，亦即"不思"、"无思"，这种思是不去刻意思想，纯任自然，因顺本心，即"遇事则发，不暇思"；二是世俗之思、利益之思，即"临事而后思，计议其美恶"之思；三是道义之思，将道义作为自觉的思考对象与目标，亦即"思无邪"之思。

第二，苏轼最认同"无思"，认为"少思寡欲"是"近道"的表现。立足于对道的追求，苏轼行事言语皆以"无思"为原则，完全顺从自己内心的声音。如就事来说，"遇事则发，不暇思也"；就言来说，"言发于心而冲于口，吐之则逆人，茹之则逆余。以为宁逆人人，故卒吐之"。"无思"不必计较造作，合于"道"，"无思"表现出来的言行是人本真意愿的表达，最合于人性。以无思而言而行，必是自在的，快乐的，故苏轼赞叹"无思之乐，不可名也"。无思的快乐具有丰富的表现，如"虚而明，一而通，安而不懈，不处而静，不饮酒而醉，不闭目而睡"。

第三，立足于"少思寡欲"才能"近道"，苏轼明确提出"思虑贼人"，坚决反对基于利益的"计议之思"。他认为，对"近道"来讲，"少思"比"寡欲"更为重要。因为人之欲望往往表现强烈而相对易于断遏，而思虑则潜之于未形，绵绵无绝，为害可能更为深重。苏轼认为，人要过一种合乎道的生活，既要去除各种过分的欲望，又要去除各种世俗的利益之思，而去除利益之思相对更为紧迫。

第四，苏轼认同"思无邪"之道义之思，认为这种"思"与"无思"、"无为"之"思"，是"道并行而不相悖"，但对"思无邪"之思并未表示特别的赞赏。立足于获得人生之"乐"，苏轼似乎更为赞赏"无思"，希望得到更多的合于生命本真的"不思之乐"。

可以说，苏轼的"无思之乐"，是从理论上对外界物欲的进一步摆脱，是在逃离外物羁绊的视角上，寻求生命本真休闲之乐的一种逻辑必然。

3."无心所遇安"

无思,要求顺应生命自然、本真,在超脱各种现实功利的基础上,消除对各种世俗利益的思索计虑。"无思"的结果即是"无心","无心"是摆脱世俗占有之心,卸去外物羁绊,摆脱思虑困扰的心灵。人心一旦没有了物欲、利益之思的遮蔽,就会变得更加舒展、自由,呈现为一种广阔的心灵空间。以此心灵面向广阔的生活世界,一切随意兴而为。"无心"成为人顺应外在自然、顺应内在心灵状态的真实写照,也是苏轼获得休闲之乐的重要心态,在很多生活场景中都有明显表现。

在《送范景仁游洛中》,苏轼讲"得酒相逢乐,无心所遇安"。[①] 认为安适快乐之所以能够发生,原因在于人心本身是自足快乐而无系于外物的,以此原本快乐自足之心去应接外境外物,自然能够随所遇而安,随所逢而乐。

"无心"意味着把人心灵的关注点收摄于内,不在意外部的得失,不去关心外部的境遇,以及外人的感受,只去关注自我一己的生命状态。如其《和蔡准郎中见邀游西湖三首》之第二诗:

> 城市不识江湖幽,如与蟪蛄语春秋。试令江湖处城市,却似麋鹿游汀洲。高人无心无不可,得坎且止乘流浮。公卿故旧留不得,遇所得意终年留。君不见抛官彭泽令,琴无弦,巾有酒,醉欲眠时遣客休。[②]

在此诗中,苏轼先指出怡心江湖自然的乐趣,并认为这种乐趣是城中之人难以体会的,接下来表明这种退居江湖之乐并非自己主动追求的,而是"得坎且止乘流浮",是一种因任时势的随缘顺化。苏轼强调,"高人无心无不可",高人之心圆满自足,不求于外。以此"无心"处

---

① 《苏东坡全集》,第 636 页。
② 同上,第 301 页。

世,即会一切随意而为,虽然公卿故旧缠系于公事,一般很难留住,但遇到知心朋友也会留上一年,不管他有事无事。就像不愿作官就毅然弃官而去的陶渊明一样,摆上无弦琴,置上一壶酒,悠然自乐,一旦饮醉欲眠,即送客闭门,不管客人究竟是欲留欲走。可以说,"无心"的意旨是随顺自然、随顺己意,不去执著于外物、外境、外人,关注圆满自足的本心,顺从于内在本真性情。

苏轼的"无心",也是对外在之事的超然,如其《谢苏自之惠酒》即讲到自己以一种无所染杂的明净之心超然于饮与不饮、醉与醒,而只追求惬意舒适的生命感受:

> 我今不饮非不饮,心月皎皎常孤圆。有时客至亦为酌,琴虽未去聊忘弦。吾宗先生有深意,百里双罂远将寄。且言不饮固亦高,举世皆同吾独异。不如同异两俱冥,得鹿亡羊等嬉戏。决须饮此勿复辞,何用区区较醒醉。①

"心月皎皎"表明人心的圆满自足,这奠定了人能够"无心"而乐的前提与基础。人可"无心"而乐,表明人能摆脱生命的一切负累,随任生命中追求快乐美好的真实内在冲动,这为生命的休闲敞开了广阔空间。

4. "一心放下,即得解脱"

人一旦脱去利欲之心,放弃对外物的执著,所呈现出的是一个只关注自我本真生命存在的心灵。以此心应对外物就会产生与众不同的境界。苏轼认为,纷纭忙乱的世事没有尽头,但人一心欲停歇,则无处不可歇,无处不休闲。其《记游松风亭》记载:

> 余尝寓居惠州嘉祐寺,纵步松风亭下,足力疲乏,思欲就林止

---

① 《苏东坡全集》,第 200 页。

息。仰望亭宇,尚在木末,意谓是如何得到。良久忽曰:"此间有甚么歇不得处!"由是心若挂钩之鱼,忽得解脱。若人悟此,虽兵阵相接,鼓声如雷霆,进则死敌,退则死法,当甚么时,也不妨熟歇。①

苏轼以登山中途突然决心休息为喻,一方面指明人生旅途中休闲的无限美好,"挂钩之鱼,忽得解脱",休闲乃是人最迫切、最强烈的生命冲动。另一方面,也表明能否休闲关键在于主观心态,而不在于外界环境。一心放下,即得解脱。在逃避了外物的束缚后,人只要有休闲之心,当下、此地即是休闲,休闲的景致与意义不必在险远,即在当下平夷处。其《书一元夜游》记载:

> 己卯上元,予在儋州,有老书生数人来过,曰:"良月嘉夜,先生能一出乎?"予欣然从之。步城西,入僧舍,历小巷,民夷杂糅,屠沽纷然。归舍已三鼓矣。舍中掩关熟睡,已再鼾矣。放杖而笑,孰为得失? 过问先生何笑,盖自笑也。然亦笑韩退之钓鱼无得,更欲远去,不知走海者未必得大鱼了也。②

上元之夜,苏轼应数位老者之邀,远游之后,归来已三鼓,人累足乏,看到舍中之人已酣然入梦。苏轼感慨真难以邃断自己的月夜远游与别人的清夜酣眠相比孰得孰失。苏轼又以评议韩愈钓鱼为喻,指出"远出走海者未必能得大鱼",暗示人生的风光不必在远处,只要有心,日常生活的平夷之处都可能蕴含着乐趣,休闲并无须怎样,只要有心,时时处处都蕴含着可能。

正是在人生无处不休闲,只要有心即可休闲的意义上,苏轼在《出

---

① 《苏东坡全集·第六卷》,第 1808 页。
② 同上,第 1811 页。

峡》一诗中提出了"吾心淡无累,遇境即安畅"①,贾谊《鹏赋》有云:"德人无累兮。"人心无累于外物,即可与所接之境相圆融,获得适意的人生体验。依此思路,苏轼又提出"大隐本来无境界"。其诗《夜直秘阁呈王敏甫》云:

> 蓬瀛宫阙隔埃氛,帝乐天香似许闻。瓦弄寒晕鸳卧月,楼生晴霭凤盘云。共谁交臂论今古,只有闲心对此君。大隐本来无境界,北山猿鹤漫移文。②

苏轼此诗先描绘出蓬瀛宫阙隔绝于尘寰的世外之妙,转而又指出人只要有休闲之心,不必期于疏离人间的隐遁高蹈,"大隐本来无境界",人身在市井闹处、朝廷庙堂也一样能够得到归隐的快乐,真正的休闲无须待于与尘世的疏离隔绝,只要有休闲之心,人生无处不休闲。

三、休闲的基本发生机制

在苏轼看来,人一旦处理好与天命、外物、自身的关系,休闲就会发生。对休闲得以发生的具体机制,苏轼也在其诗文中以不同的形式透露出来,这具体展现为许多颇富意蕴的理论命题。

(一)"此心安处是菟裘"

苏轼认为,人一旦摆脱烦扰的世事,让心灵闲下来,人的心灵就会自发地涵养、润泽,从而变得更为充实、强大、舒适,心闲往往意味着一

---

① 《苏东坡全集》,第42页。
② 同上,第199页。

种美好心灵境遇与怡人的精神世界的生成,从而为人自我生命的丰茂畅适奠定根源性的基础。

首先,保持心灵的虚静安闲是一种合乎"道"的生活状态。"至人悟一言,道集由中虚",只有以一种虚静的心灵状态,才能实现合道的人生。人心一旦闲下来,即为自我的观照、省察提供了空间与条件。"心闲反自照,皎皎如芙蕖",人心安闲使人能够有条件去认识自己本来净洁明亮的心灵,去体会自我生命的宝贵,认识到生命的价值重于外在的治国之事与相应的功名利禄,从而更加关注自我生命内涵的开掘与润泽,避免在治国理政等事务中沉沦。苏轼的这种思想在其《读道藏》一文中有深刻体现。

> 嗟余亦何幸,偶此琳宫居。宫中复何有?戢戢千函书。盛以丹锦囊,冒以青霞裾。王乔掌关龠,蚩尤守其庐。乘闲窃掀搅,涉猎岂暇徐。至人悟一言,道集由中虚。心闲反自照,皎皎如芙蕖。千岁厌世去,此言乃蘧篨。人皆忽其身,治之用土苴。何暇及天下,幽忧吾未除。①

苏轼认为,人心一旦闲下来,人的生命会更加丰盈茂盛,他在《浣溪沙·自适》中明确指出"此心安处是菟裘",人心保持休闲安定本身就是一种愉悦自适的生活,对人的生存具有极高的价值。

> 倾盖相逢胜白头。故山空复梦松楸。此心安处是菟裘。
> 卖剑买牛吾欲老,乞浆得酒更何求。愿为辞社宴春秋。②

苏轼进一步认为,作为一种美好的休闲生活方式,人心之闲常常可以让人体察到一片纯净美好的精神世界。其《和陶花源(并引)》云:

---

① 《苏东坡全集》,第161页。
② 《苏东坡全集·苏东坡词集》,第63页。

凡圣无异居,清浊共此世。心闲偶自见,念起忽已逝。欲知真一处,要使六用废。桃源信不远,杖藜可小憩。躬耕任地力,绝学抱天艺。臂鸡有时鸣,尻驾无可说。苓龟亦晨吸杞狗或夜吠。耕樵得甘芳,啮谢炮制。子骥虽形隔,渊明已心诣。高山不难越,浅水何足厉。不如我仇池,高举复几岁。从来一生死,近又等痴慧。蒲涧安期境,罗浮稚川界。梦往从之游,神交发吾蔽。桃花满庭下,流水在户外。却笑逃秦人,有畏非真契。①

在苏轼看来,陶渊明的桃花源喻示着一种"真一"之境,象喻着合于道的生活境界,体现于人的精神领域,即表现为一种理想的精神世界。苏轼提出"心闲偶自见,念起忽已逝",意即人心处于闲静之时,才能感受到如"桃花源"般的洁净美好的心灵境界,而一旦世俗中的痴心妄念陡然升起,那种美好的精神感受与精神境界也就不复存在。心闲桃源现,念起桃源逝。人心能否安闲,能否有休闲心态,直接决定着人美好心灵世界与精神境界的有无以及高低。

诗以言志,苏轼洋溢着休闲气息的主观精神世界经常发之于诗,如他曾提出"心闲诗自放",认为人心灵的休闲,可以生成良好的情感、精神世界,而这种内在世界发之于外,即可呈现为潇洒灵动的诗篇。其《广倅萧大夫借前韵见赠,复和答之》有诗二首,其二云:

心闲诗自放,笔老语翻疏。赠我皆强韵,知君得异书。滔滔沮叟是,绰绰孟生余。一笑沧溟侧,应无愤可摅。②

苏轼还曾对"安步以当车"、"早寝以当富"发表看法,表达对休闲之道的理解。其在"书四适赠张鹗"的信中有云:

---

① 《苏东坡全集》,第 1 页。
② 同上,第 2016 页。

张君持此纸,求仆书,且欲发药,君当以何品？吾闻《战国策》中有一方,吾尝服之,有效,故以奉传。其药四味而已,一曰"无事以当贵",二曰"早寝以当富",三曰"安步以当车",四曰"晚食以当肉"。夫已饥而食,蔬食有过于八珍。而既饱之余,虽刍豢满前,惟恐其不持去也。若此可谓善处穷者矣。然而于道则未也。安步自佚,晚食自美,安以当车与肉为哉？车与肉犹存于胸中,是以有此言也。①

苏轼认为,只要一个人的内心真正饱满、充盈,就会不依赖于外在的各种条件,而感到自身即是一个自足、快乐的的存在,此时"安步自佚,晚食自美",不必将酒肉系于胸中,"安步"以当"车",晚食以当"肉",唯其如此,也才会近于得"道"。"此心安处是莸裳"集中体现了苏轼对休闲心态的重视,也为苏轼的休闲思想奠定起深厚的心性根基。

（二）"心闲手自适"

苏轼认为,休闲既表现为身体劳役与外物束缚的解除,又表现为心灵的舒适愉悦。而舒畅自适的心灵状态,会促进身体各部分更加协调,使人在做事时得心应手,促进身体的发展与身心的和谐。如在《和陶贫士七首（并引）》第三首中,苏轼就提出"心闲手自适"的命题：

谁谓渊明贫,尚有一素琴。心闲手自适,寄此无穷音。佳辰爱重九,芳菊起自寻。疏巾叹虚漉,尘爵笑空斟。忽响二万钱,颜生良足钦。急送酒家保,勿违故人心。②

---

① 《苏东坡全集·第六卷》,第 1658 页。
② 《苏东坡全集》,第 1830 页。

苏轼认为,陶渊明以休闲之心弹无弦之琴,既在弹琴的过程中获得了心灵的休闲,又让身体更为协调舒适,实现了休闲过程中闲适之心与闲适之身的统一。可以说,"心闲手自适"的命题很好地说明了人在休闲之中心灵对身体的主导与引领作用。

(三)"我适物自闲"

在苏轼看来,人的休闲状态在对自我身心的关注之外,不可避免地要扩展到外物之上,呈现出一种"物闲"之境,为此他提出了"我适物自闲",赋予人之休闲极其丰富的义涵。他在《和陶归园田居六首(并引)》其一云:

> 环州多白水,际海皆苍山。以彼无尽景,寓我有限年。东家著孔丘,西家著颜渊。市为不二价,农为不争田。周公与管、蔡,恨不茅三间。我饱一饭足,薇薇补食前。门生馈薪米,救我厨无烟。斗酒与只鸡,酣歌饯华颠。禽鱼岂知道,我适物自闲。悠悠未必尔,聊乐我所然。[①]

"禽鱼岂知道,我适物自闲"为该诗的核心,在"道"的统摄下,其基本意义有二:一是指明人之"适"是合于道的,点明了闲适对于人之存在的重要意义,表明休闲对于人的根本性价值;二是指明了在"适"的基础上人与物的关系。"我适物自闲"是苏轼休闲思想的重要命题,下面结合全诗进行说明。

此句之"物"既指自然界中的客观外在之物,如由苍山、白水等构成的自然景物,同时又有"事"之义,指现实中的人事交接,如与门生的

---

① 《苏东坡全集》,第 1797 页。

交往,与朋友的饮酒酬歌等。可以说,外在自然景物作为一种自然的、自在的存在,在没有进入人的视野,没有成为人的操作对象或是意义指向对象时,完全隐寂于人的世界之外,并无所谓"闲"与"忙"。苏轼所谓的"物自闲"之"物",显然已经为苏轼所发觉、所感受,获得了为人而在的形式,呈现为人的意义之域中的存在之物,这种物之"闲"在本质上,仍然并非"物"自身所具有的属性,而只能是作为主体心灵状态在"物"上的反映,是人的主观精神状态在外物的投射,是人的"闲适"感受在物的存在情态中的一种间接的表达。但无论如何,"物自闲"本身也似乎在形式上完成了人的情绪与感受向客观之物的移转,使"物"具有了某种独立的"闲"的性质,取得了构成人"闲"之广阔背景与视域的意义。"我适物自闲"最终营造出一种人与物共同休闲的整体意境,人的休闲也由此获得了淋漓尽致的表达。

如果将物理解为"事",那么"我适物自闲"即成了人的主观感受在现实人事中的自然表达,是一种身心合一的表现,是内在闲适之心与外在闲适之行的统一。这种统一表现出人的身心和谐、内外一致,展现出浑然和谐的生活情境。主体的休闲使外境、外物休闲,物闲乃是人心创造出一种富有意义的新意境,具有一种境随心转的性质。

总之,"我适物自闲"所表达的是一种人在自然、人事中获得休闲的美好情境,它实现了物我、自我以及人我在休闲情境中的和谐。

(四)"天教闲客管青春"

苏轼在论述休闲时,常常将视野扩展到广袤的大自然,在一种宏大的境遇中强调人的价值与意义的主导性,认为人是赋予物以价值与意义的源泉。由此,大自然也因人的休闲而展露出休闲之美,休闲呈现出一种宏阔的图景。

在人与自然的关系上，苏轼强调是人的存在使空闲有了意义。如他在《上堵吟》中感慨："白马为塞凤为关，山川无人空自闲。"[①]认为山川关塞若没有人的存在与欣赏，其意义就会变得彻底空虚，成为空无价值的存在。

另如他的《送穆越州》一诗：

> 江海相忘十五年，羡公松柏蔚苍颜。四朝耆旧冰霜后，两郡风流水石间。旧政犹传蜀父老，先声已振越溪山。樽前俱是蓬莱守，莫放高楼雪月闲。[②]

苏轼认为雪夜宜饮酒休闲作乐，不应让有白雪又有明月的美好夜晚因无人沉浸而沦为没有意义的空虚之境，只有人勇作主宰，原本可能沦为空虚寂寞的夜晚才可能变成真正充满休闲趣味与意义的良宵。

面对自在的自然风景，是人之存在与人之欣赏之心使其有了意义，苏轼在《和黄秀才鉴空阁》写道："明月本自明，无心孰为境。"[③]明月皎皎，照临四方，它之所以能够成为一种美妙的境界，最根本的原因正在于人心的参与。自然风景因为有了人心的参与而成为"境界"。若离却了人的感受与欣赏，再美的月色也只能是空虚无神的光照，永远也成不了充满灵性的月明之境。推而言之，对美丽的景色，也只有拥有闲适之心的人才能更好地欣赏。就此而论，只有休闲之人与休闲之心的参与，景才能化为境，人成为支撑起景色意义的源泉。

苏轼进一步认为，面对同样的风景，不同的人因为自身的心灵状态不同，感受力不同，从中获得的快乐与愉悦程度也不相同。在很大程度上，世间的风景是为那些有闲适之心的"闲人"准备的，那些具有

---

① 《苏东坡全集》，第 64 页。
② 同上，第 1188 页。
③ 同上，第 2021 页。

较多闲暇时间和自觉休闲意识的人往往最能够欣赏自然,最能体味其中的无穷乐趣。对此,苏轼在众多的诗词中反复说明,如其《次韵王晋卿惠花栽,栽所寓张退傅第中》诗云:

> 坐来念念失前人,共向空中寓一尘。若问此花谁是主? 天教闲客管青春。[1]

"天教闲客管青春"一语化自白乐天《天津醉吟》"三川徒有主,风景属闲人",意指大自然的青春绿色应由闲人来管控和欣赏,只有闲人才更能更好地体会与挖掘大自然所蕴含的丰富休闲意义。

再如《单同年求德兴俞氏聚远楼诗》三首其一为:

> 云山烟水苦难亲,野草幽花各自春。赖有高楼能聚远,一时收拾与闲人。[2]

《次韵正辅表兄江行见桃花》诗云:

> 曲士赋《怀沙》,草木伤莽莽。德人无荆棘,坐失岭峤阻。我兄瑚琏姿,流落瘴江浦。净眼见桃花,纷纷堕红雨。萧然振衣袂,笑问散花女。我观解语花,粉色如黄土。一言破千偈,况尔初不语。可怜一转话,他日如何举。故复此微吟,聊和欧鸦橹。江边闲草木,闲客当为主。尔来子美瘦,正坐作诗苦。袖手焚笔砚,清篇真漫与。愿兄理北辕,六辔去如组。上林桃花开,水暖鸿北翥。[3]

《和陶诗时运四首(并引)》诗云:

> 下有澄潭,可饮可濯。江山千里,供我遐瞩。木固无胫,瓦岂

---

① 《苏东坡全集》,第 1410 页。
② 同上,第 522 页。
③ 同上,第 1801 页。

有足。陶匠自至,啸歌相乐。①

《袁公济和刘景文〈登介亭〉诗,复次韵答之》诗云:

> 升沉何足道,等是蛮与触。共为湖山主,出入穷涧谷。众驰
> 君不争,人弃我所欲。何时神武门,相约挂冠服。②

《次荆公韵四绝》其四诗云:

> 甲第非真有,闲花亦偶栽。聊焉清净供,却对道人开。③

在所举的上述六首诗中,分别出现了"天教闲客管青春"、"赖有高楼能聚远,一时收拾与闲人"、"江边闲草木,闲客当为主"、"江山千里,供我遐瞩"、"共为湖山主,出入穷涧谷"、"闲花亦偶栽,……却对道人开"等经典诗句。这些诗句有着共同的特点,皆由三个部分构成,一是休闲性的主体,如闲客、闲人、道人、遐瞩之人、湖山主等,二是自然风景客体,如青春、高楼所聚之景、草木、江山、湖山、闲花等,三是表达二者关系的词语,如管、与、为主、供(我)、对……开等。如果将这些诗句作为一个表达苏轼休闲思想的统一整体来分析,即可认为,在苏轼眼中,闲客、闲人等对江山风景形成了完全的主动(管、为主)关系,具有不可置疑的确定性与独断性。而这种确定性关系有其深刻的根源,具有某种天命的性质,"天教闲客管青春",既显示出这种支配关系的神圣性与必然性(乃"天"之命令),同时也显示出某种当然的性质(天也具有价值性)。同时,这种支配关系,并非只是闲客的单向意志,它也体现了自然风景的意愿(如"江山千里、供我遐瞩","闲花亦偶栽,……却对道人开"显示出江山、闲花自愿让休闲主体观赏的倾向)。因而,在"天命"的统摄下,闲人与风景的关系总体上呈现为一种和谐的紧密

---

① 《苏东坡全集》,第 1893 页。
② 同上,第 1472 页。
③ 同上,第 1092 页。

关系,即闲人与风景紧相对应,风景为闲人而在,闲人为风景主人,闲人最能理解、欣赏风景,最能体会风景之美,风景也只有在闲人那里才能体现出最大的价值与意义,闲人是风景最体贴的知音。

在休闲的意义上,"天教闲客管青春"的观点具有深邃的含义,即闲人因自己之闲而得以成为自然的欣赏者与拥有者,拓展了自己的生活空间,由此也相应地拓展了自己人生的意义空间。同时,闲人因闲而使自在的自然获得了进入人之意义世界的机会,自然在休闲的境遇中成为为人的存在,从而也呈现出自己的价值与意义。事实上,在苏轼看来,自然呈现出其对人的意义也是自然的内在要求,是自然的内在生命之声(参看上引六首诗之最后一首)。休闲加深了人与自然的沟通与理解,展现着人与自然相和谐的宏阔景象,体现着合于人的目的性与自然的目的性的统一,休闲赋予了这个世界更多的意义,由此成为世界呈现意义的重要源泉。

后 记

　　当代人类社会所遭遇的前所未有的生存危机,很大程度上来源于人与自然的紧张关系。而造成这种紧张关系的原因更多的是各种人为因素:人性的贪婪、工业化的大批量生产、消费主义的盛行、资本和权利的勾结所形成的制度性掠夺、人类理性的盲目自信等等。显然,要消除由此引起的人与自然的对立及其严重的生存危机,也必须从以上诸方面予以努力,而从理论上对这些问题首先进行深入的思考和探讨,应是在实践生活层面解决这些重大问题的必要准备。本书正是基于这种考虑,试图从中国传统思想的方面对这些问题展开深入的思考和探讨,而这些思考和探讨又可以归于两个相关的主题:生态文化和休闲——因为生态文化和休闲正可以构成解决当代人与自然的紧张关系、消除严重的生存危机问题的两个重要途径。

　　不过,就传统生态文化和休闲思想的具体研究而言,实乃一个巨大、复杂的系统工程,远非一朝一夕、一人一力可以完成。所以,本书的写作就是这样一个例子,它在时间上持续了多年,同时也是集体工作的结果。本书由朱晓鹏拟定写作思路和总体框架并与大多数作者商议各章节内容,各章作者分工完成相关研究及写作。具体各章作者如下:引论、第一章作者为朱晓鹏(杭州师范大学),第二章、第七章、第十一章作者为赵玉强(杭州师范大学),第三章作者为宋林瑜(杭州师

向道而生

范大学),第四章作者为丁建华(浙江工商大学),第五章作者为丁春平(浙江理工大学),第六章作者为陈艳华(杭州师范大学),第八章作者为陆庆祥(湖北理工学院)、赵玉强(杭州师范大学),第九章作者为来晓维(浙江大学)、第十章作者为吴树波(中南林业科技大学)。赵玉强对全书作了细致用心的编辑修改,为全书完稿付出了大量劳动,朱晓鹏审阅修改全书并统稿。

在本书的写作和出版过程中,杭州师范大学中国哲学重点学科点、中国哲学与文化研究所各位同仁、浙江省生态文化与休闲研究创新团队等都给予了大力支持,上海古籍出版社的罗颢先生提出了不少修改意见,为本书的出版花费了许多心血,许多研究生也帮助进行了书稿的校对,在此一并对他们表示衷心的感谢!

朱晓鹏

2016 年 6 月 28 日

于杭州古运河畔信义坊